U0107920

城市语言
研究论稿

郭骏 著

社会科学文献出版社
SOCIAL SCIENCES ACADEMIC PRESS (CHINA)

序

随着改革开放事业的发展，中国城市化进程不断加速。21世纪初，中国社会语言学界的一些学者，敏锐地意识到城市语言调查研究的必要性和紧迫性，积极呼吁并开始从不同的角度展开相关研究，一批年富力强的学者冲在第一线，发表了大量成果。《城市语言研究论稿》一书就是其中之一。

我跟郭骏相识多年。最早认识是在1988年江苏省语言学会在常州召开的年会上。郭骏本科毕业于扬州大学，当时叫扬州师范学院。四年的大学学习中，郭骏受到了良好的语言学训练，毕业后分配在溧水县教师进修学校任教，同时专注于当地方言研究。我在南京大学读书期间，周钟灵先生在课堂上提及苏南地区历史上有很多河南移民，引起了我对苏南地区河南移民语言的兴趣，遇到研究江苏方言的就会打听相关情况。郭骏告诉我，他太太正是河南移民的后代。郭骏向我介绍了他知道的当地河南话的一些情况。郭骏小我几岁，我们都姓郭，单名，有共同话题，很投缘，所以一直保持密切联系。1991年，我的"苏南地区河南方言岛群研究"获得国家社科基金资助，我到苏南地区调研，途中经过溧水，事先写信约他见面讨论问题。他骑着自行车，我坐在后面，那场景我至今仍清晰记得。

后来，郭骏到南京大学跟随李开教授访学，对他来说，我和他的关系自然也加了一层，但大家彼此仍以朋友相待。访学期间，我们常就语言研究等方方面面热烈讨论，无所不谈。再后来，他考取了我的博士研究生，遗憾的是，他入学一个多月后，我就离开了南京大学，我们便少了很多面对面的交流。后来，他改由徐大明教授指导，关注点转向城市语言。他的博士学位论文《溧水"街上话"语音变异研究》，表面上看还是方言研究，但所采用的已经是新兴起的城市语言研究的理念和框架。这一重要成果，标志着郭骏的学术研究进入了一个新的阶段。

郭骏非常勤奋，从大学毕业到现在，笔耕不辍。他早期的研究主要集中在两个方面，一是方言，二是成语。读博以后，关注点更多的是城市语言的方方面面。除发表一大批论文外，还负责了《溧水县志》（1990）、《南京市志》（2013）方言部分的撰写，主编《陶行知语言思想与语言实践研究》（2015），合作主编《中华成语文化与汉语国际教育研究》（2020），另有《溧水方言探索集》（2004）、《江宁方言词语汇释》（合著，2022）等著作。在博士学位论文基础上写成的专著《方言变异与变化：溧水街上话的调查研究》也于2009年正式出版。他还专门在南京组织召开了城市语言调查学术研讨会等学术活动，我基本上都参加了。

2021年暑假，郭骏告诉我，他打算把这些年在城市语言研究方面的一些成果汇集起来，算是对这些年工作的一个总结，也作为自己在花甲之年的一个心愿，希望我能写个序。我对他出书的事表示了赞成，至于作序则建议请他的导师徐大明教授操刀。徐大明教授是我引荐到南京大学的，我离开后替我指导了包括郭骏在内的好几位学生，他把南京大学的社会语言学实验室做得有声有色，同时，大大推动了中国的城市语言学研究，由他作序顺理成章。郭骏则说，就是徐老师让他找我的。结果，我就接了这个任务。

《城市语言研究论稿》所收录的论文包括几方面内容：城市语言研究综论、城市方言现状调查、城市方言变异、城市语言生活、语言教育。这些文章在这次汇集出版前我都陆陆续续看过，这次重读，又有了一些新的感受。这里提出几点，跟读者分享。

首先，作者重视理论，谈理论，但不泛泛而谈。

如上所说，郭骏从年轻时就开始做方言研究，有大量的学术积累。

随着研究的深入，他对理论问题给予了很大的关注，但他的文章跟那些泛泛谈理论的文章不同，他更能够通过扎实的材料来认识理论的重要性。例如，对一些已经调查过的方言，他主张在传统方言学研究的基础上，运用社会语言学的研究方法进行再调查，以便更充分地揭示出方言的变异特征和演变规律，推动进入新阶段的汉语方言学研究向纵深发展。他说："语言是一种异质的动态系统，而不是同质的静态系统。汉语方言学研究者应放弃同质观，接受异质观，引进社会语言学的研究理念和研究方法，将之与方言学原有的理论和方法相结合，拓展理论视野，形成研究范式。不仅要关注语音的历史演变，更要关注语音的共时状态；不仅要关注静态描写，更要关注动态分析；不仅要归纳语音系统，更要研究语言变异；不仅要定性研究，更要定性与定量研究相结合。"（《异质语言观与方言音系研究》）

其次，重视基础研究，积极探索学术互鉴、学科融通。

《城市语言研究论稿》中的不少论文看起来是方言研究，但读者细读后将会发现，这些方言研究已经跟传统的方言研究表现出很大的不同，体现出了新的深度和高度。这与他重视中外的学术交流、重视古今的对比、重视理论结合应用和学科交叉是分不开的。例如，20世纪以来，南京方言研究取得了不少成果，其中《南京音系》《南京方言词典》等著作很经典，影响力很大。尽管如此，郭骏在研究中意识到，与其他方言研究相比，南京方言的研究是不够的，这与南京方言作为都市方言研究的地位不相称。应该继续重视南京方言本身的研究，同时还要拓展应用研究，探讨方言学和社会语言学的融通。他指出，"只有对南京方言进行全方位、多视角的研究，才能使南京方言的研究得以深化，才能出更多的精品力作"（《20世纪以来的南京方言研究》）。就具体的方言而论，他涉猎的主要有溧水方言、南京方言和江宁方言。这些方言都是他所熟悉的。早期他生活在溧水在城镇，后来长期居住在南京，正所谓"靠山吃山""就地取材"，材料例证可以信手拈来，准确可靠。我觉得研究语言或方言，这一点非常重要，也常提倡学生从身边最熟悉的语言做起。

再次，分析细致，用事实说话。

郭骏在下死功夫上也不逊色。一个典型的例子是《汉语方言中一组以声别义词考析》一文。该文通过史料比较，梳理了8个以声别义词的历史演变过程：从《广韵》到《现代汉语词典》，以声别义词的语音演变呈现出三个不同的历史阶段，从中可以看出以声别义词的总体演变过程是一个语音不断简化、功能逐渐消失的过程。他指出，溧水方言中的以声别义词也正在发生变化，多音趋向合并，功能趋向消失，呈现出多音多义向单音多义发展的总体走势。这种下死功夫的精神应该跟他长期的行事风格和研究经历有关。20世纪90年代，他就在《中国语文》上对"绰"的字义进行了补释，后来还对合流式词语进行了深入的分析，主编《学生实用字典》《学生成语词典》《实用成语词典》等。

最后，关注现实语言生活。

作为南京晓庄学院的一名教师，郭骏受陶行知的影响颇深。他曾经组织团队对陶行知语言思想与语言实践进行过专门探索，成果不少，可惜这本论稿仅收了《陶行知语言规划观及其历史意义》一篇。他把研究跟现实语言生活结合起来，将研究成果应用于社会服务。例如，他一直关注小学语文教育，关心小学生的语言能力和语言素质。《南京市小学生应用文学习状况调查》《小学生语言文字运用能力调查》都很有现实意义，其中《南京市小学生应用文学习状况调查》一文被由我主编、国家语委发布的《中国语言生活状况报告（2015）》刊载，产生了一定程度的社会影响。这一研究给中国语文教育带来的启发是多面的，相关的观察和研究亟待继续深入。

郭骏这部著作在花甲之年正式出版，实在是一件令人兴奋的大事。用现在一个很时尚的说法就是：非常完美！我想借此机会向郭骏表示祝贺！同时，我也要借此机会表达我的谢意。感谢他让我重读这些文章，使我得以重温往事，回忆起很多和他以及他的同学们交往的故事，心潮澎湃，思绪万千，也对未来有了新的期许。就郭骏而言，读书、做文章的好日子才刚刚开始，祝他在未来的新生活中，有更多新的著作问世，更希望我能继续做他的第一批读者。

　　是为序。

郭　熙

2022 年 7 月 17 日

于羊城九一斋

目　录

陶行知语言规划观及其历史意义[*]

一 引言

"语言规划"（Language Planning）作为一门学科的名称 20 世纪 50 年代才提出，而作为一种社会行为其实早已存在。秦始皇统一六国后实行的"书同文"的语言政策，就是一种语言规划。就我国现代语言规划而言，语文运动是其基本内容和主要形式，因此，要研究中国现代语言规划就要深入分析研究中国现代语文运动。[①]

胡壮麟[②]指出，1949 年之前，我国的语言规划以非中央级语言规划为主，当时的一些语言规划工作往往是由民间学者和学术团体倡议的。[③]陶行知（1891~1946）就属于这一类民间学者。他从事文化教育活动主要集中在 20 世纪 20~40 年代，而在此期间全国上下开展了白话文运动、大众语运动、国语运动、新文字运动、汉字改革运动等一系列的语言变革运动。陶行知积极倡导并投身于各项运动中，组织社团开展活动，积极著文参与讨论，并就中国现代语言规划中的若干问题阐明了自己的观点，形成了他的语言规划观。

长期以来，陶行知有关语言规划的论述未引起学界的注意，甚至于

---

* 本文曾在第六届全国社会语言学学术研讨会（锦州，2011）、澳门语言研究的回顾与展望学术研讨会（澳门，2011）上宣读，此次做了较大修改。本文的写作得到江苏省高校哲学社会科学重点研究基地培育点"陶行知与现代中国研究中心"的资助。

① 姚亚平：《中国语言规划研究》，商务印书馆，2006，第 141 页。

② 胡壮麟：《语言规划》，《语言文字应用》1993 年第 2 期。

③ 对于是否以非中央级语言规划为主可能有不同的看法，但民间学者和学术团体倡议并积极参与应该是不争的事实。

1

一些研究语文运动与语言规划的专著都未对其进行分析研究，如倪海曙的《拉丁化新文字运动的始末和编年纪事》[①]、高天如的《中国现代语言计划的理论和实践》[②]。虽然有关语言规划的文章与他的全部著作相比数量不是很多，但也是陶行知思想理论研究中不可或缺的一项研究内容，而且对中国现代语文运动和中国现代语言规划产生过积极影响。因此，对陶行知的语言规划观开展研究，既能揭示出他作为一位教育家的语言规划观，也能从一位教育家的视角来透视 20 世纪上半叶的中国现代语文运动与中国现代语言规划。

《陶行知全集》[③]收录其有关语言规划的文章 40 余篇，有专论，有兼论。本文依据全集所提供的历史文献，结合大众语运动、拉丁化新文字运动和汉字改革运动等语文运动，从大众语文规划观、新文字规划观和汉字规划观三个方面对陶行知的语言规划观做具体分析，并揭示其历史意义。

二 大众语文规划观

大众语运动是 1934 年在上海掀起的要求白话文写得更加接近大众口语的书面语文改革运动。[④]陶行知积极参与此项运动，写了《大众语文运动之路》《怎样写大众文》《再谈怎样写大众文》《白话文与大众文》等文章，从大众的视角就大众语的性质、大众语的标准、大众语与大众文合一等问题阐明了自己的观点，形成了自己的大众语文规划观。

（一）大众语的性质

大众语的性质问题是大众运动首先要讨论的问题。陈子展和陈望道从语言形式着眼，将大众语的性质归纳为"大众说得出，听得懂，看得明白的语言文字"[⑤]和以"大众说得出，听得懂，写得顺手，看得明白"[⑥]

---

① 倪海曙：《拉丁化新文字运动的始末和编年纪事》，知识出版社，1987。

② 高天如：《中国现代语言计划的理论和实践》，复旦大学出版社，1993。

③ 《陶行知全集》，四川教育出版社，1991。

④ 戚雨村等编《语言学百科词典》，上海辞书出版社，1993，第 16 页。

⑤ 陈子展：《文言—白话—大众语》，原载《申报·自由谈》1934 年 6 月 18 日，现见文逸编著《语文论战的现阶段》，天马书店，1934，第 152 页。

⑥ 陈望道：《关于大众语文学的建设》，原载《申报·自由谈》1934 年 6 月 19 日，现见《陈望道语文论集》，上海教育出版社，1980，第 213 页。

为目标的一种书面语。胡愈之则从文学作品的思想内容着眼，解释为"代表大众意识的语言"①。陶行知将胡愈之的解释修正为，"大众语是代表大众前进意识的话语，大众文是代表大众前进意识的文字"，所以大众语文是"大众高兴说，高兴听，高兴写，高兴看的语言文字"。②陶行知对大众语性质的归纳是从形式和内容两个方面着眼的，"实际就是内容和形式统一了的结果"③。

陶行知对大众语的界定，在当时就得到一些讨论者的肯定。如黄宾指出，"将来成功的大众语……应该是代表大众的前进意识的（陶行知先生），所以，凡是带有落后的封建迷信的意识的言语，都应该尽量淘汰"④；鲁迅也指出要"做更浅显的白话文……至于思想，那不消说，该是'进步'的"⑤。

（二）大众语的标准

针对大众语的标准问题，陶行知指出"大众语必以一种活语言为基础"，这种"中国四分之三的国人能懂的活的语言，便是滤过的北平话"。因为北平话既有"成为大众语之主要成分之资格"，又"最好听"。也就是说，他主张将"过滤"过的北平话作为大众语的标准，同时也主张吸收"各地土语"，"甚至于外国话"，不必仅仅依据"抽象的主观的标准"，而是让大众自己去选择，让大众去"过滤"，保留适合大众口味的成分，淘汰不适合大众口味的成分，这才能体现大众语的要求。⑥

这一主张也得到了许多人的赞同。如吴稚辉指出"多带点被平滑，或亦相当，而真要应了陶先生'最好听，愿意学'才行"⑦；吴研因也指出，"我也主张以北平之普通语言，做大众语的标准的全国通用语文"⑧。

---

① 胡愈之:《关于大众语文》，原载《申报·自由谈》1934 年 6 月 23 日，现见文逸编著《语文论战的现阶段》，天马书店，1934，第 162 页。

② 《陶行知全集》（第 3 卷），四川教育出版社，1991，第 167 页。

③ 文逸编著《语文论战的现阶段》，天马书店，1934，第 50 页。

④ 文逸编著《语文论战的现阶段》，天马书店，1934，第 57 页。

⑤ 文振庭编《文艺大众化问题讨论资料》，上海文艺出版社，1987，第 326~327 页。

⑥ 《陶行知全集》（第 3 卷），四川教育出版社，1991，第 170 页。

⑦ 文振庭编《文艺大众化问题讨论资料》，上海文艺出版社，1987，第 304 页。

⑧ 文振庭编《文艺大众化问题讨论资料》，上海文艺出版社，1987，第 327 页。

不过，后来在拉丁化新文字运动中，陶行知又改变了自己的观点，认为"国语罗马字崇奉北平话为国语，名为提倡国语统一，实际上是来它一个北平话独裁"，"提倡国语的先生们往往幻想出一个公共的需要来推进北平话"①，反对纯粹以北京语音为标准，并提倡方言拉丁化。

（三）大众语与大众文的合一

1. 语文合一的必要性

陶行知针对现行白话文所存在的"只是把文言文的'之乎者也'换了'的吗啊呀'，夹了一些外国文法和一些少爷小姐新士大夫的意识"之状况，指出，"这种白话文，写起来，大众看不懂，读起来，大众听不懂，我们可以看出在中国文学运动里有一个大黑幕：白话文不与大众语合一"。②

为什么大众听不懂？因为它写的"不是大众的事"，"语句不合大众说话的口气，所以听不懂"。"因为听不懂，也就看不懂"，"白话文不但大众听不懂，就是读书人也很难听得懂"。③有鉴于此，陶行知提出：我们必须"根据大众语，来写大众文"，做到"文章和说话，不能随便分"④，"在程度上合一，在需要上合一，在意识上合一"⑤。

其主张在当时得到了吴稚辉等人的赞同。但鲁迅提出不完全相同的意见，他认为文章和口语不能完全相同，讲话的时候，可以夹带许多"这个""那个"，但到了写作时，为了节省时间和纸张，为了意思的分明，就要删去这些，所以"文章一定应该比口语简洁，然后明了，有些不同，并非文章的坏处"⑥。

2. 语文合一的评判者

大众语与大众文是否做到了"合一"，这由谁来评判呢？陶行知指出应由自己的耳朵（即"耳朵先生"）尤其是大众的耳朵（即"大众先

① 《陶行知全集》（第3卷），四川教育出版社，1991，第475、477页。
② 《陶行知全集》（第3卷），四川教育出版社，1991，第168页。
③ 《陶行知全集》（第3卷），四川教育出版社，1991，第386页。
④ 《陶行知全集》（第3卷），四川教育出版社，1991，第387页。
⑤ 《陶行知全集》（第3卷），四川教育出版社，1991，第167页。
⑥ 文振庭编《文艺大众化问题讨论资料》，上海文艺出版社，1987，第326页。

生"）来评判。在"写之前，写之时，写之后"，都要把自己的耳朵请出来，"读起来，耳朵听得懂，高兴听，就算及格；听不懂，不高兴听，就把它摔到字纸篓里去"。① 但是"顶靠得住的"还是大众的耳朵，即"工人、农夫、车夫、老妈子、小孩子的耳朵"，"你做好一篇文章，读给他们听听，如果他们听不懂，你要努力的修改，改到他们听懂了，才算写成大众文"。②

3. 语文合一的途径

陶行知指出了两条途径。其一，参与大众生活。知识分子要拜大众为师，"在大众的队伍里做一个队员，与大众打成一片，才能感觉到大众的痛苦，发现大众的问题，明了大众的迫切的要求，这时候才有资格来写真正的大众文"，所以"第一流的大众文，是大众自己写的文章，而不是站在局外的人所能写得的"。③ 其二，做好普及工作。"将生活符号普及于大众，使大众自己创造出语文合一的大众文"，做到"汉字""注音字母""用注音字母拼成的大众文"三管齐下，三者都要教。④ 对此吴稚辉也持赞同态度，并特别指出，"最好遵从陶先生的意思，让大家自己来创造，不要代办"⑤。

4. 语文合一的工具

陶行知指出，拼音新文字是写大众文的最好的工具，"因为一种文字必定是要容易认，容易写，才容易普及而成为大众的文字"⑥。而要想建设大众文，就必须"采取那容易认、容易写、容易学的拼音新文字"，因为有了拼音新文字，"大众自己就可以根据大众语和前进大众意识来创造大众高兴看，大众高兴读，大众高兴听的大众文"。⑦

---

① 《陶行知全集》（第 3 卷），四川教育出版社，1991，第 396 页。
② 《陶行知全集》（第 3 卷），四川教育出版社，1991，第 388 页。
③ 《陶行知全集》（第 3 卷），四川教育出版社，1991，第 396 页。
④ 《陶行知全集》（第 3 卷），四川教育出版社，1991，第 169 页。
⑤ 文振庭编《文艺大众化问题讨论资料》，上海文艺出版社，1987，第 303 页。
⑥ 《陶行知全集》（第 3 卷），四川教育出版社，1991，第 397 页。
⑦ 《陶行知全集》（第 3 卷），四川教育出版社，1991，第 702 页。

三　新文字规划观

"拉丁化新文字"（简称"新文字"）是 1931 年正式产生的由集体制定的拉丁字母式的汉语拼音方案。研制者"以其所研制的拼音字作为汉语的一种文字符号推向社会"，"希冀最终能替代表意汉字的现实地位，试行文字体制的根本改革"。① 这是一次关于试行拼音制文字的群众性试验，为 20 世纪 50 年代制订和推广《汉语拼音方案》提供了不少宝贵经验。②

陶行知认为新文字运动"代表着一个伟大的进步，不仅是中国文化的伟大进步，而且不久将改造中国人民的全部生活"③。他热心支持并积极投身于新文字运动，并成为运动的重要领导者之一。④ 在 1935~1936 年连续发表了《谈文字符号》《新文字创造之商榷》《大众的文字》《新文字和国语罗马字——答复黎锦熙先生》《中国新文字》等文章，就普及新文字的必要性、新文字的特点、新文字的功用、新文字的不足等问题阐述自己的观点，构成了他的新文字规划观。

（一）普及新文字的必要性

陶行知指出文字符号是非常重要的，这是人与禽兽、文明人与野蛮人的最大区别。而中国要解决国难就必须教育大众组织起来，要教育大众就会遇到一个绝大的难关："难认难写难学"的方块汉字。"每一个人必得花费几年功夫几十几百块钱才学得一点皮毛"，而大众既没有这么多时间，也"花不起这许多钱"。⑤

已有的注音字母是"为方块汉字注音的工具，不过是方块汉字的附属品"，国语罗马字又注重声调的符号，"把初学的人弄得头昏脑黑"，因此，中国大众需要的是没有四声符号麻烦的拼音新文字。⑥ 上海新文

---

① 高天如：《中国现代语言计划的理论和实践》，复旦大学出版社，1993，第 169 页。
② 王理嘉：《汉语拼音运动与汉民族标准语》，语文出版社，2003，第 48 页。
③ 《陶行知全集》（第 6 卷），四川教育出版社，1991，第 371 页。
④ 倪海曙：《拉丁化新文字运动的始末和编年纪事》，知识出版社，1987，第 13 页。
⑤ 《陶行知全集》（第 3 卷），四川教育出版社，1991，第 475 页。
⑥ 《陶行知全集》（第 3 卷），四川教育出版社，1991，第 476 页。

字方案试验表明，新文字是普及大众教育的最经济的文字工具。如果把文字比作"交通媒介"的话，那么汉字属于"交通媒介"中的"独轮车"，而新文字则是"飞机"。

（二）新文字的特点与功用

陶行知指出新文字与汉字、注音字母和国语罗马字相比具有三个特点：（1）与方块汉字相比，它是"表音"的，不是"表意"的；（2）与注音字母相比，它是"独立的语言"，而不是"汉字的附属物"；（3）与国语罗马字相比，它可以"适应各地方言"，可以产生"适合各自方言的新文字变体"。① 另外，新文字还有一个优点，那就是取消了"记录声调变化的符号"，这一点之所以优于注音字母和国语罗马字，是因为"这样的简化使得群众有可能不觉得有什么困难就学会新文字"。②

新文字主要有两大功用。一是"国难教育之文字工具"。新文字易认易写易学，应作为大众普及教育之基本工具，"拿了新文字及其他有效工具，引导大众组织起来，争取中华民族大众之解放：这便是中国所需要的大众教育"③ 二是"大众文化解放的钥匙"。"大众只须一个月每天费一小时就会写新文字的信，看新文字的报，读新文字的书"，"大众文字的解放是大众文化解放的钥匙"。④

（三）"北拉"之不足

1935 年 4 月，叶籁士编写的《中国话写法拉丁化——理论·原则·方案》出版，这是拉丁化新文字运动在国内推行初期印数最多、影响最大的一本书。⑤ 陶行知在仔细研读后，发现其"北方话拉丁化的方案"（后简称"北拉"）存有值得商榷之处 ⑥：（1）在字母体式上，应当将"正写、草写、大写、小写"合并，减少初学者要学 100 个不同的字母的负担；（2）在音段分隔上，采用"j，w"字母分隔，会出现同一

① 《陶行知全集》（第 6 卷），四川教育出版社，1991，第 368~369 页。
② 《陶行知全集》（第 6 卷），四川教育出版社，1991，第 369 页。
③ 《陶行知全集》（第 3 卷），四川教育出版社，1991，第 443 页。
④ 《陶行知全集》（第 3 卷），四川教育出版社，1991，第 463 页。
⑤ 费锦昌主编《中国语文现代化百年记事（1892—1995）》，语文出版社，1997，第 63 页。
⑥ 《陶行知全集》（第 3 卷），四川教育出版社，1991，第 354~355 页。

个字在不同的位置有不同的拼写法（如"要不要"拼作 iao-bujiao，"舞不舞"拼作 u-buwu），增加了学习者的负担，建议只用一个隔音符号"'"；（3）在辅音标示上，建议采用世界语处理字母的方法，将"pb、td、gk"改为"pp̂、tt̂、gĝ"，减少字母数量；（4）在韵母拼写上，方案中"ao、iao、iou、ou"四个韵母的拼写不符合拼音原则，应当修改。

四　汉字规划观

以简化汉字作为最具现实性任务的汉字改革运动在"五四"时期业已兴起，至 20 世纪 30 年代中期上海手头字推行会的出现，汉字改革运动出现了新高潮。[①] 陶行知在普及大众教育和推行拉丁化新文字的同时，积极投身于汉字改革运动并参与组织手头字推行会，就汉字的存废、汉字的简化、汉字的教学等问题阐明了自己的立场观点，体现出他的汉字规划观。

（一）汉字的存废

新文字推行初期，许多知识分子都竭力主张废除汉字，如茅盾指出"只有废除汉字才是中国文字改革最正确的道路"[②]，鲁迅表示"汉字不灭，中国必亡"[③]。陶行知也认识到汉字在普及平民教育时所存在的"难认、难记、难写"之不足，但并不主张废除汉字，也不主张以拉丁化新文字取代汉字。出于类似清末切音字言论家"用汉字教'秀民'，用切音字教'凡民'，学有余力者还可以通过切音字学习汉字"[④] 的考虑，从大众教育层面提出"从速废止汉字"的口号，拿易写、易认的新文字去教大众；从知识分子层面提出"打倒汉字独裁"的口号，要求知识分子不能只会汉字，还要学习新文字，为大众服务，把新文字教给大众。[⑤]"从速废止汉字"是指教育大众宜用新文字，"打倒汉字独裁"是

---

① 高天如：《中国现代语言计划的理论和实践》，复旦大学出版社，1993，第 206~211 页。

② 费锦昌主编《中国语文现代化百年记事（1892—1995）》，语文出版社，1997，第 64 页。

③ 倪海曙：《中国拼音文字运动史简编》，时代出版社，1950，第 138 页。

④ 李宇明：《切音字运动普及教育的主张》，载《中国语言规划续论》，商务印书馆，2010，第 281 页。

⑤ 《陶行知全集》（第 3 卷），四川教育出版社，1991，第 726 页。

指为大众服务不能只会汉字，都不意味着要废除汉字。

陶行知不仅不主张废除汉字，而且还主张在普及平民教育时，要"汉字与音符和拼音文三管齐下一起教"。因为如果和拼音配合起来同时学，"用活的方法教，汉字也不像一般人所说的那样难"①。此观点当时就得到一些讨论者的认同，如黄宾就指出，"我们认为凡足以提高大众文化水准的，例如千字课，简字，注音字母等都无妨尽量分别利用（陶行知先生），紧要的还是要尽量推广识字运动"②。

（二）汉字的简化

"手头字"，即"俗字"，相对于正字而言，指流行于民间的文字，多是出于手头书写的方便而形成的，往往比正字简化。③简化汉字的目的是"希望减少字数、简化笔画以便教育"④。陶行知在开展普及大众教育工作时提出"提倡俗写简笔汉字……以节省学习之时间精力"⑤的主张，这实际上从大众语推行视角提出了汉字简化应采取"从俗"的原则，即以"民间手头习用的为据而不另造新体的原则"⑥。

为践行手头字推行会在《推行手头字缘起》中所提出的主张，陶行知在其主编的《生活教育》上刊登来稿通告，明确表示，为"使生活的符号容易识，容易写，容易地普及到大众的队伍里去"，决定杂志采用《手头字第一期字汇》中的手头字，"希望以后对于本刊投稿的诸位先生们，一律采用手头字，否则，来稿恕不登载"。⑦

（三）汉字的教学

陶行知与朱经农共同编写了识字教材《平民千字课》（1923），自编了民众识字课本《老少通千字课》（1935），现收录在《陶行知全集》第5卷。这两本属于启蒙和扫盲性质的识字教材，在常用字的选择与编排、

---

① 《陶行知全集》（第3卷），四川教育出版社，1991，第656页。
② 文逸编著《语文论战的现阶段》，天马书店，1934，第360页。
③ 戚雨村等编《语言学百科词典》，上海辞书出版社，1993，第397页。
④ 李宇明：《简化字的史源与时运》，载《中国语言规划续论》，商务印书馆，2010，第56页。
⑤ 《陶行知全集》（第3卷），四川教育出版社，1991，第170页。
⑥ 高天如：《中国现代语言计划的理论和实践》，复旦大学出版社，1993，第219页。
⑦ 《陶行知全集》（第3卷），四川教育出版社，1991，第750页。

教学方法的运用等方面均体现出陶行知的汉字教学思想。

1. 常用字的选择

陶行知十分关注学生学习的常用字的研究，也特别推崇应用字汇研究。他认为陈鹤琴依据语料考察字的使用频率从而确定其常用程度的研究最有系统性，并在陈鹤琴的《语体文应用字汇》[①]出版前就将其作为编写识字教材《平民千字课》的依据，指出"将来小学课本用字当然也可以拿它来做一种很好的根据"[②]。该教材虽然没有把陈鹤琴所确定的1165个字完全编入教材，但却将其作为教材中常用字的最大来源。[③]

2. 常用字的教学

在教学顺序的安排上，按照由易到难的顺序，先学习易写易认的生字，后学习难写难认的生字，每课生字以10~13个为限度；在处理认与写的关系问题上，《老少通千字课》则提出"汉字重认不重写"的主张。[④]

在教学方法的使用上，重视"领会"，注重课内训练，注意把课内训练与课后复习相结合。《老少通千字课》七课之中有一"温习课"，复习前六课的生字，采用"字不离句"的方式，用所学生字造句，以巩固所学生字；同时又利用学生所造出的句子再造别的句子或短文。利用注音字母帮助大众认识汉字[⑤]，鼓励学生"用注音符号写信、作文"[⑥]。

五　陶行知语言规划观的历史意义

（一）对中国现代语文运动的意义

陶行知有关大众语的论述对推动大众语运动的深入发展产生了重大影响。在大众语运动初期，《申报·自由谈》从1934年6月18日至7月5日共登载了12篇文章，乐嗣炳指出这12篇文章是"大众语运动的

---

① 陈鹤琴：《语体文应用字汇》，商务印书馆，1928。
② 《陶行知全集》（第2卷），四川教育出版社，1991，第234页。
③ 《陶行知全集》（第5卷），四川教育出版社，1991，第203页。
④ 《陶行知全集》（第5卷），四川教育出版社，1991，第203~204、292页。
⑤ 《陶行知全集》（第3卷），四川教育出版社，1991，第169页。
⑥ 《陶行知全集》（第5卷），四川教育出版社，1991，第292页。

引论"，而陶行知的《大众语文运动之路》则是"这一引论的小结"①，可见其影响力之大。后来的讨论者如黄宾、鲁迅等都对此文中有关大众语的性质、大众语的标准和语文合一途径的论述加以引用。同年就被收入文逸编著的《语文论战的现阶段》②和宣浩平编的《大众语文论战》③，也被后来出版的大众语与大众文艺研究资料收入，如文振庭编的《文艺大众化问题讨论资料》④。

陶行知在大众语运动中所提出的"用注音字母拼成大众文"并以期"产生拼音的大众文"，"采取那容易认、容易写、容易学的拼音新文字"⑤等观点，都是将"拉丁化新文字"作为大众文写作的工具提出，对大众语的讨论从文体改革转到文字改革起到积极的推动作用。陶行知作为新文字运动的重要领导人之一，对新文字的特点、功用等的总结以及对"北拉"的修改意见，对推动拉丁化新文字的研究产生了重要影响。

（二）对中国现代语言规划的意义

1. 对中国现代语言地位规划的意义

（1）对标准语的选择与普通话内涵的确认具有积极意义

语言地位规划的一个核心内容就是标准语的选择与确定。语文运动发展史表明，从清朝末年一直到"国语运动"都未能对汉语标准语做出明确的界定，直到大众语运动才对其内涵有了基本共识，那就是"一种以流行最广的方言为基础的，习惯上全国各地共同使用的，大众说得出、听得懂、写得来的人民大众的口语"⑥。

陶行知在大众语建设问题的讨论中最先提出"以活语言为基础"，即以"中国四分之三的国人能懂的活的语言"——"北平话"为基础，使之"成为大众语之主要成分"。这对汉语标准语的选择与确定起到积极的探索作用，对后来"普通话"内涵的确认无疑也具有启示作用。

---

① 文振庭编《文艺大众化问题讨论资料》，上海文艺出版社，1987，第409~410页。
② 文逸编著《语文论战的现阶段》，天马书店，1934，第235~240页。
③ 宣浩平《大众语文论战》，上海启智书局，1934，第190~196页。
④ 文振庭编《文艺大众化问题讨论资料》，上海文艺出版社，1987，第255~258页。
⑤ 《陶行知全集》（第3卷），四川教育出版社，1991，第169、702页。
⑥ 姚亚平：《中国语言规划研究》，商务印书馆，2006，第24页。

（2）对人们正确看待汉字的发展前途具有引领作用

陶行知与当时一批竭力主张废除汉字、采取拼音文字的知识分子不同，他既积极倡导拥护新文字，又不主张废除汉字，这是面对汉字存废问题的正确态度，也被后来历史发展事实所证明。这也警醒人们尤其是知识分子对汉字的发展前途应持客观而慎重的态度，不能主观臆断，不能做出脱离实际、超越认识的预测。正如周恩来在 1958 年所指出的，"至于汉字的前途……它是向着汉字自己的形体变化呢？还是被拼音文字代替呢？它是为拉丁字母式的拼音文字所代替，还是为另一种形式的拼音文字所代替呢？这个问题我们现在还不忙作出结论"①。1986 年召开的全国语言文字工作会议，其主题报告对汉字的发展前途仍然持客观而慎重的态度，也没有明确重申拼音化方向。②

2. 对中国现代语言本体规划的意义

（1）对汉语书面语与口语的统一起到推动作用

书面语的口语化问题是语言本体规划的主要内容之一。陶行知对大众语与大众文的统一的必要性、判断标准、实现途径等方面所做的探索，为处理书面语与口语关系问题提供了相当有价值的理论见解，对加速汉语共同语书面语与口语的统一无疑会起到积极的推动作用。

（2）对汉字简化工作具有借鉴意义

陶行知提倡"写简笔汉字"，并竭力推行手头字，为简体字成为正体起到了规范作用，这对文字改革运动的推进产生了积极影响。同时，陶行知所提出的成为当时简体字研究者共识的汉字简化应采取"从俗"原则，对后来政府推进汉字简化工作产生了直接或间接的影响。1935年 8 月，国民政府教育部公布了《第一批简体字表》，简体字的选择采用三条审定原则，其中第二条就是采用"从俗"原则，即"择社会上比较通行之简体字，最先采用"③。20 世纪 50 年代，中国文字改革研究委

① 文字改革出版社编《〈汉语拼音方案〉的制订和应用——〈汉语拼音方案〉公布 25 周年纪念文集》，文字改革出版社，1983，第 12 页。
② 徐时仪：《百年汉语拼音化和汉字改革的探索和反思》，《南阳师范学院学报》2003 年第 11 期。
③ 高天如：《中国现代语言计划的理论和实践》，复旦大学出版社，1993，第 212 页。

员会在研究整理简化汉字时，在简化字的选定上依据"从俗"原则，尽量选用在群众中已经普遍流行的简化字，以便于群众接受。[①]

（3）对汉语拼音方案的制定具有参考价值

汉语拼音方案的制定和推广是汉语本体规划的重要内容之一。就处于拉丁化新文字运动初期的陶行知而言，积极倡导拉丁化新文字，尤其是对"北拉"所提出的修改意见，如建议统一采用"'"为隔音符号，建议采用世界语添加符号的方法以减少字母数量等，对后来汉语拼音方案的制定有一定的参考价值和启迪作用。如《汉语拼音方案》中统一采用"'"作为隔音符号，又如"在给汉字注音的时候，为了使拼式简短，zh、ch、sh 可以省作 ẑ、ĉ、ŝ"，"韵母 ㄝ 单用的时候写成 ê"，[y] 写作"ü"，等等。同时，陶行知指出的"北拉"中隔音字母"j 和 w"的用法在设计上存在的不周也为后来《汉语拼音方案》的制定者们所认识，后者在汉语拼音方案制定中做了调整，采用"y 和 w"字母并使用法完全一致。[②]

六　结语

上文从大众语文规划观、新文字规划观和汉字规划观三个方面对陶行知的语言规划观做了具体分析，并揭示其对中国现代语文运动与中国现代语言规划的意义。这是第一次从语言规划的视角对陶行知进行研究，此研究既是对陶行知思想理论研究的一种丰富，也是对中国语文运动与中国现代语言规划研究的一种丰富。

作为平民教育家的陶行知，一直关注着大众教育的普及并由此视角来思考语言规划问题，要求语言文字与社会大众的实际需求相一致，语言文字工作必须适应和解决大众应用语言问题，其任何有关语言规划观点的提出都以大众的实际需求为出发点和最终归宿。他故而提出大众语应是"大众高兴说，高兴听，高兴写，高兴看的语言文字"，大

---

① 吴玉章:《文字改革文集》，中国人民大学出版社，1978，第 93 页。
② 王理嘉:《汉语拼音运动与汉民族标准语》，语文出版社，2003，第 87 页。

众语的标准让大众自己去选择，大众文的好坏应由大众来评判；提出
"应该拿易写、易认的新文字而不能拿难写、难认的汉字去教大众"；
提出为"使生活的符号容易识，容易写，容易地普及到大众的队伍里
去"，需要推行"手写字"。由此可见，陶行知语言规划观的核心思想
就是"大众观"。

　　陈章太指出，"语言是社会交际工具，社会是由掌握语言、使用语
言的人组成的，语言及其使用本身就具有群众性，因此制定和实施语言
规划，要坚持群众性，才能获得成功，并收到事半功倍的效果"①。我国
现当代语言规划的历史经验表明：在语言规划中是否坚持"大众观"是
语言规划能否成功的关键。民国政府 1920 年 12 月颁行与"老国音"相
关的语言政策之所以失败，就是因为没有走群众路线，缺乏广泛的群众
参与。②20 世纪 50 年代汉字简化工作之所以成功，就是因为遵照"从
群众中来到群众中去"的简化方针，采用群众创造并为群众所习惯使用
的简化字。③我国政府对待 1977 年公布的《第二次汉字简化方案（草
案）》，虚心接受群众的批评和改进意见，于 1986 年 6 月正式废止，这
一例证也充分表明依靠群众是语言规划工作的正确选择。据 2011 年 10
月 29 日出版的《光明日报》报道，对即将开展的新一轮普通话审音工
作，国家语委要求"力求在研究过程中最大程度的实现社会参与，使研
究成果在全社会形成共识"，这也充分体现出国家在语言规划中对群众
性原则的执着与坚守。

[原载徐杰、周荐主编《澳门语言研究三十年——语言研究回顾暨
庆祝程祥徽教授澳门从研从教三十周年文集》（一），
澳门大学出版中心，2012]

---

① 陈章太：《语言规划研究》，商务印书馆，2005，第 42 页。
② 于锦恩：《民国时期官方确定汉民族共同语标准音的历史回顾与思考》，《云南社会科学》
2004 年第 1 期。
③ 吴玉章：《文字改革文集》，中国人民大学出版社，1978，第 102 页。

异质语言观与方言音系研究

"语言是一种表达概念的符号系统"[①]，由互相联系、互相制约着的单位组成，根据语言系统内部的不同结构要素，可以分为语音、语义、语汇、语法四个子系统。语音系统，简称"音系"，指一种语言中的各种语音要素及其相互关系的总体。语音系统具有规律性特征，表现为一种语言里有哪些音素，每一个音素在结构中居何位置，各音素怎样配合组成音节，等等；同时也具有独特性特征，表现为不同的语言在语音系统上都存在着或多或少的差异，即每一种语言都有自己独特的语音系统。[②]

"同质有序"与"异质有序"

就语言系统的变化问题，在现代语言学理论中存在着两种不同的语言变化观：一种是传统的"同质有序"（ordered homogeneity）观，以结构主义语言学和生成语言学为代表，其代表人物有索绪尔（Saussure）、乔姆斯基（Chomsky）等；一种是"异质有序"（ordered heterogeneity）观，以社会语言学为代表，其代表人物有拉波夫（Labov）等。"同质有序"是指一种语言或方言的系统在内部是一致的，在同一言语社区里，所有的人群在所有的场合，他们所使用的语言或方言的标准是统一的，

---

① 〔瑞士〕费尔迪南·德·索绪尔：《普通语言学教程》，高名凯译，商务印书馆，1980，第 37 页。

② 邢福义主编《现代汉语》，高等教育出版社，1991，第 47~48 页。

而其结构和演变是有规律的。"异质有序"是指一种语言或方言的系统在内部是不一致的，会因人群、场合而异，不同的社会阶层有不同的标准，内部是有差异的，但其结构和演变仍然是有规律的。[①]

索绪尔在《普通语言学教程》中划分出一系列成对概念，其中语言/言语、历时/共时的区分构成其语言理论的主干。因为"言语活动是异质的，而这样规定下来的语言却是同质的"[②]，所以他舍弃了"言语"而选择了"语言"。又因为"语言中凡属于历时的……一切变化都是在言语中萌芽的"[③]，所以又舍弃了"历时"，选择了"共时"。索绪尔认为"语言是一个系统，它的任何部分都可以而且应该从它们共时的连带关系方面去加以考虑"，异质的言语活动所形成的变化"永远不会涉及整个系统，而只涉及它的这个或那个要素，只能在系统之外进行研究"[④]。这样他就把历时的语言变化以及一切言语活动中的异质部分都归纳在属于个人的、暂时的"言语"中。他的研究对象只有一个，那就是同质符号系统的"语言"，即"语言学的唯一的、真正的对象"[⑤]。虽然，他也不否认需要对语言变化进行研究，但他认为变化导致的零星的不成系统的语言现象不能作为语言学的研究对象，因为言语活动并不同质，言语活动在整体上没法认识。[⑥]

乔姆斯基与索绪尔在对语言变化的态度上基本一致。他认为语言学理论主要与理想的说话人/听话人相关，这些理想的说话人/听话人应该来自完全同质的言语社区，他们精通自己的语言，并且不受诸如记忆限制、注意力和兴趣的转移，以及语言知识运用于实际行为时所产生的

---

① 游汝杰：《汉语方言学与社会语言学》，《中国社会语言学》2004 年第 1 期，第 31 页。
② 〔瑞士〕费尔迪南·德·索绪尔：《普通语言学教程》，高名凯译，商务印书馆，1980，第 36 页。
③ 〔瑞士〕费尔迪南·德·索绪尔：《普通语言学教程》，高名凯译，商务印书馆，1980，第 141 页。
④ 〔瑞士〕费尔迪南·德·索绪尔：《普通语言学教程》，高名凯译，商务印书馆，1980，第 127 页。
⑤ 〔瑞士〕费尔迪南·德·索绪尔：《普通语言学教程》，高名凯译，商务印书馆，1980，第 127 页。
⑥ 〔瑞士〕费尔迪南·德·索绪尔：《普通语言学教程》，高名凯译，商务印书馆，1980，第 42 页。

随意或特有错误等非语法性因素的影响。①

但事实上，语言作为一种符号系统，与其他事物一样也都是处于一种动态平衡当中，静止也只是相对的。拉波夫等人指出，从索绪尔到美国结构主义，再到乔姆斯基的生成语言学，一脉相承，都强调语言系统的同质性，这就使得语言变化无法在语言结构中得到解释，因此需要建立不同于同质说的新的语言理论模型，将语言视为"有序异质体"②。变异产生之初，它在言语社区中的分布是随机的、无序的，与社会因素没有倾向性、稳定性的联系。只有当变异形式被某一社会人群广泛接受，并成为这一社会人群的语言使用标志时，它才从"无序"转化为"有序"。有序的"序"，就是系统组成成分之间的相互联系和这种联系与社会因素的相互关系，前者是对系统的内部描写，后者是对系统的外部描写，通过变异把"内""外"两种"序"联系在一起。③

如果按照"同质有序"观把语言作为一个自立和自足的静态系统来对待，那么很难解释为什么系统中的一种状态会演变为另一种状态，同时也没有任何证据表明忽然有一天所有的人一起放弃旧的语音、语法系统而启用全新的系统。对语言变化唯一合理的解释就是一个动态系统的逐渐演变。④

异质观下的方言音系研究

方言学与社会语言学在研究目的和研究对象上具有相同之处，都是以研究语言的历史演变为目的，都是以社会生活中实际使用的语言为研究对象。但在理念、旨趣和调查方法等方面存在着许多不同，主要体现在：（1）一个认为语言同质有序，一个认为语言异质有序；（2）一个描写共时的同质语言，一个研究共时的异质语言；（3）一个着重归纳研究

① Chomsky, N., *Aspects of the Theory of Syntax*, Cambridge: MIT Press, 1965, p.3.

② 孙金华：《拉波夫的语言变化观》，南京大学出版社，2009，第 15 页。

③ 徐通锵：《变异中的时间和语言研究》，《中国语文》1989 年第 2 期，第 85 页。

④ 徐大明、陶红印、谢天蔚：《当代社会语言学》，中国社会科学出版社，1997，第 76 页。

语音系统，一个着重调查研究语言差异；（4）一个被调查人人为选定，一个被调查人随机抽样。[①]

自20世纪80年代以来，方言学研究已进入了社会语言学的新阶段，其研究旨趣也由地域方言转向社会方言，并着手开展阶层方言、双语双方言、方言中的性别差异、语言态度等方面的研究。[②] 既然归纳研究语音系统是方言学的研究重点，那么进入新阶段的汉语方言学该如何按照"异质有序"观来调查研究方言音系呢？汉语方言学界和中国社会语言学界目前未见有具体的理论阐述和实际的操作方法。笔者以为必须要改革传统方言学的研究理念和研究方法，引进社会语言学的研究理论和研究方法，变静态描写为动态分析，以充分揭示出方言音系的动态特征和演变规律。下面就此问题结合研究案例谈谈个人的思考和看法。

一　调整调查方法

（一）调查样本的抽取

传统方言学认为语言是"同质有序"的，一个地点方言内部的语音系统一定是一致的，只要找到一个标准的本地话发音人，就完全可以调查出标准的本地话。[③] 这样在选择被调查人时常常只选定1人，最多按老中青选择3人，选择范围小，调查人数少。过小的调查样本往往难以反映方言的实际状况，也就难以准确揭示出方言的音系特征。

为此，我们建议采用社会语言学常用的抽样调查的方法，从研究对象的总体中根据随机原则抽取部分单位作为研究的样本。可综合运用"非概率抽样"中的"判断抽样"、"定额抽样"和"雪球抽样"等三种具体抽样方法来进行抽样。

统计学中通常把30个及以上的样本称为"大样本"，30个以下的样本称为"小样本"。就方言调查来说，样本的大小要根据具体调查对象与调查范围来定。一般来说，如以某乡镇方言为调查对象，调查范围较小，

①　游汝杰:《汉语方言学与社会语言学》,《中国社会语言学》2004年第1期,第31页。
②　游汝杰:《汉语方言学与社会语言学》,《中国社会语言学》2004年第1期,第34页。
③　游汝杰:《汉语方言学与社会语言学》,《中国社会语言学》2004年第1期,第32页。

抽取 30~50 个样本应该能反映出该镇方言的全貌；如以县城方言为调查对象，调查范围要大一些，则宜抽取 50~100 个样本，如此才能反映该城方言全貌，如笔者调查江苏溧水县城方言时调查了 50 人[①]；如以大中城市方言为调查对象，调查范围更大，则宜取 100~300 个样本，如王士元 1985 年调查上海市区方言 /ã/ 和 /ã/ 合并问题时调查了近 400 人[②]，徐大明、高海洋调查北京话中的"行 / 成"使用情况时调查了 258 人。[③]

（二）调查词表的编制

方言音系的调查目前通常采用的是《方言调查字表》。其优点是能在较短的时间内大致了解方言的语音系统。但由于是从汉字出发，因此调查出的只能是方言中的汉字读音系统，不能准确地反映出方言语音系统的全貌。同时，在调查时也会出现一系列的尴尬状况[④]：（1）被调查人常常看字读音，大多读文读音，甚至按普通话的音读；（2）字表中的许多字，即使是常用字，有的方言口语中并不说，如一些方言著作中标出的苏州音，有许多是从普通话中推出来的，并不能准确反映苏州话的原貌[⑤]；（3）许多字已经不能用方言音来读。

社会语言学在收集语言材料时，常使用这样一些方法：（1）念词表、句子或语段，请受访者逐一朗读事先编制好的词汇表、例句或短文，当场审音、记音，即"念词表体"和"念语段体"；（2）提问，提出问题让受访者回答，以便获取材料，即"留意说话体"；（3）测验，给受试人以某种刺激，使其立即做出言语反应，以观察受试人的语言能力，即"随便说话体"。就发音的正规程度而言，念词表体＞念语段体＞留意说话体＞随便说话体[⑥]。

要对某一方言语音系统做全面调查研究，如采用"随便说话体"，

---

① 郭骏：《溧水"街上话"语音变异研究》，南京大学博士学位论文，2006，第 13 页。
② 王士元：《词汇扩散的动态描写》，载《王士元语言学论文集》，商务印书馆，2002。
③ 徐大明、高海洋：《"行 / 成"变异一百年》，《南大语言学》（第一编），商务印书馆，2004。
④ 游汝杰：《汉语方言学与社会语言学》，《中国社会语言学》2004 年第 1 期，第 32~33 页。
⑤ 汪平：《苏州方言语音研究》，华中理工大学出版社，1996，第 282 页。
⑥ 祝畹瑾编著《社会语言学概论》，湖南教育出版社，1992，第 57~60 页。

那工作量之大是令人无法想象的。"念词表体"虽属正式语体，但一张词表可以涵盖所要调查的各种情况，简洁而明了。同时也可采用一些调控手段，使所调查到的语料最大限度地接近自然话语，如选用日常生活中极常用的词语或习惯说法，注意被调查人读词表时感觉是否自然，等等。

同时，在编制词表时，要注意以下方面：（1）注意语义涵盖面，可参考中国社会科学院语言研究所编制的《汉语方言词语调查条目表》[①]，扩大词语的覆盖面，以便全面反映该方言的语音面貌；（2）注意语音系统，所选词语既能全面反映该方言的声韵调系统，又能全面反映声韵组合关系；（3）注意词语来源，所选词语应涵盖原有方言词语、方言普通话共有词语和普通话进入词语等不同词汇类型，因为同一个字在不同类型的词语中其读音可能存在着差异；（4）注意可操作性，既要注意量的适度性，又要有可操作性。

二　区分音系与年龄差异

就目前所见，许多方言志、方言词典或方言研究专著，在音系部分分列出老派、中派和新派的声韵调系统，并称之为"老派音系"、"中派音系"和"新派音系"，具有代表性的是《上海市区方言志》[②]。

其实，这样做混淆了"音系"与"年龄差异"两者之间的关系。说话人的年龄与语言变异存在着极大的相关性，在同一个言语社区中不同年龄的说话者在语音上存在着差异，但这种体现在年龄特征上的语音差异仍属于语音系统内部的差异，不是各自不同的语音系统，而是同一语音系统中的一种动态变化，这也正体现出语音系统的动态性。语音作为语言的一个子系统有其自身的层级结构，就汉语而言，由声韵调和声韵组合规律构成，不存在同一音系中再有三套声韵调系统。因此，后来的方言研究者区分最老派、老派、新派和最新派，分析比较其所表现出的

---

① 中国社会科学院语言研究所方言研究室资料室：《汉语方言词语调查条目表》，《方言》2003 年第 1 期。
② 许宝华、汤珍珠主编《上海市区方言志》，上海教育出版社，1988，第 7~72 页。

年龄差异，但不再分列出几套声韵调系统，如《南京方言词典》①；或只分新老派并指出年龄差异，不列出各自的声韵调系统，如《南昌方言词典》②《武汉方言词典》③等。

三　选择记录群体

拉波夫在 1964 年对纽约市英语口语的调查研究中，把讲话人习得全方位英语口语划分为基本语法习得、土语习得、社会意识萌发、语体变化、经常使用标准语和全方位习得等六个阶段。④ 钱伯斯（Chambers）依据大量研究证据将社会方言的习得宽泛地划分为孩提时代、青春期和成年早期等三个阶段。钱伯斯认为，在三个习得阶段之后，从中年开始，讲话人通常拥有固定的社会方言，其语言中已很少再出现大规模有规律的变化，他们是成熟地使用语言，而不是学习或丧失语言。⑤

方言学在研究音系时存在一个选择记录对象的问题，这与社会语言学研究语音变异不同。依据社会语言学的"中年观"，我们认为在选择方言语音的记录群体时，宜选择中年人作为记录对象。目前所见绝大部分方言志、方言词典在选择记录群体时，选择老年人作为方言语音的记录群体（当然都是以个别来代表群体，上文已述），《现代汉语方言大词典》中的各分册词典基本上选择老年人作为语音记录对象。《上海市区方言志》选择中年人作为记录对象⑥，这与社会语言学的"中年观"不谋而合，值得提倡。但值得注意的是，关注中年人的语言并不意味着就它是普遍的规范和发展的目标，同样也并不意味着这就是某地域方言的全部，因为任何年龄段的言语形式都是该地域方言的一部分。

---

① 刘丹青编纂《南京方言词典》，江苏教育出版社，1995，"引论"，第 5 页。
② 熊正辉编纂《南昌方言词典》，江苏教育出版社，1995，"引论"，第 4 页。
③ 朱建颂编纂《武汉方言词典》，江苏教育出版社，1995，"引论"，第 3 页。
④ Chambers, J., *Sociolinguistic Theory: Linguistic Variation and Its Social Significance*, Oxford and Cambridge: Blackwell, 1995, p.153.
⑤ Chambers, J., *Sociolinguistic Theory: Linguistic Variation and Its Social Significance*, Oxford and Cambridge: Blackwell, 1995, pp.158-159.
⑥ 许宝华、汤珍珠主编《上海市区方言志》，上海教育出版社，1988，第 7 页。

四 描写动态音系

洪堡特指出，"语言就其真实的本质来看，是某种连续的、每时每刻都在向前发展的事物"[①]。语言是一种动态系统，变异性（variability）是其基本特性。因此，我们要对方言音系进行记录和描写，所要记录和描写的就必然是一个动态的语音系统，而且也只有全面记录方言的动态系统，才能真正反映出方言语音面貌，才能真正揭示出该方言的语音特征和演变规律。

要记录动态语音系统，关键是要记录好语音系统中发生变异的部分，即发生变异的各种语音要素及其组合关系。在共时变异中，语音系统中发生变异的应该是部分而不是整体，因为语言不能突变，只能在全社会的交际不间断的前提下逐渐演变。[②]那又怎样来记录这发生变化的部分呢？

我们可以运用社会语言学关于"语言变项"（linguistic variable）与"语言变式"（linguistic variant）的理论来处理和记录音系中的变异成分。在语言变异中，如果某一个语言形式在不同的语境中有不同的表现形式，那么这一抽象的语言形式就是语言变项；其不同的表现形式就是组成语言变项的语言变式。[③]拉波夫将语言变式分为两类：一是原有形式，即"旧式"（the older form）；一是新产生的形式，即"新式"（the newer form）[④]。

我们曾依据"异质有序"观，按照社会语言学研究变异的方法对江苏溧水县城方言进行过调查，整理出其动态语音系统。这里以声母为例，谈谈溧水县城方言声母的动态系统描写。我们选择了100组日常生活中极常用的词语或习惯说法编制成调查词表，采用"定额抽样"的方法抽

---

① 〔德〕威廉·冯·洪堡特：《论人类语言结构的差异及其对人类精神发展的影响》，姚小平译，商务印书馆，1999，第56页。

② 徐大明、陶红印、谢天蔚：《当代社会语言学》，中国社会科学出版社，1997，第132页。

③ 徐大明、陶红印、谢天蔚：《当代社会语言学》，中国社会科学出版社，1997，第100页。

④ Labov, W., *Principle of Language Change, Volume 1: Internal Factors*, Oxford and Cambridge: Blackwell, 北京大学出版社，2007，第66页。

取了 50 人作为当地不同街道、年龄、职业、性别居民的代表，开展调查。通过调查，我们发现溧水县城方言共有 10 个声母变项，每一个变项均有旧式和新式两种变式。10 个声母变项已涉及县城方言 19 个声母中的 14 个，约占全部声母的 74%。通过对新旧式各自与韵母组合情况的分析，我们发现新式的出现使原有声韵组合规律发生了改变，出现了以下几种现象。（1）声母的归并：在新式中 ø 代替 ŋ，意味着 ŋ 在新式中并入 ø。（2）声母的腭化：属中古见系开口二等字的旧式为 k、k‘、h，新式为 tɕ、tɕ‘、ɕ，发生腭化。（3）声母的调整：少数字声母做了调整。可见声母变异改变了原有声母系统的格局，打破了原有的语音系统。这就说明异质的言语活动所形成的变化不像索绪尔所说的"永远不会涉及整个系统"，不是"只能在系统之外进行研究"，而是要在系统之内加以分析。由此我们可以画出溧水县城方言声母动态系统及其发展趋势示意图（见图 1）。

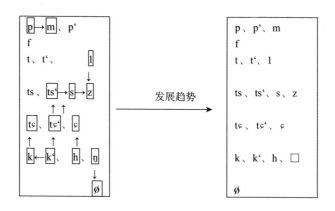

图 1　溧水县域方言声母动态系统及其发展趋势示意

注：发生变异的声母外加方框，箭头表示向某声母演变，"□"表示声母因消失而缺位。

资料来源：郭骏《溧水"街上话"语音变异研究》，南京大学博士学位论文，2006，第 51~52 页。

同时，我们也应该注意到，传统方言学对年龄差异所进行的调查和分析也是非常有价值的，因为如果将其加以综合观察可以发现，这些差异分析也从一定程度上揭示了方言音系的动态性特征。如我们依据《上海市区方言志》所记录的老派、中派和新派语音中的声母①，参照内部差异分析，可按老派、中派、新派的顺序排列出上海话的声母系统：ʔb/p、pʻ、b、m、f、β/v、ʔd/t、tʻ、d、n、l、ts、tsʻ、s、z、tɕ、tɕʻ、dʑ、ȵ、ɕ、ʑ、k、kʻ、g、ŋ、h、ɦ、ø。这显然是一个动态声母系统，在共时变异中存有三个声母变项：ʔb/p、β/v、ʔd/t。由此，我们可以清楚地找出上海话声母的演变规律：ʔb、ʔd → p、t、β → v，而且中年人和青年人的读音已完成演变。②同时，我们也可发现声母变异对上海话声母系统产生的影响。（1）声母归并：从老年人和中年人读音来看，出现 ʔb/p、ʔd/t 和 β/v 的归并。（2）声母消失：从年轻人读音来看，z 消失。

结　语

　　语言是一种异质的动态系统，而不是同质的静态系统。汉语方言学研究者应放弃同质观，接受异质观，引进社会语言学的研究理念和研究方法，将之与方言学原有的理论和方法相结合，拓展理论视野，形成研究范式。不仅要关注语音的历史演变，更要关注语音的共时状态；不仅要关注静态描写，更要关注动态分析；不仅要归纳语音系统，更要研究语言变异；不仅要定性研究，更要定性与定量研究相结合。采取抽样的方法确定被调查人，并保证足够的样本数，变字本位调查为词本位调查，厘清方言音系与年龄差异、区域差异的关系，选择中年群体作为描写对象，采用变异分析的研究方法来描写语音系统、分析变异状况、探索演变规律。同时，我们可以在传统方言学研究的基础上，运用社会语言学的研究方法进行再调查，以便更充分地揭示出方言的变异特征和演变规律，推动进入新阶段的汉语方言学研究向纵深发展。

（原载《江海学刊》2009 年第 6 期）

---

① 许宝华、汤珍珠主编《上海市区方言志》，上海教育出版社，1988，第 7~72 页。
② 许宝华、汤珍珠主编《上海市区方言志》，上海教育出版社，1988，第 50~51 页。

关于城市语言调查的几点思考[*]

一 引言

当前中国社会生活最突出的特点是快速推进的城市化进程。城市化和工业化的发展，使中国社会发生了深刻的变化，自然也对城市语言生活产生了巨大的影响。^① 随着城市化进程的加快，人口流动的加速，普通话使用率的提高，城市方言出现了不同程度的萎缩。近年来，一些学者就城市方言与普通话的使用情况^②、城市居民的语言使用与语言态度^③、城市化进程中特有社会族群（如农民工族群、少数民族族群）的语言使用与语言适应^④、城市中特别言语社区（如新兴工业区、科学

---

* 本文曾在"第八届中国社会语言学国际学术研讨会"（天津，2012）上宣读，此次做了较大修改。本文为教育部人文社会科学研究规划基金项目（10YJA740031）、江苏省社会科学基金项目（10YYB005）和江苏省高校哲学社会科学研究项目（2010SJD740019）的阶段性研究成果。

① 李宇明：《中国语言生活的时代特征》，《中国语文》2012 年第 4 期。
② 徐大明、付义荣：《南京"问路"调查》，《中国社会语言学》2005 年第 2 期；孙锐欣：《方言存在维度的探索与常州市区语言使用状况调查》，《常州工学院学报》（社科版）2007 年第 3 期；张璟玮、徐大明：《人口流动与普通话普及》，《语言文字应用》2008 年第 3 期。
③ 薛才德：《上海市民语言生活状况调查》，《语言文字应用》2009 年第 2 期；王伟超、许晓颖：《南京言语社区语言态度调查报告》，《东南大学学报》（哲学社会科学版）2010 年增刊；周薇：《语言态度和语言使用的相关性分析——以 2007 年南京城市语言调查为例》，《语言教学与研究》2011 年第 1 期。
④ 夏历：《农民工言语社区探索研究》，《语言文字应用》2007 年第 1 期；谢俊英：《城市化进程中的农民工语言问题》，《云南师范大学学报》（哲学社会科学版）2011 年第 3 期；戴庆厦、邓佑玲：《城市化：中国少数民族语言使用功能的变化》，《陕西师范大学学报》（哲学社会科学版）2001 年第 1 期；郭蕊、丁石庆：《北京市典型蒙古族社区蒙古族语言使用情况调查》，《西北第二民族学院学报》（哲学社会科学版）2007 年第 1 期。

岛等）的语言状况①、城市方言的保持情况②等问题深入城市社区开展城市语言调查，取得了较为丰硕的研究成果。这些研究成果揭示了城市化进程中语言变化发展的规律，形成了社会语言学新的研究方向和新的研究热点，为城市化进程中所产生的各种语言问题的解决提供了学术方案，为国家语言政策的制定和语言规划的实施提供了重要的科学依据和积极的可行性建议。

众所周知，城市语言调查是采用社会调查的方法来集中研究城市语言特征及城市语言交际中的问题的。③而要采用社会调查的方法开展城市语言调查，则必然要涉及调查对象的选择、调查材料的分析与调查方法的采用等问题。城市语言已有调查成果在这三方面做得如何？这个问题值得总结与反思。笔者拟从已有的研究案例出发，就调查对象的选择、调查材料的分析与调查方法的采用三个方面所存在的问题与不足提出自己的思考。

二　调查对象的选择

（一）关于大中小学生的选择

就调查对象的选择而言，大中小学生一直是城市语言调查关注的群体，他们的语言使用与语言态度一直是调查者关注的重点。此类研究案例有很多，有上海市的调查④，武汉市的调查⑤，苏州、南京与常州市的

---

① 杨晋毅：《试论中国新兴工业区语言状态研究》，《语言文字应用》1999年第1期；曹琴：《东莞市工业区外来人口语言态度研究》，暨南大学硕士学位论文，2006；王玲、徐大明：《合肥科学岛言语社区调查》，《语言科学》2009年第1期。

② 曹志耘：《关于濒危汉语方言问题》，《语言教学与研究》2001年第1期；汪平：《普通话和苏州话在苏州的消长研究》，《语言教学与研究》2003年第1期；汪平：《正确处理方言与普通话关系刍议》，《中国方言学报》2006年第1期；陈红莲、张立平：《方言的生存现状及保护》，《玉溪师范学院学报》2005年第8期；俞玮奇：《普通话的推广与苏州方言的保持——苏州市中小学生语言生活状况调查》，《语言文字应用》2010年第3期。

③ 徐大明：《中国社会语言学的新发展》，《南京社会科学》2006年第2期，第127页。

④ 齐沪扬、朱琴琴：《上海市徐汇区大中小学生称谓语使用情况调查》，《语言文字应用》2001年第2期；孙晓先、蒋冰冰、王颐嘉、乔丽华：《上海市学生普通话和上海话使用情况调查》，《长江学术》2007年第3期；焦成名：《上海土著学生语言行为报告》，《语言文字应用》2009年第1期。

⑤ 王立：《语言期望与中小学生的语言成长》，《语言文字应用》2008年第4期。

调查 ①，北海市的调查 ②，等等。但我们在选择大中小学生作为调查对象时必须要依据研究目的来选择，要注意选择的针对性。

如果研究者旨在通过对某城市（或区域）大中小学生开展调查以揭示该城市（或区域）大中小学生的语言生活状况，那么这样的选择就具有针对性。如调查上海市徐汇区大中小学生称谓使用情况 ③，选择该区大中小学生作为调查对象是合适的，具有针对性。

如果研究者旨在通过调查某城市（或区域）大中小学生的语言使用状况以揭示该城市（或区域）语言使用的整体状况和城市方言的发展趋势，那么这样的选择就缺乏代表性。如有的研究者在研究城市方言的使用情况与发展趋势时只选择中小学生作为调查对象，有的研究者在研究城市家长的语言使用与语言态度时也仅选择中小学生作为调查对象，这样的选择都不是很合适。因为中小学生只是城市居民的一部分，仅对他们的语言使用状况进行调查不能反映城市语言使用的全部。因此，要科学全面地揭示城市居民语言生活之实态，就要选择各类人员做综合调查，而不能仅局限于大中小学生。如浦东新区语言政策和语文生活研究课题组调查浦东新区普通话的使用状况 ④，既选择该区的大中小学生，又选择在该区工作、学习的各类人员，这样的选择具有针对性。

（二）关于人口类别的选择

城市化带来人口流动，人口流动又带来城市居民成分的多元化和城市语言的多元化，自然也就带来城市居民语言使用与语言态度的多元化。城市人口一般分为本地居民（或称原有居民）、外来移民和流动人口三部分，也可分为定居人口（含本地居民、外来移民）与非定居人口（流

---

① 汪平：《普通话和苏州话在苏州的消长研究》，《语言教学与研究》2003 年第 1 期；俞玮奇：《普通话的推广与苏州方言的保持——苏州市中小学生语言生活状况调查》，《语言文字应用》2010 年第 3 期；俞玮奇：《普通话和方言的关系：南京、苏州和常州的城市语言状况研究》，南京大学博士学位论文，2011。

② 陈朝珠：《北海市区中小学生语言使用情况调查与分析》，《东方企业文化》2012 年第 8 期。

③ 齐沪扬、朱琴琴：《上海市徐汇区大中小学生称谓语使用情况调查》，《语言文字应用》2001 年第 2 期。

④ 浦东新区语言政策和语文生活研究课题组：《上海浦东新区普通话使用状况和语言观念的调查》，《语言文字应用》1996 年第 3 期。

动人口）两部分。而不同的人口类别在语言掌握、语言选择、语言使用和语言态度等诸方面均存在着差异，这种差异性也正是城市语言调查需要研究的问题。如果缺乏这种差异性研究，城市语言调查则难以走向深入，自然也就难以准确而全面地揭示出城市语言生活的实际状况。而我们的研究现状是，除少数研究者外，大多数研究者并未意识到这种差异性的客观存在，也未能就调查对象在人口类别上做分类调查。因此，我们建议在选择调查对象时应注意本地居民与外来移民、定居人口与非定居人口、区域间不同的人口构成等人口类别上的区分。

1. 注意本地居民与外来移民的区分

本地居民与外来移民、本地学生与外来移民家庭学生在语言使用与语言态度上存在着差异。如北京本地居民与外来移民在北京话的使用和对待北京话的态度上就存在着差异。[①] 又如苏州本地学生与外来移民家庭学生在对待苏州话与普通话的态度上存在着差异：外来移民家庭学生对苏州话评价不高，对普通话评价很高，尤其是在普通话的有用程度评价上；本地学生对苏州话说话人要比普通话说话人感觉更加亲切、更值得信赖，对苏州话的心理认同与语言忠诚度更强。[②]

2. 注意定居人口与非定居人口的区分

定居人口与非定居人口在语言掌握与语言使用上存在着差异。如南京市非定居人口普通话的掌握率要高于定居人口，并且使用普通话作为工作语言、外部语言和内部语言的比例也明显高于定居人口，只有在家庭语言中使用普通话的比例才低于定居人口。[③]

3. 注意区域间人口的不同构成

区域间人口构成差异会影响到语言的选择与使用。如南京城区传统市场语言使用情况与所在社区不同的人口构成密切相关。当市场所在社

---

① 王玲:《城市化进程中本地居民和外来移民的语言适应行为研究——以合肥、南京和北京三地为例》,《语言文字应用》2012 年第 1 期。

② 俞玮奇:《苏州市外来人口第二代的语言转用考察》,《语言教学与研究》2011 年第 1 期;俞玮奇:《普通话和方言的关系:南京、苏州和常州的城市语言状况研究》,南京大学博士学位论文, 2011。

③ 张璟玮、徐大明:《人口流动与普通话普及》,《语言文字应用》2008 年第 3 期。

区有较多高学历的外来移民时，市场上普通话的使用率则比较高；当市场所在地本地居民居多时，市场上南京话的使用率则最高；当市场所在社区有较多的外来流动人口时，市场上外地方言的使用率则会上升。①

三 调查材料的分析

（一）年龄级差与方言濒危

在城市语言研究中，有一些学者依据城市家庭中大中小学生（尤其是小学生）普通话使用率高、家长与孩子交流时普通话使用率高之现象，做出这样一些判断：城市中学生已不会讲本地方言，普通话有代替本地方言的趋势，城市方言已岌岌可危并会在不远的将来基本退出交际领域。这样的判断符合城市方言的传承实际与使用状况吗？笔者以为很值得讨论。

已有研究案例表明，本地学生家庭中普通话的使用率并非一直处于高位，其普通话与本地方言的使用率会随着年龄的逐渐增长而发生变化：在家普通话的使用比例不断下降，而本地方言的使用比例不断上升，最终接近上一代人。上海市学生普通话和上海话的使用情况就是如此。学生家庭中上海话的使用比例是随年龄增长而逐渐上升（以与父亲交流为例）：小学五年级（37%）→初一（46%）→高一（56%）→大一（70%）。学生掌握上海话的能力也是随年龄增长而不断增强（按测试80~100分所占比例）：幼儿园（20%）→小学一年级（58%）→小学五年级（74%）→初一（82%）→高一（91%）→大一（100%）。②这反映了青少年小时候在家以使用普通话为主，随着年龄增长而逐渐过渡到以使用本地方言为主并接近上一代的语言使用状况与语言成长过程。这是一种"年龄级差"（age grading）③，一种只发生在某个年龄段有规则的

---

① 俞玮奇：《普通话和方言的关系：南京、苏州和常州的城市语言状况研究》，南京大学博士学位论文，2011。

② 孙晓先、蒋冰冰、王颐嘉、乔丽华：《上海市学生普通话和上海话使用情况调查》，《长江学术》2007年第3期。

③ Chambers, J. K., *Sociolinguistic Theory: Language Variation and Its Significance*, Oxford: Blackwell, 1995.

社会变异现象。这种变异现象"不会引起语言上的真正变化，属于语言中非变化的变异现象"①。它不属于一代人与另一代人之间产生语言变化的"代际差异"（generation difference）②，因为青少年在经历过这个阶段之后，其本地方言的使用比例与能力最终都会达到或接近上一代的水平。

另外，家长（包括父母、祖父母）在与孩子交流时普通话的使用率也并非一直都很高，其本地方言与普通话的使用率也会随着孩子年龄的增长而发生变化：孩子年龄越小，家长与其说普通话的比率越高；随着孩子年龄的增长，家长与其说普通话的比率逐渐下降。武汉的家长与孩子交流时存在此类情况。以父亲为例，父亲在与孩子交流时普通话与武汉话所占百分比随着孩子年龄增长而变化：幼儿阶段（41.0%∶54.7%）→ 1~3 年级（32.8%∶61.5%）→ 4~6 年级（26.1%∶69.1%）→ 7~9 年级（22.3%∶75.3%）→ 10~12 年级（18.2%∶76.9%）。③ 这是说话者针对不同年龄段的孩子所做出的语言选择上的级差，笔者以为这也是一种"年龄级差"。因为从家长与孩子的语言交际来看，也大都会重复同样的变化历程，只是出现的过程与前者不同，一个是在语言成长过程中，一个是在语言交际过程中。

由此可见，这种"年龄级差"反映的恰恰不是本地方言使用率降低的过程，而是本地方言正在得到有效传承的过程。因此，我们在对方言与普通话在城市中的使用状况与方言的发展演变趋势做出评判时需慎重。不能因为目前大中小学生家庭中普通话的使用率高或家长与孩子交流时普通话使用率高就做出在城市中学生已不会讲本地方言、普通话有代替本地方言的趋势、方言岌岌可危并会在不远的将来基本退出交际领域这样的判断。况且城市方言是否濒危还需要进行综合研究，不能仅据此就做出如此重大的学术判断。事实上，许多城市的本地方言不仅没有因为大中小学生的普通话使用率高而出现濒危，反而仍有很强的活力；

① 徐大明主编《语言变异与变化》，上海教育出版社，2006，第151页。
② 徐大明、陶红印、谢天蔚：《当代社会语言学》，中国社会科学出版社，1997。
③ 王立：《语言期望与中小学生的语言成长》，《语言文字应用》2008 年第 4 期。

其代际传承不仅没有中断，反而还得到较为稳定的传承[①]。"方言即将消失的观点没有广泛的群众基础，大众并不认为在推广普通话的政策之下方言会消失。"[②]我们认为判断城市方言的发展趋势依据的不应是大中小学生所处特定时期在普通话使用上所呈现出的"年龄级差"，而是城市方言在全体市民中使用频率的总体趋势。全体市民使用频率的总体趋势应该是判断城市方言发展趋势的唯一标准。[③]

（二）年龄因素与变式选择

就普通话对城市方言的影响而言，普通话已对城市方言产生了巨大影响，"青年人的方言明显受普通话的影响而发生较大变化"[④]。变异语言学研究表明，当语言变异标示某一变化时，最主要的相关社会因素就是年龄。[⑤]就总体而言，新式（新出现的变式）在最年长一代人的话语中出现频率低，在中间一代人中出现频率有所增加，在最年轻的一代中出现频率最高。[⑥]此即意味着年轻与新式选择之间存在着很大的相关性。就我国目前城市方言中所出现的新式而言，在语音上大都接近普通话，"有的吸取普通话音韵系统中的某些成分"，"有的干脆把普通话的某些读音搬进去"。[⑦]尽管如此，我们在对调查材料进行分析时仍不能简单地将年轻与新式选择画等号，做出"越年轻，新式的选择率就一定越高"这样的判断，因为新式的选择除受年龄因素制约外，还受其他各种社会因素制约。

国外早有例证，如美国马萨葡萄园岛元音央化调查[⑧]表明，央化情

---

① 俞玮奇：《普通话和方言的关系：南京、苏州和常州的城市语言状况研究》，南京大学博士学位论文，2011。

② 孙锐欣：《方言存在维度的探索与常州市区语言使用状况调查》，《常州工学院学报》（社科版）2007年第3期，第75页。

③ 焦成名也提出，上海话使用频率的总趋势是判断上海话发展趋势的唯一标准。参见焦成名《上海土著学生语言行为报告》《语言文字应用》2009年第1期，第36页。

④ 陈章太：《论语言生活的双语制》，载《语言规划研究》，商务印书馆，2005，第50页。

⑤ 徐大明主编《语言变异与变化》，上海教育出版社，2006，第150页。

⑥ Chambers, J. K., "Patterns of Variation Including Change", in J. K. Chambers, P. Trudgill and N. Schilling-Estes (eds.), *The Handbook of Language Variation and Change*, Oxford: Blackwell, 2003, p.274.

⑦ 陈章太：《论语言生活的双语制》，载《语言规划研究》，商务印书馆，2005，第50~51页。

⑧ Labov, W., "The Social Motivation of a Sound Change", *Word*, 1963（19）.

况确与讲话人年龄相关，最年长和最年幼的人央化最少，31~45岁的人群央化却最多。这是一种乡土情结在央化上的"矫枉过正"。国内也有类似例证，如江苏溧水县城语言调查显示，县城方言中新式的使用呈现出向普通话靠拢的趋势，总体情况是年龄与新式选择存在着相关性。但就作为青少年组的中小学生而言，在声调变项中具有一定的优势，在声韵母变项中并不比青年组有明显优势，与中年组的差别也不是很大。[①]

中小学生的语言受到普通话的影响，这是不争的事实，但由于各自的生活经历与家庭环境存在着很大的差异性，因此在方言变式的选择上也呈现出复杂性。有的学生家庭用语以普通话为主，在使用本地方言时则利于选择新式甚至直接移入普通话读音；有的学生家庭用语以本地方言为主，则利于选择旧有形式。有的学生跟父母一起生活，是倾向于选择新式还是旧有形式，情况则相当复杂；有的学生跟祖父母（或外祖父母）一起生活，一般来说受原有方言影响大，会更多地选择旧有形式。有鉴于此，我们在开展城市语言调查时要避免有"年轻人一定会选择新式"这样的预设，特别要注意年龄因素与变式选择之间的复杂性，不能简单类推。

（三）语言态度与语言使用

语言态度是指人们对某种语言或方言的价值和行为倾向[②]，一般可分为情感态度和理智态度两个方面。情感态度是指"说话人或听话人在说到、听到某种语言时，在情绪、感情上的感受和反映"，包括好听程度、亲切程度等；理智态度是指"说话人或听话人对特定语言的使用价值和社会地位的理性评价"，包括社会影响、有用程度等。[③]语言态度影响着语言的使用，甚至制约着语言的演变。[④]在我国目前方言与普通话并存并用的情况下，语言态度如何直接影响着人们对普通话和方言的习得和

---

① 郭骏：《方言变异与变化：溧水街上话的调查研究》，北京大学出版社，2009，第85~86页。

② 游汝杰、邹嘉彦：《社会语言学教程》，复旦大学出版社，2004，第83页。

③ 陈松岑：《新加坡华人的语言态度及其对语言能力和语言使用的影响》，《语言教学与研究》1999年第1期，第81~82页。

④ 刘虹：《语言态度对语言使用和语言变化的影响》，《语言文字应用》1993年第3期，第101页。

使用。但是，我们不能因为某城市居民的普通话认同度高就推断出普通话将成为该城市的通用语言、普通话将代替城市方言等结论。因为语言态度本身就存在内部差异，语言态度也是可变的，而且语言态度也并非影响和制约语言使用的唯一因素。

1. 语言态度内部就存有差异

就对待方言与普通话的总体态度而言，城市居民（尤其是本地居民）对普通话评价高，对本地方言评价低，但具体到情感态度和理智态度则存在着差异性。情感评价：本地方言＞普通话。理智评价：本地方言＜普通话。同是情感态度，城市农民工与本地居民则又呈现出不同特点：城市农民工对普通话有较高的情感认同[①]；本地居民对普通话的情感认同不高，大部分居民对本地话有归属感，因为本地话毕竟是本地居民出生后习得的第一种语码，仍存在着隐性威望（covert prestige）。[②]

2. 语言态度是可变的

语言态度也不是一成不变的，它会随着人的年龄增长或所处环境的变化而变化。青少年对待普通话与城市方言的态度会随着年龄的增长而逐渐发生变化。如南京本地青少年对南京话与普通话的评价会随着年龄的增长而发生明显的变化：就亲切程度而言，南京话不断提高，普通话不断下降；就有用程度而言，南京话越来越高，普通话呈现出降低趋势；就社会影响而言，普通话和南京话都在不断提高。[③]农民工的语言态度会随着务工时间的延长而发生变化，务工时间长的比务工时间短的对普通话的认同度要高。[④]由此提醒我们，只有实时而全面地把握语言态度的这种动态变化和运作机制，才能真正揭示出城市语言生活的真实状态。

3. 高认同度不等于高使用度

人们对语言的主观认同度影响着人们的语言使用，这是客观事实。

---

① 力量、夏历：《城市农民工用语现状与发展趋势》，《河北学刊》2008 年第 4 期。
② 陈立平：《常州市民语言态度调查》，《解放军外国语学院学报》2011 年第 4 期。
③ 俞玮奇：《城市青少年语言使用与语言认同的年龄变化——南京市中小学生语言生活状况调查》，《语言文字应用》2012 年第 3 期。
④ 夏历：《农民工言语社区探索研究》，《语言文字应用》2007 年第 1 期。

但决定语言使用的不只有认同度这一个因素，还有交际场合、交际对象以及其他一些社会因素，这些都会影响甚至制约语言的使用。

（1）普通话认同度高，使用率未必高。普通话认同度高、本地方言认同度低并不意味着只使用或主要使用普通话。南京城区居民对普通话的接受程度已接近100%，而使用普通话作为外部交际语言和内部交际语言的只有30%和11%，使用南京话作为外部交际语言和内部交际语言的仍有51%和63%。南京话依然是南京市的主体语言。[①]

（2）交际场合与交际对象制约着语言使用。已有研究案例表明，语言使用还要受到交际场合、交际对象的制约。南京本地青少年在非正式场合（如在家中与父亲和母亲交谈）普通话与南京话的使用几乎平分秋色（南京话：49.3%和47.3%。普通话：44.9%和46.9%）。场合越正式（集贸市场＜商场和超市＜银行和邮局），普通话的使用频率越高（50.9%＜77.5%＜87.6%）。[②]江苏溧水县城居民与本地人交谈主要使用县城话，与外地人或操普通话的人交谈主要使用普通话。[③]

（3）其他社会因素也制约着语言使用。语言使用有时要受到群体内部分化因素的制约。如来自安徽傅村的农民工对普通话的认同度高，对老家话无特别忠诚的心理，老家话与普通话都能使用，但老家话的使用频率要远高于普通话。这种语言使用上的差异不是由认同度决定的，而是由群体内部的社会分化因素造成的。[④]语言使用有时还要受到群体内部价值观的制约。如新疆乌鲁木齐农民工群落对"原籍方言"与"原籍背景普通话"的选择起决定作用的是两种不同的价值观：核心价值观与市场价值观。持核心价值观的群落为保持内部的认可度，不被认为是异类而被边缘化，所以要尽量保持原籍方言；持市场价值观的群落考虑的

———————

① 徐大明、付义荣：《南京"问路"调查》，《中国社会语言学》2005年第2期。

② 俞玮奇：《城市青少年语言使用与语言认同的年龄变化——南京市中小学生语言生活状况调查》，《语言文字应用》2012年第3期。

③ 郭骏：《语言态度与方言变异——溧水县城居民语言态度与语言使用情况的简要调查》，《南京社会科学》2007年第8期。

④ 付义荣：《也谈人口流动与普通话普及——以安徽无为县傅村进城农民工为例》，《语言文字应用》2010年第2期。

是语言的市场功能和市场价值，所以选择原籍背景普通话。[①]

四 调查方法的采用

（一）抽样的随机性与样本的代表性

城市语言调查与以往的语言调查相比更注重调查方式的科学性和客观性，语料搜集的直接性、实时性和规模化，反对采用"内省法"，主张采用普查法或抽样调查法，在抽样设计中更强调随机抽样的程序。[②]

因此，许多学者在开展城市语言调查时，采用科学抽样的方法抽取调查样本，充分体现出抽样的随机性和样本的代表性。如徐大明、付义荣在调查南京城区的语言使用情况时，调查地点是以南京城区地图为抽样框采用随机抽样的方法抽取的（即"地图抽样"）；调查对象则是按年龄、性别、地区3个可能影响语言使用的社会因素，采用定额抽样的方法抽取的。鉴于南京城区人口在普通话的使用上存在着较大差异，为避免样本偏差，又使用"变项规则分析法"（Variable Rule Analysis）对样本的质量、代表性进行检验（即样本评估）。[③]该调查注重抽样的程序化，确保了抽样的随机性与样本的代表性，增强了语言调查的科学性和客观性，很值得借鉴。

此外，还有许多成功案例。如有关语言期望与中小学生语言成长的调查[④]，对武汉全市在册的741所各种类型的中小学进行编号，建立抽样框，采用分层抽样的方法先从中随机抽取4%的学校（30所），然后再在30所学校中分年级抽取2400名调查对象构成调查样本。这样就确保了抽样的随机性与样本对总体的代表性。又如有关浙江丽水"丽"的读音调查[⑤]，采取定额抽样的方法分别选取浙江丽水当地和浙江省外的

---

① 高莉琴、李丽华：《乌鲁木齐农民工语言调查研究》，《新疆大学学报》（哲学人文社会科学版）2008年第5期。

② 徐大明主编《社会语言学实验教程》，北京大学出版社，2010，第155页；徐大明、王玲：《城市语言调查》，《浙江大学学报》（人文社会科学版）2010年第6期，第138页。

③ 徐大明、付义荣：《南京"问路"调查》，《中国社会语言学》2005年第2期。

④ 王立：《语言期望与中小学生的语言成长》，《语言文字应用》2008年第4期。

⑤ 刘美娟：《地名读音的社会语言学考察——以"丽水"的"丽"为例》，《语言文字应用》2011年第3期。

大学生、中学生、小学生、教师、机关公务员、市场经营各类买卖的商人各 100 人，总计 1200 人。这样既确保了语料收集的规模化，又保证了样本分布的均衡化。

同时，我们也看到有些研究者在进行语言调查时未能做到调查方式的科学性和客观性，严重地影响了样本的代表性。主要存在两种情况。（1）调查对象的选取未经科学抽样。如一些研究者在开展市民语言使用状况调查时，其调查地点与调查对象的选取均未通过科学抽样，大多是就其便捷随意确定的。这样获取的样本，其代表性值得怀疑。在科学抽样上，农民工语言调查也普遍"缺乏对样本类型及数量作必要的说明"，直接影响到调查结果的可靠性。①农民工研究在科学抽样方面也确实存在一定的难度，因为我国目前尚未对农民工实行严格的登记管理制度，有关其数量、分布等情况缺乏确切的统计资料，无法对某地农民工的总量做出准确判断。②尽管如此，农民工语言研究还是可以进行科学抽样的。如刘玉屏在调查浙江义乌市农民工时，就依据《中国农民工调研报告》公布的农民工行业分布信息，分行业抽取样本，兼顾性别、年龄、流入地等影响语言使用的社会因素。③（2）样本的社会特征分布不均衡。鉴于社会语言的调查不是一种单纯的语言调查，而是对许多社会现象的一种综合调查④，除了"必须要有足够数量的、不同类型的语言数据"外，还要"考虑收集语言数据的社会环境"⑤，因此，我们在样本的抽取时除了要达到一定的量之外，还要注意调查对象的社会特征及其分布情况。如有些研究者在开展高校学生的语言使用与语言态度调查时，样本的抽取就忽视其社会特征分布的均衡性，在性别分布、年级分布、省份分布等方面出现严重失衡，这势必要影响到语言使用、语言态度与相关

---

① 付义荣:《关于农民工语言研究的回顾与反思》,《语言文字应用》2012 年第 4 期,第 43 页。
② 刘玉屏:《农民工语言再社会化实证研究——以浙江省义乌市为个案》,《语言文字应用》2010 年第 2 期,第 64 页。
③ 刘玉屏:《农民工语言再社会化实证研究——以浙江省义乌市为个案》,《语言文字应用》2010 年第 2 期,第 64 页。
④ 陈松岑:《一个新兴的"热门"学科——社会语言学简介》,《语文建设》1988 年第 6 期,第 53 页。
⑤ 桂诗春、宁春岩:《语言学方法论》,外语教学与研究出版社,1997,第 153 页。

社会因素之间相关性分析的科学性。

（二）调查方法的选择与运用

目前国内的城市语言调查大多采用问卷调查的方法。其最大优势是能在短时间内获得大量的信息数据，如受访者个人背景信息、语言使用状况、语言态度等，极便于做定量分析。但问卷调查由于较多地受到受访者主观因素的影响，有些信息可能不够真实可靠，因此仅依据调查问卷获得的数据，常常难以准确揭示城市语言生活的真实状况。为克服问卷调查法存在的不足，我们建议既可采用适合城市语言状况调查的其他调查方法，也可采用其他调查方法来对问卷调查所获得的数据加以检验，或者综合运用多种调查方法。

1. 其他调查方法的选择

在城市语言调查中，"如果讲话人的判断与其语言表现不一致，那么对该语言的描写应该以讲话人的表现为准"[1]。为避免受访者主观因素的影响，体现"表现为准"的原则，同时又为获得问卷调查难以调查到的受访者隐性的语言态度，我们建议使用"问路调查法"和"配对语装实验方法"这两种适合城市语言状况调查的方法。

（1）问路调查法。徐大明、付义荣参照拉波夫的"快速匿名调查法"（rapid and anonymous observation）[2]设计了"问路调查法"[3]。具体做法为：调查时，调查人员以问路人的形象出现，用普通话向所遇行人询问如何去某个地方；调查人员结伴而行，一人问路，其他人在一旁观察，然后用调查表准确记录有关的调查内容。这种调查方法既不会对调查对象的行为产生干预性影响，又使调查者观察到的语言更大程度地反映讲话人的习惯性自主语言，最大限度地保证了语言行为的自然状态和调查结果的客观性。但由于路上行人的个人信息难以准确获得，因此不便于对社会因素与语言使用的相关性做准确分析。有鉴于此，研究者在

---

[1] 徐大明：《语言研究的科学化》，《语言教学与研究》2003年第1期，第19页。

[2] Labov, W., *The Social Stratification of English in New York City*, Washingdon, D.C.: Centre for Applied Linguistics, 1966.

[3] 徐大明、付义荣：《南京"问路"调查》，《中国社会语言学》2005年第2期。

"问路"调查的程序完成之后再增加一部分问卷调查，以克服对调查对象的信息了解不足的缺点。吴翠芹在调查普通话在上海的使用情况时成功地运用了此法。①

（2）配对语装实验方法。配对语装实验方法（matched-guise technique）是美国心理学家兰伯特等②首创的社会心理实验方法。此方法"可以在某些程度上控制或改变影响语言变异的条件，对于研究语言态度、语言价值观和某些影响语言选择的社会心理特别合适"③。其实质就是利用语言或方言的转换诱导出某个语言集团成员对另一集团及其成员所持的偏见或是带倾向性的看法。④在目前城市语言调查所发表的研究成果中，采用配对语装实验方法来对受访者隐性的语言态度做配对语装实验的不是很多，主要有陈立平⑤、俞玮奇⑥等。而这种配对语装实验所得出的受访者隐性的语言态度恰恰又是采用问卷调查方法难以调查到的。因此，如果能将问卷调查方法与配对语装实验方法相结合，则既能调查到受访者显性的语言态度，又能调查到受访者隐性的语言态度，一举两得。

2. 问路调查对问卷调查的检验

在城市语言调查中，我们可以采用通过问路调查从现场观察得到的日常生活中自然使用语言情况的第一手材料，来对通过问卷调查所获得的受访者对自己语言的主观判断加以检查和验证。这样可以克服问卷调查的主观性，确保调查材料的准确性。有关人口流动与普通话的普及的研究⑦，采用"问路调查法"考察城市居民公共场合中的语言使用状况，以克服问卷调查中被调查者自报答案的主观性偏差。从表1可以看

---

① 吴翠芹：《上海市"问路"调查》，《现代语文》（语言研究版）2008 年第 6 期。
② Lambert, W. E., Hodgson, R., Gardner, R. C. and Fillenbaum, S., "Evaluational Reaction to Spoken Language", *Journal of Abnormal and Social Psychology*, 1960 (60), pp.44-51.
③ 陈松岑：《一个新兴的"热门"学科——社会语言学简介》，《语文建设》1988 年第 6 期，第 53 页。
④ 沙平：《"变语配对"实验方法的应用》，《语文建设》1988 年第 3 期，第 23 页。
⑤ 陈立平：《常州市民语言态度调查》，《解放军外国语学院学报》2011 年第 4 期。
⑥ 俞玮奇：《普通话和方言的关系：南京、苏州和常州的城市语言状况研究》，南京大学博士学位论文，2011。
⑦ 张璟玮、徐大明：《人口流动与普通话普及》，《语言文字应用》2008 年第 3 期。

出，尽管"问路调查"所得的公共场合中"普通话"、"南京话"与"其他"的使用率与调查对象自报的语言（即观察到的"外部语言"与自报的"工作语言"、观察到的"内部语言"与自报的"家庭语言"）掌握情况的比例基本一致，但问卷自报项普通话掌握比例还是要高于"问路"观测项的。这说明问卷调查所获得的数据材料确实存在偏差。

表 1　问卷自报项与"问路"观测项结果的比较

单位：%

	问卷自报项			"问路"观测项	
	掌握语言	工作语言	家庭语言	外部语言	内部语言
普通话	76.20	68.90	39.40	70.00	33.50
南京话	51.00	32.90	46.50	20.70	43.50
其 他	43.20	10.60	30.30	9.30	23.00

资料来源：引自张璟玮、徐大明《人口流动与普通话普及》（《语言文字应用》2008 年第 3 期）第 46 页表 2。

3. 多种调查方法的综合运用

城市语言调查还可尝试综合运用多种调查方法，这样可以相互补充、相互印证，有效降低调查中的偏差。如"问路调查法"虽可得到被试者语言使用的真实状况，但难以获得被试的社会背景情况，而问卷调查法、访谈法则能弥补这一缺陷。为此，许多研究者进行了成功的尝试，如陈立平采用问卷调查、句子判断调查和配对语装测试等三种方法对常州市区本地居民的语言使用情况和语言态度进行了调查。[1]王玲采用问卷调查法和录音访谈法这两种调查方法对本地居民和外来移民的语言适应行为进行调查。[2]孙晓先等在调查上海市学生普通话和上海话使用情况时采用书面问卷和访问式问卷两种方式，并召开座谈会，实地了解各

① 陈立平：《常州市民语言态度调查》，《解放军外国语学院学报》2011 年第 4 期。
② 王玲：《城市化进程中本地居民和外来移民的语言适应行为研究》，《语言文字应用》2012 年第 1 期。

级各类学校不同年级学生运用普通话和上海话的能力及其语言态度。[①]

五　结语

综上所述，我们在开展城市语言调查时，在调查对象的选择上，要注意大中小学生选择的针对性，注意不同人口类别在语言掌握、语言选择、语言使用与语言态度上的差异性。在调查材料的分析上，要注意年龄级差与方言濒危、年龄因素与变式选择、语言态度与语言使用之间关系的复杂性。在调查方法的采用上，要注意抽样的随机性与样本的代表性，注意多种调查方法的选择与综合运用，使之相互补充、相互印证、相得益彰。

除此之外，城市语言调查还存在着一些其他问题与不足。如从整体层面看，城市语言调查需要宏观研究与微观研究相结合，但已有的研究主要是针对城市语言的使用状态和城市居民的语言态度进行调查，大都属于宏观研究，缺乏具体的微观研究。而微观研究的缺乏就整个城市语言研究而言，则容易导致城市语言调查与城市语言本体研究相脱节，城市语言调查与城市语言实际存在现状相游离，自然就难以真正揭示出城市语言所呈现出的自然状态、具体特征与真实面貌。微观研究的缺乏就具体研究案例而言，则容易导致研究不够深入、观点缺乏支撑、结论的可信度不高。再从技术层面看，所做定量分析大多是百分比统计与描述性分析，未能运用高级统计技术做深入的数据分析，分析的有效性和结论的科学性就难以得到保障。

当然，就总体而言，城市语言调查目前仍处于初级阶段，出现以上问题与不足也是可以理解的。但随着城市语言研究的逐步深入，这些问题如不尽快加以解决，城市语言调查这个面向中国社会语言生活的社会语言学新的研究方向则难以取得快速发展和重大突破，其本应具有的理论价值与现实意义也必将会受到严峻挑战。

（原载《语言文字应用》2013 年第 4 期）

---

① 孙晓先、蒋冰冰、王颐嘉、乔丽华：《上海市学生普通话和上海话使用情况调查》，《长江学术》2007 年第 3 期。

溧水方言"佬"的考察[*]

一 引言

（一）溧水方言简介

溧水县处于吴方言与江淮方言交汇处，跨两大方言区。境内两种方言并存，据笔者 20 世纪 90 年代初的调查，两大方言的分界线在乌山、群力、城郊、东屏等乡镇，线之北为江淮方言区，线之南为吴方言区。[①]吴方言区占全县总面积 80% 以上。县城在城镇（近改名为"永阳镇"）方言存有两种情况：老在城话属吴方言，新在城话属江淮方言。但老在城话已消亡，此次只调查了新在城话。乌山、柘塘、在城 3 个调查点说江淮方言，石湫、明觉、城郊、洪蓝、渔歌、孔镇、云鹤、晶桥、和凤、东庐、白马 11 个调查点说吴方言。

（二）调查点说明及位置示意

溧水县共有 17 个乡镇2000 年乡镇调整前。此次笔者调查了乌山（铺头村）、柘塘（陶家村）、城郊（陈沛桥村）、东庐（臧笪里村）、白马（梅家村）、东屏（王家山村）、渔歌（杨家庄村）、孔镇（集镇）、晶桥（上堡村）、和凤（黄家村）、云鹤（大城村）、石湫（李家村）、明觉（大后村）、在城镇（大东门街）等 14 个乡镇的 14 个点，还有 3 个乡镇（群力、洪蓝、共和）限于时间未调查（见图 1）。

---

[*] 本文在修改的过程中得到了南京大学中文系博士生导师郭熙教授的指导，特此谨致谢意。

[①] 郭骏：《溧水境内吴方言与江淮方言的分界》，《南京社会科学》1995 年第 6 期。

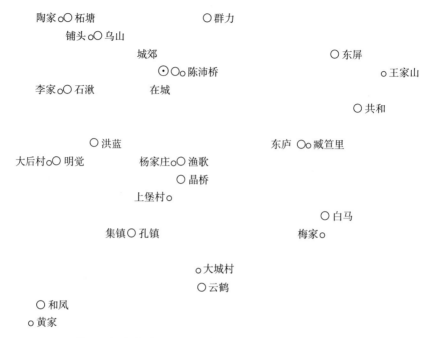

陶家○○ 柘塘　　　　　　　　　○ 群力

铺头 ○○ 乌山

　　　　　城郊　　　　　　　　　　　　　　　○ 东屏

　　　　　⊙○○ 陈沛桥　　　　　　　　　　o 王家山

李家 ○○ 石湫　　　在城

　　　　　　　　　　　　　　　　　　○ 共和

　　　○ 洪蓝　　　　　　　东庐 ○○ 臧笪里

大后村○○ 明觉　　　杨家庄○○ 渔歌

　　　　　　　○ 晶桥

上堡村 ○

　　　　　　　　　　　　　　　○ 白马

集镇○ 孔镇　　　　　　　梅家o

　　　　　　○ 大城村

　　　　　　○ 云鹤

○ 和凤

o 黄家

图 1　调查点地理位置示意图（上北下南，左西右东）

（三）溧水方言中"佬"的读音

溧水方言中的"佬"有两个：一个是作为结构助词的"佬"，我们称之为"佬1"；另一个是作为语缀（后缀）的"佬"，我们称之为"佬2"。

结构助词"佬"（"佬1"）为轻声 [·lɔ]。语缀（后缀）"佬"（"佬2"）有三种读音情况：（1）轻声 [·lɔ]；（2）阴上调 [ˊlɔ]，如"美国佬、俄国佬、大好佬大亨，大人物、和事佬指无原则地进行调解的人"；（3）阳平调 [₌lɔ]，如"促狭佬促狭的人，也说"促狭鬼"、饿死佬极饿的人，也说"饿死鬼"、邋遢佬不整洁的人，也说"邋遢鬼""邋兔子""。由于后两类所构成的词大多为外来的，非溧水方言所固有的，故本文主要考察读轻声的"佬"。溧水方言中还有一个同音的"咾"[·lɔ]，既可表示完成语态，又可表示完成语气，与"佬"的功能和作用均不相同，故也不在本文讨论之列。

（四）本文对"佬"的考察内容

本文就这 14 个调查点中"佬"字主要做两个方面的考察：第一，考察"佬"的语法功能及使用情况，主要考察"佬"的语法属性、组合能力、充当成分、表意功能及使用情况等五个方面的问题；第二，考察内部主要差异所呈现出的状态。

二 "佬1"的语法功能及使用情况

"佬1"属结构助词，相当于普通话的结构助词"的"。可以与"形容词"、"名词"（事物名词）组合，构成"佬字短语"，相当于普通话的"的字短语"。

（一）形容词 + 佬1

"佬1"可与性质形容词和区别词组合，不能与状态形容词组合。组合后具有指称功能，一般表示具有某种性质或特性的物，或具有某种特性的人。具体所指须结合语境。组成短语后在句中一般可作主语、宾语、定语，与单音节性质形容词组合后还可作谓语，与区别形容词组合后还可作状语。"佬1"的使用与组合时音节的多少有一定的关系：与单音节形容词组合后，不能换用别的助词；与双音节形容词组合后，有的可换用别的助词（如："则"或"的"）。"佬1"在使用时能否省略与在句中所充当的成分也有一定的关系：作定语时可用可省，用是老的说法，省是新的说法，另外从语感的角度来看，用比不用多一份强调的意味；作其他成分时一般不能省。

1. 性质形容词 + 佬1

（1）表示性质的单音节形容词 + 佬1

由于单音节性质形容词存在反义词和近义词，因此，"佬"与之组合时形成"相反义类组"、"相同（近）义类组"和"反义对应缺位"三类。

1）相反义类组

A. 由绝对反义词构成的一组"佬字短语"，两者之间的关系是一种"非此即彼"的关系，不存在中间状态的概念：

活佬/死佬，错佬/对佬，弯佬/直佬，歪佬（斜佬）/正佬。

B. 由相对反义词构成的一组"佬字短语"，这类反义词是表示某些事物或现象互相对立的两端，加"佬"只表示相互对立的两端或两个相对状态。两者之间的中间状态是不能加"佬"的。以"满—浅"为例，只说"满佬""浅佬"这种相对立的两端，不说"不满不浅佬"等的中间状态_{有的点有"一般佬"或"一般化"之说}。此类数量最多，又可分为两类。

第一类：相反意味较浓。如：长佬／短佬，满佬／浅佬，潮佬／干佬，粗佬（奘佬）／细佬，大佬／小佬^①，肥佬／精佬（瘦佬）。

第二类：相对意味较浓。如：方佬／圆佬，横佬／竖佬，早佬／晏佬，黑佬／亮佬。需要说明的是，有的单音节形容词，与之相对应的不是单音节而是双音节。如：陈佬／新鲜佬，丑佬／标致佬_{也说"漂亮佬""体面佬"}，贵佬／公道佬_{也说"便宜佬"}，难佬／容易佬_{也说"容尽佬"}，脏佬_{也说"槽佬"}／干净佬。

此两类短语从语义学的角度来看具有两个特点。其一，由反义词组成的一组"佬字短语"，两个反义词是两个"两极概念"，两者之间有明显的过渡带。如"满"和"浅"之间有"不满不浅"，"大"和"小"之间有"不大不小"，"高"和"矮"之间有"不高不矮"。其二，相对立的两极概念均有程度上的差别。我们可以对某一个概念做同方向无限延伸，来展现出它所涵盖的具体程度上的差别的内涵。如"大"所涵盖的同方向延伸的内涵:有点大→蛮大则（的）^②→大→雷堆 [ˌlei ˌtei] 大→大则（的）不得了_{各点选择"则"还是"的"有所不同，另外表达方式也有所不同，后例也同}。再如"满"所涵盖的同方向延伸的内涵：有点满→蛮满则（的）→满→雷堆满→满则（的）不得了_{或说"辟辟满满"}。

下面以"满"为例，将溧水话与普通话做对比来分析溧水方言"满"的同方向延伸内涵、"满佬"的涵盖情况以及与"佬、则（的）"的组合情况。

普通话:"满"所涵盖的同方向延伸的内涵如下。①有点满；②比

---

① "大佬"和"小佬"还可为词,"佬"为名词后缀,指人,具有类义。（1）家中小孩中的排行,大的叫"大佬",小的叫"小佬"。所指不分男女。例如:这是我家小佬,大佬不蹲家。（2）"小佬",指小孩,一般指男孩,如:你家养则几个小佬。有的点说"小鬼""小人"（此例南部乡镇指男孩,北部乡镇不分男女,但一般用"小人、小鬼",用"小佬"较少）。这个小佬不学好（此例南北部都指男孩,方言点之间有差异）。

② "则"与"的",各方言点所选不同,本文以"则"出现,将"的"用括号附在"则"后,下文凡出现"则"和"的"均这样处理。

较满；③满；④非常满；⑤特别满；⑥满极了。

溧水话："满"所涵盖的同方向延伸的内涵如下。①有点满；②蛮满则（的）；③满；④雷堆满；⑤满则（的）不得了或说"辟辟满满"。

溧水方言的"雷堆满"，其义涵盖了普通话的"非常满"和"特别满"两个延伸项。在溧水方言可列举的五种延伸情况中，只有"满"可加"佬"，组成"佬字短语"。因为"满"能涵盖这五种情况，既代表了与"浅"互相对立的一端，又是一个词；而其他四者相互间不能涵盖，既不能与"浅"构成互相对立，又不是一个词，所以不能代表。另外四者也有不同："辟辟满满"可加"格"（则、的）组成"格（则、的）字短语"，"蛮满"可加"则（的）"组成"则（的）字短语"，两者与普通话的"的字短语"相同；而"有点满"和"雷堆满"则不能加"格"或"则（的）"组成短语。

2）相同（近）义类组：精佬 / 瘦佬指肉，斜佬 / 歪佬，粗佬 / 奘佬。

3）反义对应缺位：有些单音节形容词本身缺少与之对应的反义词，只有反义短语，而这些反义短语是不能加"佬"的，如：滑佬，烂佬，面指某些食物纤维少而柔软佬，辣佬①，现佬，稳佬，鲜佬，足佬，全佬也说"齐佬"。

此类短语主要表示具有某种性质的物，即"什么的（东西）"，具有指称功能，在句中可以作以下句法成分。

A. 单用相当于"的字短语"，常作宾语，一般放在动词"是"后；也可作主语。①这是干净佬，过那标音见后文是脏佬。②脏佬不能吃。——这里的"佬"不能省略。

B. 可直接作描写性定语：圆佬台子 / 长佬板凳 / 方佬台子 / 潮佬衣裳 / 早佬瓜 / 晏佬瓜 /——这里的"佬"可省，也可不省，用"佬"是老的说法，不用是新的说法。用"佬"比不用"佬"多一份强调的意味，强调定语。另外，用与不用在重音上也有所体现，用"佬"时单音节形容词一般发重音。

C. 可作谓语：③锣鼓家伙全佬也说"齐佬"。

———————

① 表示味觉的一串单音节形容词"酸、甜、苦、辣"等都没有相应的反义词，因此与"佬"组合时，只有单组。

（2）表示性质的双音节形容词＋佬1

干净佬、干巴佬、容易佬、麻烦佬也说"复杂佬"、派辣佬也说"泼辣佬""厉害佬"、零碎佬、公道佬也说"便宜佬"、漂亮佬也说"标致佬""体面佬"、一般佬也说"普通佬"、现成佬、新鲜佬。

此类短语一般表示具有某种性质的物，也可表示具有某种特性的人，具有指称功能，指"什么的（东西）"或"什么的（人）"。在句中常作宾语，也可直接作短语或句子中的描写性定语，如：

宾语：①这件衣裳是干净佬。②蛋糕是新鲜佬，吃拜 "不要"的合音 紧。

短语中的定语：干净佬衣裳／干巴佬鱼也说"干巴鱼"／麻烦佬也说"复杂佬"事情／容易佬题目／公道佬也说"便宜佬"东西／零碎佬钱／现成佬菜／新鲜佬菜／漂亮佬衣裳／一般佬也说"普通佬"房子。

句子中的定语：①公道佬也说"便宜佬"东西买穷人。②新鲜佬菜不吃，吃陈佬。——作定语时，其中的"佬"也可省略，即用与不用两可，用"佬"是较老的说法，不用是较新的说法。用"佬"比不用"佬"对定语多一份强调的意味。

2. 区别词＋佬1

（1）单音节区别词＋佬1

金佬／银佬／正佬／副佬／单佬／双佬／假佬／真佬／男佬／女佬／公佬／母佬／青佬／紫佬／红佬／蓝佬／野佬／家佬。

此式短语表示"什么的（人）"和"什么的（物）"，具有指称功能。在句中主要作主语和宾语，也可作描写性定语，但各点存有差异。

主语、宾语：①女佬不像女佬，男佬不像男佬。②这个猪是公佬。// 定语：③这是块红佬布。④这是朵红佬花。⑤这是野佬菜，过是家佬菜。

（2）双音节区别词＋佬1

彩色佬／黑白佬／主要佬／新式佬／老式佬／少数佬／多数佬／天生佬／高级佬／低级佬也说"哈佬"。

这些例子可用"佬"，也可用"则"或"的"。另一些则一般用"则"或"的"，如：祖传则（的）、真正则（的）、大量则（的）、人工则（的）、大型则（的）、国产则（的）、进口则（的）。有的点也有"国产佬""进口佬""祖传佬"之说。是否能加"佬"可能与该词是否常用有关，常用则可加"佬"，不常用则加"则"或"的"。

此式短语也可表示"什么的（人）"和"什么的（物）"，具有指称功能。在句中主要作主语和宾语，也可作状语和定语。作定语时"佬"可省，让区别词直接作定语；也可不省。不省有强调意味，省后则缺少强调意味。省与不省各点之间也存有一定的差异。如：①彩色佬好看。（主语）②这是新式佬。（宾语）③进口则（的）电视，天生佬好。（状语）④彩色佬电视好看。（定语）⑤吃则（的）是高级佬香烟。（定语）

（二）事物名词＋佬1

"佬1"只能与事物名词组合，构成"佬字短语"，相当于普通话的"的字短语"。根据名词在短语中所起的作用不同又可分为两类。

第一类：名词是表示制作该物的原料，整个短语是表示由某种原料制作成的物品。如：铁佬／铜佬／瓷佬／篾佬／瓦佬／布佬／绸子佬／石头佬／木头佬／铁皮子佬／泥巴佬／玻璃佬／不锈钢佬。

第二类：名词表示该物的特征，整个短语是表示具有某种特征的物品。如：白壳子佬_{物品的外壳特征是白色的，或无印刷字样}／铁壳子佬、篾壳子佬_{或说"篾佬"}、塑料佬_{三者常指热水瓶三种不同特征的外壳}／尖领佬、圆领佬_{指服装在领上的两种特征}。

整个短语表示物，具有指称功能，后面可以带"则"，也可不带（各点有差异），作描写性定语，作定语时有强调意味：玻璃佬（则）台子／木头佬（则）台子／铜佬（则）锁／铁佬（则）锅／泥巴佬（则）台子／不锈钢佬（则）刀／铁壳子佬（则）水壶／白壳子佬（则）香烟_{指烟盒上无商标等任何印刷字样，可简称"白壳子香烟"}。这些例子里的"佬"也可省略，用"佬"是老的说法，不用是新的说法。

三 "佬2"的语法功能及使用情况

"佬2"可以与名词（方所名词）、代词组合，也可与短语（主要是"动宾式"和"偏正"式）组合，构成"佬字后缀词"，为名词或代词。

（一）方所名词＋佬2

此结构中的"佬2"属名词后缀，组合后构成一个名词。根据方所名词所指的不同又可分为三类。

1. 地名名词＋佬2（可分为两种情况）

第一类："乡镇名_{县内}＋佬2"、"省市县名＋佬2"或"区域名_{如"苏北""江北""东北"等}＋佬2"。

表示是某某地方人。主要用于他称，也可用于面称，不用于自称。就感情色彩而言，稍带贬义，或敬意不够，所以不用于自称而用于他称。如"溧水佬""洪蓝佬""南京佬""安徽佬""湖北佬""江北佬"等。此类名词在句中可以作宾语、主语；也可作定语，此时"佬"不能省略，且需带"则"或"的"。作宾语：①他是个洪蓝佬。②天上有个九头鸟，地下有个湖北佬。// 作主语：③这些溧水佬蹲几天就要走。④江北佬肯吃苦。// 作定语：⑤江北佬则（的）鹅水分足。

第二类：村名名词＋佬2。

溧水农村存有这样一个称呼习惯，称由外村嫁过来的本村妇女为"某某（村）佬"。用自然村村名加"佬"表示来自某某村的人。既可用于旁称，又可用于面称，但不用于自称。原因有二：一是不知道其姓名；二是虽知道姓名，但以此称呼觉得方便、亲切，不带贬义。以第二种原因为多。如果她原先所在的村与本村较近或是大家都知道，就用"自然村村名＋佬"_{"村"字一般不出现}来称呼，如"丁家佬""于家佬""赵家佬"。如果只知道她原先所在的乡镇名，那么就用"乡镇名＋佬"_{"乡"或"镇"字一般不出现}来称呼，如"乌山佬""石湫佬""孔镇佬"等，用法同第二类。如果连原来的乡镇也搞不清，或无须搞清楚，只是笼统地称呼，就用"方位名词＋佬2"来称呼，如"南边佬""东边佬"_{等见下文}。如果来自县外，则称法、用法同第二类。如："宜兴佬""金坛佬""高淳佬""四川佬""东北佬"等。四种称呼中以"某某（村）佬"为最多、最普遍。在有的乡镇称女人为"村名名词＋佬2"的情况相当普遍。有时夫妻之间，丈夫称妻子用此说，但一般用于旁称，面称呼其名，但也有些年龄大的用此面称自己的妻子。长辈对晚辈则可用，如婆（公）媳之间，婆婆（公公）称媳妇，可以此作为面称。

2.方所名词 + 佬2

由"城里""乡下"等处所和方位兼有的词加"佬"构成一个名词，表示居住在某个处所的人，属中性词，不含贬义。如"街上佬""城里佬""乡下佬""山里佬""圩里佬"^{"圩"的韵母南部乡镇为 [y]，北部乡镇为 [uei]}等。

3.方位名词 + 佬2

方位名词是有限制的，限于双音节合成方位词，而且"佬"只出现在"东边、南边、西边、北边"四词之后。所构成的名词表示居住在某个方向或方位的人。又可分三种情况。

（1）以某一个点为中心，或以某个立脚点为中心，称四周的人为"东边佬、南边佬、西边佬、北边佬"。

（2）用于对称。居住在东边的人称居住在西边的人为"西边佬"，居住在西边的人称居住在东边的人为"东边佬"。居住在南边和北边的人分别称对方为"北边佬"和"南边佬"。

（3）东西南北是相对的方位概念。如以某一处为立脚点称自己西边的人为"西边佬"，被称为"西边佬"的人以他自己所在的地方或村庄为立脚点，又可把他西边的人称为"西边佬"。所以"东边佬……北边佬"具有不确定性，是随着立脚点的变化而变化的。

（二）代词 + 佬2

此结构中的"佬2"属代词后缀，组合后仍构成一个代词。但只能与指示代词和疑问代词组合，不能与人称代词组合。

1.指示代词 + 佬2

有"这么佬"^{相当于普通话的"这么样"}、"过么佬"^{相当于普通话的"那么样"}[1]，"这种佬""过种佬"，"这个佬""过个佬"，"旁格佬"^{或说"旁则佬""旁的佬""别则佬""别的绪"，相当于普通话的"别的"}等四组七例。"这"有两种读音：[ki]调类的可变性较大，可发阳平调，也可发阴上调和 [kəʔ]。在"这个"中一般发 [ki]/[ki]，在"这么"中一般发 [kəʔ]。"过"读为 [kəu]。有些点将"这么

─────────

① 有的点说成"这么个佬""过么个佬"，由"指示代词 + 量词 + 佬"构成。

佬""过么佬"说成"间 [ˌkæ]①佬""过佬"。这九例实际上可分三类：这么佬、这种佬、这个佬、间佬——近指代词＋佬，过么佬、过种佬、过个佬、过佬——远指代词＋佬，旁格佬或说"旁则佬""旁的佬""别则佬""别的佬"，相当于普通话的"别的"——旁指代词＋佬，另外少数点存有"所有佬""任何佬"之说——"统指代词＋佬"如乌山、城郊、和风等点有此说。

"这么佬、过么佬"属于"谓词性代词"，表示动作行为的方式。在句中主要作状语，有的要与介词组成介宾短语作状语，有时由于谓语动词省略而代替动词作谓语，还可代替某种事物或某种情况作主语、宾语，也可作补语和定语一般要带"格"或"则"，同时还可作为小句复指上文，引起下文。

状语：①一下子这么佬弄，一下子过么佬弄，到底哪么佬弄？// 谓语：②要么这么佬省"弄"或"搞"，要么过么佬省"弄"或"搞"，没旁格（的）办法。// 主语：③过么佬没这么佬好。// 宾语：④本来就是这么佬。// 补语：⑤饭都馊则（得）这么佬，阿能吃搭语气助词？// 定语：⑥这么佬格（则）天指下雨或很冷的天，阿出去捞鱼？// 作为小句：⑦要过么佬，我不干啦。⑧过么佬，就不一样啰。⑨噢，这么佬，过那我先去找他去。⑩这么佬：一年级你带，二年级我带，阿中煞？

"这个佬""这种佬""间佬"几说同义，相当于普通话的"这个、这种"；"过个佬""过种佬""过佬"几说同义，相当于普通话的"那个、那种"；"旁格佬""别则佬""旁的佬""别的佬"几说同义，相当于普通话的"旁的、别的"。它们都属"体词性代词"，具有指代功能，一般可指代事物，但所指内容须依赖语境。常用于对举或列举。在句中常作主语、宾语、定语。在作定语时"佬"是否能省略各点有异。主语：①间佬好。②这个佬好，过个佬不好。// 宾语：③要依我讲，买旁格佬或说"旁则佬""别则佬""别的佬"还不如买这个佬。④一下子要这个佬，一下子要过个佬，你到底要哪个？// 定语：⑤间佬东西不好。⑥这种佬人你跟他讲不出道理。

---

① 是"这"的又一读法，正如颜逸明先生在《吴语概说》中所说，"吴语指示代词的语音形式很不稳定，各地常有平行并用的不同说法"（华东师范大学出版社，1994，第234页）。

2. 疑问代词 + 佬2

只有两类，代表性的有两例：**什么佬**也说"哪种佬""哪种"，有的点也说"嗯则佬"或"嗯则"、**哪么佬**有的点说"哪间佬"，有一个点说"阿捏佬"，有一个点说"何间佬"。相当于普通话的"什么样"（或"哪种、哪样"）和"怎么样、怎样"。组合后的两个代词都具有指代功能。但两词的属性不同："什么佬"属"体词性代词"，"哪么佬"属"谓词性代词"。语法功能也有所不同："什么佬"在句中作主语、宾语、定语后一般要带"格"或"则"或"的"，点与点之间有差异，可以加"则（的）"组成"则（的）短语"作主语和宾语，"哪么佬"在句中作状语、谓语、补语，也可作主语和宾语。

主语：①在这些牌子里，什么佬（则、的）最好？// 宾语：①拿什么佬（则、的）就买什么（则、的），不准拣。// 定语：①买电视机、什么佬格（则、的）牌子最好？// 状语：①我这个人老实，上哪讲就哪么佬做。// 宾语、谓语：⑤我这个人讲哪么佬就哪么佬。⑥他就是这么个人，你能把他哪么佬。// 补语：⑦事情搞则（得）哪么佬啦？

（三）短语 + 佬2

此结构中的"佬2"属于名词后缀，与短语组合后构成一个名词。短语主要是"动宾式"和"偏正式"两种。鉴于所表示的意义之不同，又可分为两类。

第一类：短语是动宾式，短语表示行业，整个词是表示从事这一行业的人。但这些行业比"匠"（如铁匠、铜匠、瓦匠、皮匠、�匠、木匠、漆匠等）的社会地位还要低，一般为人所不齿。带了"佬"显示出其地位之低下，且稍带贬义。有的点可直接在"某某匠"后加"佬"，如"铁匠佬""木匠佬"等。常说的有：补锅佬、叉鸡佬偷鸡的人、剃头佬、打狗佬、杀猪佬、劁猪佬。

各点在说法上存有一定的差异性，各点内部也存在旧说与新说。这里的"佬"也可换成"则"或"的"，但有区别。

第二类：短语大都是偏正式，也有动宾式，整个词并不表示从事某种行业的人，而是表示在生理等方面存有某些缺点或缺陷的人。各点之间存有差异，各点内部常几说并存。如：拐脚佬指脚有残疾的人，也说"拐巴腿"、跛手佬指手或胳膊有残疾的人，也说"跛手子""跛胳膊"、歪嘴佬指嘴歪向一边的存有缺陷的人，也说"歪嘴""歪嘴子"、吃饭佬指能吃不能做的人。

"短语＋佬2"所构成的名词在句中主要作主语、宾语；也可作定语，但要加"则"或"的"（各点存有较大差异）。

主语：①打狗佬又来打狗啦！// 宾语：②夜里抓到一个叉鸡佬。③女儿嫁把一个补锅佬。// 定语：④补锅佬则（的）裤子尽是洞。

四 "佬1"与"佬2"语法功能比较

（一）"佬1""佬2"语法功能及使用情况比较

现将"佬1""佬2"语法功能及使用情况列表比较，见表1。

表1 "佬1""佬2"的语法功能及使用情况

	佬1	佬2
语法属性	结构助词	体词性后缀
组合能力	能与性质形容词、区别词以及事物名词组合，组合后构成名词短语	能与方所名词、指示代词、疑问代词以及动宾式、偏正式短语组合，组合后构成体词
充当成分	在句中一般可作主语、宾语、定语，也可作谓语和状语	在句中一般可作主语、宾语、定语，也可作谓语、状语和补语
表意功能	具有指称功能，表示具有某种性质或特性的物，或表示具有某种特性的人	有的具有指称功能，表示是某某地方人，或表示居住在某个方向或方位的人，或表示从事某一行业的人，或表示在生理等方面存有某些缺点或缺陷的人；有的具有指代功能
表情功能	中性	有的表贬义，有的表亲昵义
使用情况	①组合时与音节的单与双有一定关系；②具有指称功能时，不能省；但作定语后指称功能丧失时可省	①具有指称功能时，不能省；②具有指代功能时，可省

（二）比较综述

从语法属性来看，"佬1"与"佬2"属于不同的语言单位，二者所组成的单位自然也就不同。从组合能力来看，"佬1"与形容词组合，

"佬2"与代词组合，二者构成对立分布。"佬1"与事物名词组合，"佬2"与方所名词组合，二者又构成互补分布。另外"佬1"能与性质形容词、区别词组合，不能与状态形容词组合，而状态形容词能与另一结构助词"则（的）"组合，这样"佬1"与"则（的）"构成互补分布。"佬2"能与指示代词、疑问代词组合，不能与人称代词组合，而人称代词能与另一结构助词"则（的）"组合，这样"佬2"与"则（的）"也构成互补分布。从表意功能来看，由"佬1"组成的短语与由"佬2"组成的词均具有指称功能，而由"佬2"组成的词还具有指代功能。从表情功能来看，由"佬1"组成的短语一般不带有感情色彩，而由"佬2"组成的词却带有明显的感情色彩，即具有表情功能。从使用情况来看，"佬1"与"佬2"所组成的短语和词在具有指称功能时均不能省，当指称功能丧失或具有指代功能时，则可省。

由此可见"佬1"与"佬2"在语法上是不同的两类。

五　内部差异的主要呈现状态

各点之间存在的差异主要体现在"佬"字式作定语时[①]"佬"是否省略、定语所具有的特征以及说法上的不同等方面。根据分析和比较，我们可以得出这样一个基本结论：差异性与共同性并存。14个点之间既有"同"也有"异"，从某一个方面看有"异"，从另一个方面看又有"同"。"同"说明溧水方言拥有共同的历史底层，"异"说明溧水方言在不断发展并呈现出不同的发展状态。"同""异"交错，正构成了溧水方言作为吴方言与江淮方言交会地带方言所具有的方言特征上的复杂性。

从理性思考的角度来看，其差异性主要呈现出三种状态。（1）从点与点之间的差异分析中可看出，境内南部方言点与其他点之间的差异较大。南部的一些点如：渔歌、孔镇、品桥、云鹤、和凤说吴方言并保持原有的

---

① 由于"佬"字式具有指称功能，所以指称人或事物在句中作主语、宾语时"佬"一般不能省略，因为省略后即失去了指称功能；作定语时由于重点不在指称，而在于描写或限定，所以可用可省，但用对定语有强调作用。

说法和句法结构，而西部_{如：石湫、明觉}、中北部_{如：在城、乌山、柘塘}和东部_{如：东}
_屏的一些点由于说江淮方言_{如在城、乌山、柘塘}或虽说吴方言但与江淮方言地
带交界_{如石湫、明觉、东屏}，受北方方言或普通话的影响较大，这样就与南
部的点形成了较大的差异。这种差异既体现了方言差异，又体现了地
域差异。（2）从各点内部新老两说的差异分析中可看出，溧水方言正
处在一个逐渐发展变化的过程中，原有方言成分"佬"字的使用逐渐
弱化_{如石湫点"佬"的组合方式凡作定语时均不用"佬"；有的渐趋消亡，如"佬"的使用在在城点渐趋}
_{消亡已见端倪}。这既是年龄差异，又是语言发展所出现的层次性差异。（3）
方言差异、地域差异、年龄差异和语言发展所出现的层次性差异等诸
差异共存。

（一）方言差异与地域差异交叉并存

如从"单音节形容词＋佬1"作描写性定语这一方面各点所存在
的主要差异中就可以看出此特点。我们选取前文所举的四例中的第一
例"这是块红佬布"来做差异比较。据调查，14个点共有三种说法：
A."单音节区别词＋佬1"直接作定语——这是块红佬布；B."单音节
区别词＋佬1"省"佬"，区别词直接作定语——这是块红布；C."单音
节区别词＋佬1"不能作定语，只能作宾语——这块布是红佬。列表比
较14个点在使用上的差异，见表2。

表2 "单音节区别词＋佬1"的方言差异与地域差异

	这是块红佬布	这是块红布	这块布是红佬
东庐	＋	＋	＋
白马	－	＋	＋
城郊	－	＋少	＋多
乌山	－	＋	＋
柘塘	＋少，佬说法	＋	＋多，新说法
在城	－	＋少，最新说法	＋少，老说法
东屏	－	＋	＋
石湫	－	＋	＋

	这是块红佬布	这是块红布	这块布是红佬
明觉	－	＋	＋
渔歌	－	＋	＋
孔镇	＋	＋	＋
晶桥	＋多	＋少	＋多
云鹤	＋多，老说法	＋少，新说法	＋少，新说法
和凤	＋多，老说法	＋多，新说法	＋少，老说法

注："＋"表示说，"－"表示不说；"＋多"表示说的人多，"＋少"表示说的人少。

从对比中可看出"单音节区别词＋佬1"作描写性定语，在南北分布上存在着一定的地域差异：南部四个点均说，而且使用得较多，其他点一般不说，即"单音节区别词＋佬1"不能作描写性定语，但可作宾语，采用"这块布是红佬"的说法；省去"佬"的"这是块红布"的说法普遍得到采用，也就是说"佬"均可省略。另外，在城点在说法上较为复杂：说"这块布是红佬"是老的说法，说的人少；说"这块布是红的"是新的说法，说的人最多；说"这是块红布"是最新的说法，说的人也少。在城说江淮方言，从中也体现出方言差异。

又如从"短语动宾式＋佬2"作定语这一方面各点所存在的主要差异中也可以看出此特点。我们将前文所举的三例中的"补锅佬则（的）褂子尽是洞"一句提取出来作为比较对象，来看各点之间的差异。可从三个方面来做比较。（1）"补锅佬"的说法不同：补锅佬为词、补锅则为短语、补锅的为短语。（2）作定语时所带助词不同。（3）所带助词能否省略。现列表比较，见表3。

表3 "短语动宾式＋佬2"的方言差异与地域差异

	补锅佬	补锅则	补锅的	所带助词	助词能否省
东庐	＋	－	－	则	能
白马	＋	－	－	则	能

续表

	补锅佬	补锅则	补锅的	所带助词	助词能否省
城郊	+	–	–	的	能
乌山	–	–	+	不用	无
柘塘	–	–	+	不用	无
在城	–	–	+	不用	无
东屏	+	–	–	的	不能
石湫	+	–	–	的	不能
明觉	+	–	–	的	能
渔歌	+	–	–	则	能
孔镇	+	–	–	则	能
晶桥	+	–	–	则	不能
云鹤	+	–	–	则	不能
和凤	–	+	–	则	不能

注:"+"表示说,"–"表示不说。

从表 3 所列差异中可看出:乌山、柘塘、在城 3 个点只说"补锅的",不说"补锅佬"与"补锅则",并且不带助词。这 3 个点属北部乡镇,又都说江淮方言。因此,这 3 个点与其他点所存在的差异体现出方言差异与地域差异并存的特点。当然,从表 3 中还可看出其他的特点。如在溧水方言中"则""的"均可以充当结构助词,以"则"为多。溧水境内虽存有吴语和江淮方言两种方言,但在结构助词"则""的"的问题上,却没有明确的界限,用"的"的 4 个点均说吴方言,用"则"的点当然也是说吴方言。不用助词的 3 个点倒是说江淮方言。

(二)年龄差异与语言发展所出现的层次性差异并存

如从"单音节形容词 + 佬 1"作描写性定语这一方面各点所存在的主要差异中可以看出特点。我们通过对"圆佬台子""长佬板凳""方佬台子""潮佬衣裳""早佬瓜""晏佬瓜"等六例的分析可以发现差异主要体现在两个方面。(1)"佬"可用可不用,用是老的说法,不用是新的说法，用了便对定语多一分强调的意味。（2）不用"佬"。没有哪个点是八例都必须要用的，而且年轻人以不用为多，这也反映出一种发展趋势。具体情况如下："'佬'可用可不用"的有白马其中"潮佬衣裳"也可说成"湿佬衣裳"、东庐、城郊不说"早佬瓜""晏佬瓜"，只说"早瓜""晏瓜"、和风、云鹤、晶桥、明觉、孔镇"厚佬被单""薄佬被单"两例中的"佬"一般不省、柘塘、乌山用多，省少，不说"早佬瓜""晏佬瓜"，只说"早瓜""晏瓜" 等 10 个方言点。"不用'佬'"的有渔歌、石湫、在城、东屏一般不用，强调单音节形容词时，或对举、对比时用等 4 个方言点。

（三）方言差异、地域差异、年龄差异与语言发展所出现的层次性差异共存

如从"事物名词＋佬1"作描写性定语这一方面各点所存在的主要差异中可以看出综合差异的存在。我们就前文所列举的作短语中的定语的例子，选取"玻璃佬（则）台子"一例作为比较对象来分析内部差异。14 个点共有 5 种说法，现作为 5 个比较项：①玻璃佬台子；②玻璃佬则台子；③玻璃则台子；④玻璃台子；⑤玻璃的台子。对各点的使用情况列表比较，见表 4。

表 4　层次性差异比较

	玻璃佬台子	玻璃佬则台子	玻璃则台子	玻璃台子	玻璃的台子
东庐	＋	－	＋少	＋	－
白马	＋多，老年人	＋少，老年人	－	＋多，青年人	－
城郊	－	－	－	＋	＋
乌山	－	－	－	＋最常用	－
柘塘	＋少	－	－	＋	＋
在城	－	－	－	＋	－
东屏	＋少，老年人	－	－	＋多，青年人	＋少
石湫	－	－	－	－	－
明觉	＋少	－说"玻璃佬的台子"	－	＋多	＋多
渔歌	＋	－	－	＋	－

续表

	玻璃佬台子	玻璃佬则台子	玻璃则台子	玻璃台子	玻璃的台子
孔镇	+	+	+	+最常用	
晶桥	+老的说法	-	-	+新的说法	
云鹤	+多，老年人	+少，老年人	-	+少，青年人	
和凤	+多，老年人	+少，老年人	-	+多，青年人	

注："+"表示说，"-"表示不说；"+多"表示说的人多，"+少"表示说的人少。

从表 4 中可看出以下几点。（1）五说并存，内部差异很大，就这一小点即可反映出两大方言交会区内方言的复杂性。（2）虽然差异较大，但也有一定的统一性，"玻璃佬台子"之说占主导地位，有 10 个点之多。（3）这里的差异性主要表现在新旧说交叉重合，体现出一定的年龄差异：老年人持旧说，青年人改用新说。我们不妨将此五说看成四个不同的层次："玻璃佬则台子"是第一个层次，"玻璃佬台子"_{省结构助词"则"}是第二个层次，"玻璃则台子"_{省"佬"}是第三个层次，"玻璃台子"和"玻璃的台子"是第四个层次。第一、二个层次应是溧水方言的原有说法，第三个层次是一种过渡，第四个层次是一种发展。从第一个层次到第四个层次应该说主要是通过省略简化而产生的，从中也可得出简化是语言发展的一条重要原则。第四个层次的产生自然也受到社会因素的影响，与普通话相同的"玻璃台子"一说最通行，青年人说得最多，由此也可看出一种自然的发展趋势："佬"逐渐弱化进而消失，方言句式逐渐向普通话靠拢。（4）这五说既有年龄差异，也有地域差异：第一、二、三个层次南部和东部乡镇使用得多，北部和西部乡镇使用得少_{县城不说}，尤其是南部和北部差异较大，而这样的地域差异实际上也是方言差异的问题，北部的乌山、柘塘和县城调查点的话均属江淮方言，而南部乡镇的话均属吴方言。另外，靠近江淮方言区的乡镇，如城郊、东屏、石湫等，也是前三个层次的说法较少。

六 结语

由上文分析考察可见：（1）溧水方言中使用相当普遍的"佬"字，

可分为两类：一是充当助词，为"佬1"；二是充当语缀，为"佬2"。"佬"所组成的短语或词都具有体词性"这么佬、过么佬、哪么佬"三例具有谓词性的除外，这也印证了赵元任先生在 20 世纪 20 年代所说的一句话："'佬'字代名词意味多些。"[①]"佬"可与形容词、名词、代词以及短语主要是动宾式和偏正式组合，组合后具有指称功能，一般表示人或物。（2）正因为"佬"具有体词性，所以在句中主要充当主语、宾语、定语，少数情况可以充当谓语、状语和补语。（3）溧水方言在"佬"的使用上存在着共同性与差异性并存的状况，但从总体而言还是共同性大于差异性；所存在的差异性体现出地域差异、方言差异两大方言的差异和方言点间的差异、年龄差异、方言发展所出现的层次性差异即多种层次并存等四个方面的内容。（4）从"佬"的发展趋势来看，可用与可不用两种情况的存在，自然也就影响着它的发展趋势，尤其是"佬"字在作定语时年轻人以不用为多，这说明它正处在一个发展变化的过程中，逐渐弱化趋势已见端倪，这是一个方面；另一方面，它仍具有一定的能产性，"佬"字式已成为一种可套用的格式，现代汉语中的许多词如形容词、名词、代词都可套用这种格式，出现了"普通佬""一般佬""进口佬""出口佬""塑料佬""不锈钢佬""所有佬""任何佬"等方言词，这也充分体现出方言以自身已有的方式来接受外来成分的可兼容性特征。

（原载上海市语文学会、香港中国语文学会合编《吴语研究——第二届国际吴方言学术研讨会论文集》，上海教育出版社，2003）

---

① 赵元任:《北京、苏州、常州语助词的研究》，原载《清华学报》1926 年第 2 期;现见《方言》1992 年第 2 期，第 88 页。

溧水方言"VVVV"式的考察

　　处于吴方言与江淮方言交界地带的江苏溧水方言，存有一种"VVVV"动词重叠式，如"（人不能懒，）多动动动动有好处""讲讲讲讲一个钟头过去着 [·tsə] 了""写写写写就写歪着 [·tsə] 了"等。可分成属于构形重叠的"VVVV"式和属于语用重叠的"VVVV"式^①两种。限于篇幅，本文仅就属于构形重叠的"VVVV"式进行考察：就其语法性质、重叠模式、对"V"的选择、体特征与出现语境及语用功能、主要语法功能、与"VV"式及其他重叠式的比较等方面做简要考察，试图从语义、语法、语用等不同角度来阐释其规律性特征。

语法性质的确认

　　属于构形重叠的"VVVV"式（下文简称"VVVV"式）是"V"的一种词形变化，即由"V"变化为另一形态"VVVV"，同词异体，如"讲讲讲讲"就是"讲"的一种词形变化，两者同词异体。"VVVV"中 V_1V_3 读原调、V_2V_4 读轻声，"V_1V_2"与"V_3V_4"属于两个语音段，形成统一的语音构造。两者结合得比较紧，中间不能插入任何成分，并与特定的语法意义、语法功能、语用功能相联系，下文将做具体阐释。与动词连用不同，它具有体范畴，也可以带宾语。总之，本文所考察的属于

---

① 属于语用重叠，即词的重叠。"VVVV"均读原调，四个"V"之间没有语音停顿，可用"V""VVV""VVVVV"替换。例如：（1）他一天到晚就晓着 [·tsə?] 晓得做做做做。（2）只望见你一天到晚洗洗洗洗，有多少衣裳洗不了。

构形重叠的"VVVV"式,其重叠形式已趋稳定,变成与特定的语法意义、语法功能、语用功能相联系,有统一的语音构造,不同于动词连用的一个可独立运用的重叠词。

重叠模式的分析

从重叠模式来看,"VVVV"式属于语素重叠且多次生成。其基础形式为成词语素,"V"是单音节动词,因此属于语素重叠。就其重叠生成过程的次数而言属于多次生成,是一种二级重叠:由"V"初级重叠成"VV",再由"VV"二级重叠成"VVVV",即 V → VV → VV + VV → VVVV。存有两个层次:V//V/V//V。如"讲讲讲讲":讲→讲讲→讲讲 + 讲讲→讲讲讲讲。

对"V"的选择

在溧水方言中能构成"VVVV"式的单音节动词主要是动作动词,有两种情况:(1)动作可持续或可反复进行的动作动词,如"看、笑、等、写、听、念""拍、跳、数、敲"等;(2)部分表示非持续性或一般不反复进行的动作动词,如"发、收、劈、破、放、抓、开(门)、关(门)、挂、穿(衣裳)"等,比普通话动词重叠所选范围要宽。除动作动词以外,还有部分表示心理活动的单音节动词,如"想、盼、怪"等。非动作动词(如"醉、死、活、胜、败"等)、判断动词及准判断动词(如"是、像、叫"等)、存现动词(如"在")、能愿动词(如"想、要、敢、能")、趋向动词(如"上、下、过"等)、部分心理活动的动词(如"爱、恨、厌、怕"等)、部分"取予"义动词(如"取、给、夺、缺、赚、赔"等)、部分"使令"义动词(如"让、派"等)不能构成"VVVV"式。

总之,选择频率高的多为表示具体动作,特别是表示人的感官和肢体动作的动词,即基本动作动词。

体特征、出现语境及语用功能的考察

一 体特征、出现语境及语用功能的考察

"VVVV"式运用时，有的在后面的动词上附着一个位于句子末尾的形态成分"着［·tsɔ］了"作为形式标志，有的后加"看看（或瞧瞧）"作为形式标志，存有四种体 ① ：持续反复体、短时体、背景过程体、反复尝试体。下面将具体考察这四种体的体特征、出现语境及语用功能。

（一）持续反复体的体特征、出现语境及语用功能

举例：

（1）再好着［·tsɔ］的菜吃吃吃吃就不好吃着［·tsɔ］了。

（2）（他）做做做做就不想做着［·tsɔ］了。

（3）想想想想就想通着［·tsɔ］了。

（4）飞飞飞飞就会（飞）着［·tsɔ］了。

（5）老不好，要到医院里好好着［·tsəʔ］_地查查查查。

（6）（张老师，）有空给我讲讲讲讲卷子晒_{语气助词}。

（7）（人不能懒，）多动动动动有好处。

（8）一下子_{一会儿}看看看看电视，一下子_{一会儿}喝喝喝喝茶，一下子_{一会儿}又洗洗洗洗衣裳。

（9）蹲家_{在家}没有事早点起来，动动动动关节，压压压压腿，弯弯弯弯腰，只会有好处。

（10）蹲家_{在家}洗洗洗洗衣裳，扫扫扫扫地，抹抹抹抹灰，拜_{"不要"之合音}到处乱跑。

分析：

1."VVVV"式表示某一动作在某一时段里不断地重复进行。"吃吃吃吃""做做做做""想想想想""飞飞飞飞""动动动动"等表示"吃、做、想、飞、动"等这些可持续的动作在一个比"短时"长的时段（我们姑且称之为"中时段"）里持续反复，句子的着眼点在于强调动作的

---

① 为表述的一致性，本文暂不分称"体"与"貌"，统称之为"体"。

"反复"与"持续"。有的在后面的动词上附着位于句子末尾的形态成分"着 [·tsɔ] 了"作为形式标志，如例（1）～（4）；有的则没有形式标志，如（5）～（10）。

2. "VVVV"式用于陈述句中，既可以是单句，也可以是复句。例（1）～（4）重叠后有"V"相呼应，构成紧缩复句。不论是否有句末"[·tsɔ] 了"，整个句子可以表达已然事件[1]，如例（8），也可以表达未然事件。在表达未然事件的句子中，有的表达的是假然事件，即表示在某种条件下会发生或应发生的动作、行为，如例（1）（2）（3）（4）（6）（9）（10）；有的表达的是常然事件，即表示惯常性的动作、行为，如例（7）；有的表达的是将然事件，即表示将要发生或希望发生的动作、行为，如例（5）。

3. 持续反复体具有强调并展示动作反复持续的进行过程的语用功能。上述 5 例中的"吃吃吃吃""做做做做""想想想想""飞飞飞飞""动动动动"等重叠突出地展示出了"吃""做""想""飞""动"等动作反复持续的进行过程，表示动作的次数之多。

（二）短时体的体特征、出现语境及语用功能

举例：

（11）他搞搞搞搞就忘思忘记着 [·tsɔ] 了。

（12）讲讲讲讲一个钟头过去着 [·tsɔ] 了。

（13）冬天天短，弄弄弄弄天就黑着 [·tsɔ] 了。

（14）有点事，叫他先坐下来等我下子，等等等等他打起盹来打起瞌睡来着 [·tsɔ] 了。

分析：

1. 就动作本身而言，"VVVV"式在句子中表示动作不断重复进行，但从语用的角度来看，话语焦点在重叠之后的动词或形容词上，"VVVV"表示动作在漫不经心地进行或持续着，动作虽经历了一个较长的中时段，但主观上并不觉得长，而觉得是短暂的，以此来衬托后面动词或形容词

---

① 李宇明：《动词重叠的若干句法问题》，《中国语文》1998 年第 2 期，第 87~88 页。

在时间上变化之快，因此属于"短时体"。

2."VVVV"式一般用在单句中，重叠后没有相同的"V"呼应，而是由别的动词或形容词作谓语。由于"VVVV"是来衬托后面动词或形容词在时间上变化之快的，所以在句子中起修饰作用，作状语。所在的句子表示的均是已然事件，以"VVVV"式后面的动词上附着的位于句子末尾的形态成分[·tsɔ]了作为形式标志。

3.属于"短时体"的"VVVV"式由于动作在漫不经心地进行或持续着，虽经历了一个较长的中时段，但主观上并不觉得长，给人以轻松、随便、不经意之感，这是它的语用功能。上例中的"搞搞搞搞""讲讲讲讲"等均给人轻松、随便、不经意之感。

（三）背景过程体的体特征、出现语境及语用功能

举例：

（15）练俯卧撑，撑撑撑撑屁股就翘起来着[·tsɔ]了。

（16）冬天着[·tsəʔ]的菜吃吃吃吃就冷着[·tsɔ]了。

（17）两个人戏玩，下同戏戏戏就不对头着[·tsɔ]了。

（18）他看看看看就睡着[dzaʔ₂]着[·tsɔ]了。

（19）写写写写就写歪着[·tsɔ]了。

（20）讲讲讲讲，就讲不下去着[·tsɔ]了。

分析：

1."VVVV"式表示动作正处于反复进行中，即表示中时段内一种正持续反复进行的动作。从语用的角度来看，这一在中时段内正持续反复进行的过程又成为另一行为或状态发生的时间背景，即构成"背景过程体"。又因"VVVV"式本身所表示的时段是一个比"短时"长的"中时"，自然背景过程时间较长，因此若加以细分应属于其中的"中时过程体"[①]，以"VVVV"式后面的动词上附着位于句子末尾的形态成分"着[·tsɔ]了"作为形式标志。

2."VVVV"式的作用并不在于突出"所包含的动作行为，而在

---

① 刘丹青：《苏州方言的体范畴系统与半虚化体标志》，载胡明扬主编《汉语方言体貌论文集》，江苏教育出版社，1996，第30页。

于显化与其后面'就'引出的分句中的动作行为相关的语义内涵"①。
"VVVV"式用在单句中表示是后面动作或状态的一种背景,而后面的动作或状态则是一种已然事件。后面动作或状态的完成是背景体的自然结果或状态 [如例(15)(16)]、意外结果 [如例(17)(19)]、动作的停止 [如例(20)] 或由此而自然转入的另一话题 [如例(18)] 等。

3. 属于"背景过程体"的"VVVV"式具有生动化的语用功能,通过动作的反复来描绘一种状态,为后面的动作提供一种背景。上例中的"撑撑撑撑""吃吃吃吃"" 戏戏戏戏""看看看看""写写写写""讲讲讲讲"等描绘出后面动作或状态呈现时的一种情状,凸显出它的生动化语用功能。

(四)反复尝试体的体特征、出现语境及语用功能

举例:

(21)拿这件衣裳穿穿穿穿,瞧瞧(看看)阿合身_{是否合身}?

(22)先做做做做瞧瞧(看看),能做就做,不能做就不做。

(23)累堆_{非常}想试试试试,瞧瞧(看看)中不中?

(24)把_给我一个(刚上市的桃子、苹果、枣子等)尝尝尝尝鲜头_{尝个鲜}。

分析:

1. "VVVV"式以表示某一动作不断地持续反复,来表示多次尝试,这是一种"反复尝试体"。可带(也可不带)形式标记"瞧瞧 [$\underline{z}io^{\cdot}\underline{z}io^{\underline{z}}$]"或"看看 [$k'\emptyset^{\cdot}\cdot k'\emptyset$]"来表示,如例(22)。(21)(23)例中的"瞧瞧"和"看看"为动词,不是形式标志,但含尝试意味。如果"V"含有尝试意味,如"试""尝"等,则可不用形式标记,如例(24)。

2. 主要出现在陈述句和选择问句中,在反复尝试后再做出选择。所在句子表达的是未然事件,而且都是将然事件,表示将要发生或希望发生的动作、行为。

3. 属于"反复尝试体"的"VVVV"式透过所强调的尝试的反复

① 郑定欧:《析广州话尝试貌"动₁+两+动₁"式》,载胡明扬主编《汉语方言体貌论文集》,江苏教育出版社,1996,第16页。

性，有表示委婉的语气、带有商量的口吻等语用功能。

二 四种体与出现语境、语用功能的对应关系

从上文分析可得出，就"VVVV"式出现语境的事件而言，四种体中的"短时体""背景过程体"只能出现在表示"已然事件"的句子中，因为只有动作行为是已然的，才能显示出所需时间的长和短，"背景过程体"本身就是已然的动作过程的一个背景；"反复尝试体"只能出现在表示"未然事件"的句子中，因为尝试并不意味着整个动作行为是已然的；而"持续反复体"则既可出现在表示"已然事件"的句子中，也可出现在表示"未然事件"的句子中，这与"持续反复体"本身的性质有关，因为不论是已然还是未然，都可表示动作的持续反复。就"VVVV"式所在语境的句子而言，四种体均出现在陈述句中，"反复尝试体"还可出现在选择问句中，其中"持续反复体""反复尝试体"单句或复句中均可出现，"短时体""背景过程体"一般只出现在单句中。

四种体与出现语境、语用功能的对应关系可列表表示如下（见表1）。

表1 "VVVV"式四种体与出现语境、语用功能的对应关系

四种体	出现语境		四种体的语用功能
	所在句子	表示事件	
持续反复体	陈述句（单句或复句）	已然事件	强调动作反复持续的进行过程
		未然事件	
短时体	陈述句（单句）	已然事件	表示轻松、随便、不经意之感
背景过程体	陈述句（单句）	已然事件	描绘一种状态，提供一种背景
反复尝试体	陈述句、选择问句（单句或复句）	未然事件	表示委婉的语气，带有商量的口吻

主要语法功能

一　充当句子的成分

"VVVV"式可充当单句中的谓语或复句中分句的谓语；可充当单句或复句中分句的状语；少数带状语构成短语充当复句的分句主语，谓语是"是""有"等动词、某些形容词或它的否定句式。

（25）有空要跟他谈谈谈谈心。[谓语]

（26）老不好，要到医院里好好着 [·tsəʔ]地查查查查。[谓语]

（27）冬天天短，弄弄弄弄天就黑着 [·tsə] 了。[状语]

（28）（人不能懒，）多动动动动有好处。[主语]

（29）老躺着 [·tsəʔ]着不中，出去转转，慢慢着 [·tsəʔ]地动动动动也比躺着 [·tsəʔ]着好。[主语]

二　与词或短语的组合

（一）后带宾语：与普通话的动词重叠式相同，不能带施事宾语、存现宾语、时间宾语、处所宾语、工具宾语、动量宾语和时量宾语，但可带受事宾语和对象宾语，有的用于表示列举关系的复句中。如上文持续反复体中所举的例（6）和例（8）。

（二）前加状语：与普通话的动词重叠式相同，可在其前加状语。状语可由形容词、副词、介词结构等充当。

1. 形容词充当状语。有时需带"着 [·tsəʔ]地"，如：

（30）坐下来好好着 [·tsəʔ]地想想想想，看看你做着 [·tsəʔ]的阿对对不对？

2. 副词充当状语。表示程度浅的程度副词"稍微"和表示未然的时间副词"先""就"等。

（31）身体亏，稍微动动动动，就一头着 [·tsəʔ]的汗。

3. 介词所组成的介词结构也可充当状语。

（32）抽点空把字练练练练。

4. 助动词充当状语。组成"助＋重（＋宾）""助＋状＋重（＋宾）"结构，如：

（33）a 老不好，<u>要查查查查</u>（原因）。

（33）b 老不好，<u>要到医院查查查查</u>（原因）。

（33）c 老不好，<u>要到医院好好着 [·tsə?]地查查查查</u>（原因）。

三　可构成的单句句式

（一）可构成连动句："VVVV"式可构成连动句，有时与兼语结构连用。

（34）坐下来跟他谈谈谈谈心。

（35）抽空找几个题目给你讲讲讲讲。

（二）可构成兼语句："VVVV"式可构成兼语句。

（36）有空请你跟他谈谈谈谈心。

（三）可构成肯定句和否定句："VVVV"式既可用于肯定句（例子略），也可用于否定句，受否定副词"不"等修饰，多用于疑问、假设等。

（37）你不给他到医院查查查查，要后悔多_{语气助词}！

（四）可构成能愿句："VVVV"式与"可以""要""应该"等能愿动词组合构成能愿句。

（38）老不好，要到医院里好好着 [·tsə?]_地查查查查。

（五）可构成"把"字句："VVVV"式可用"把"带宾语组成介词结构充当状语，构成"把"字句，如上例（32）。

四　可构成的复句

"VVVV"式也可单独充当一个分句，主要表示并列关系和承接关系。

（一）表示并列关系：几个"VVVV"式分别在几个分句中并列，构成并列关系，有的是列举相同或相近的动作行为。如上文持续反复体中所举的例（8）、例（9）。

（二）表示承接关系："VVVV"式构成的承接复句有两种情况。其一，用"先""再"表示先后连续发生的动作。其二，前一分句用"VVVV"式，后一分句用相同的原动词相承而下，对动作做进一步的解释说明。有时是以紧缩复句的形式出现，"VVVV"式一般出现在句首，这类复句使用频率最高。后面解释、说明在"VVVV"式反复进行的动作之后出现的情况。也可将"VVVV"式理解为后面情况或结果出现的原因。

（39）蹲在家先歇歇歇歇，歇好着［·tsə?]了再来做。

（40）（他）做做做做就不想做着［·tsɔ]了。

与"VV"式的比较

以上各类用例中的"VVVV"均不能换成"V"。同时，"VVVV"式虽是"VV"和"VV"的连用而组合成的，虽可看成"VV"式的强调式，但在语法意义、语用功能等方面则存有差异：强调的程度不同，表示动作持续进行的时间不同，动作出现的频率不同，描写性状的程度不同。"VV"式只可表示短时体和尝试体，可带形式标志"瞧瞧""看看"。试分类比较"VVVV"式与"VV"式的差异。

一　表示"持续反复体"的"VVVV"式与"VV"式比较

表示持续反复体的"VVVV"也可换成"VV"，也说得通，但由于"VV"在体特征上属尝试体，故其所展示出的动作出现的频率和显示出的时间度明显不够，从这个意义上来说，"VV"式还是不能真正代替"VVVV"式。试比较下两例：

（41）a（他）做做做做就不想做啦。

（41）b（他）做做就不想做啦。

"做做"表示"做了较短的一段时间"，而"做做做做"则表示"反复做，做了较长一段时间"，即在动作出现的频率和显示出的时间度上存有明显的差异。

二 表示"短时体"的"VVVV"式与"VV"式比较

"VVVV"式与"VV"式虽都可以表示短时体，但两者表示的内容并不相同："VVVV"式表示的是主观感觉上的短时，而"VV"式表示的则是客观实际上的短时。同时，两个"短时"的绝对时间值也是不一样的。试比较下两例：

（42）a 讲讲讲讲一个钟头过去着 [·tsɔ] 了。

（42）b * 讲讲一个钟头过去着 [·tsɔ] 了。

两例中的"讲讲讲讲""讲讲"均可表示短时，但"讲讲讲讲"本身所表示的时间比"讲讲"要长，可以是一个小时，甚至是更长时间，只是主观感觉上是短的。而"讲讲"则不同，只能表示一个较短的时间，不可能是一个较长的时间，所以此例（42）a 可以说，例（42）b 则不能说，因为"讲讲"不可能有"一个钟头"那么长时间。

三 表示"背景过程体"的"VVVV"式与"VV"式比较

表示背景过程体的"VVVV"式虽然可用"VV"式替换，但在表达上仍存有差异。"VVVV"式表示的是一个中时过程，而"VV"式只能表示一个短时过程，这样就不具有"VVVV"式生动化的语用功能。

（43）a 写写写写就写歪着 [·tsɔ] 了。

（43）b 写写就写歪着 [·tsɔ] 了。

（43）a 因"写写写写"表示的是一个比短时长的中时过程，能充分展示出字写歪的过程，达到了描述生动化的语用效果；（43）b 因"写写"表示的是一个短时过程，未能充分展示出字写歪的过程，则难以达到描述生动化的语用效果。

四 表示"反复尝试体"的"VVVV"式与"VV"式比较

表示反复尝试体的"VVVV"式可以用"VV"式替换,因为"VV"式本身可以表示"尝试体"。但在表示尝试的状态、语用功能和构成的方式上仍存有差别。"VVVV"式表示的尝试是一种反复多次性的尝试，而"VV"式表示的只是一次性尝试；表示委婉的程度"VVVV"式比"VV"式高；"VVVV"式构成"反复尝试体"，后面只能加"瞧瞧"或"看看"作为形式标记，而"VV"式则后既可加"瞧瞧"或"看看"作为形式标记，又可单加"瞧"或"看"，且以后者为多。试比较下面两例：

（44）a 先做做做做瞧瞧（看看），能做就做，不能做就不做。

（44）b 先做做瞧／瞧瞧（看／看看），能做就做，不能做就不做。

（44）a 通过展示一个较长的反复过程来表示反复多次尝试，例（44）b 则表示一次性尝试；（44）a 表达的商量的语气比（44）b 来得更为舒缓。

与其他重叠式的比较

一　与本方言其他重叠式的替换

表示"短时体"的"VVVV"式能与本方言中的"V 着 [·tsəʔ] V 着 [·tsəʔ]"式相替换，替换后句式结构和语用功能均相同，但对动词是有选择的，必须是可持续动词，如"讲""等"等。可将上文之例做替换比较：

（45）a 讲讲讲讲一个钟头过去着 [·tsɔ] 了。

（45）b 讲着 [·tsəʔ] 讲着 [·tsəʔ] 一个钟头过去着 [·tsɔ] 了。

两句表达的意思相同，"讲讲讲讲"与"讲着 [·tsəʔ] 讲着 [·tsəʔ]"在句中所处的结构位置也相同，都表示动作在漫不经心地进行或持续着，动作经历了一个较长的时间段，但主观上并不觉得长，反而觉得是短暂的，以此来衬托后面动词或形容词在时间上变化之快。

二　与普通话重叠式的对应

表示"背景过程体"的"VVVV"式可与普通话的重叠式相对应，相当于普通话的"V 着 V 着"。如上文之例"他看看看看就睡着 [dzaʔ]

着［·tsɔ］了"相当于普通话的"他看着看着就睡着了"。其中的"看看看看"相当于普通话的"看着看着",表示动作正在进行,但不能换成溧水方言的"V 着［·tsəʔ]V 着［·tsəʔ]",不能说"他看着［·tsəʔ] 看着［·tsəʔ] 就睡着 [dzaʔ] 着［·tsɔ］了"。"V 着［·tsəʔ]V 着［·tsəʔ]"与普通话的"V 着 V 着"的区别因不属此文的研究范围,故暂不做探讨。

结　语

本文考察的属于构形重叠的"VVVV"式,是"V"的一种词形变化,是与特定的语法意义、语法功能、语用功能相联系,有统一的语音构造、不同于动词连用的一个可独立运用的重叠词。从重叠形式的分析模式来看,属于语素重叠且多次生成。"V"多为基本动作动词,这与普通话重叠式相同;除此之外,还可选择普通话重叠式不能选择的动词,如部分表示非持续性或一般不反复进行的动作动词。可见,其动词选择范围比普通话要大一些。存有四种体——持续反复体、短时体、背景过程体与反复尝试体,每一种均有其具体的语用功能,与其所出现的语境有一定的联系。有的在后面的动词上附着一个位于句子末尾的形态成分"着［·tsɔ］了"作为形式标志,有的后加"看看"或"瞧瞧"作为形式标志。"短时体""背景过程体"只能出现在表示"已然事件"的句子中;"反复尝试体"只能出现在表示"未然事件"的句子中;"持续反复体"则既可出现在表示"已然事件"的句子中,也可出现在表示"未然事件"的句子中。"VVVV"式与"VV"式在语法意义及语用功能上存在着差异。表示"背景过程体"的 VVVV"式可与"V 着［·tsəʔ]V 着［·tsəʔ]"式相替换,也可与普通话"V 着 V 着"式相对应。

（原载《南京社会科学》2005 年第 2 期）

汉语方言中一组以声别义词考析

一 引言

关于"以声别义"（或称"四声别义"）问题，周祖谟曾指出："古人一词每有数音，或声韵有别，或音调有殊，莫不与意义有关。盖声与韵有别者，由于一词所代表之语词有不同，故音读随之而异。……至若音调有殊者，则多为一义之转变引申，因语词之虚实动静，及含义广狭有不同，而分作两读。或平或去，以免混淆。"他认为"一词有数音"（即多音词）又可分为两种类型：一种是"一词所代表之语词有不同"；一种是"一义之转变引申"，即"以声别义"。他还指出，"以声别义之事，乃汉语之特色"，"以四声区分词性及词义，颇似印欧语言中构词上之形态变化"。依其功用之不同，可分为两类："一因词性不同而变调"，"一因意义不同而变调"。同时，他也指出，"以四声区别语词，不仅见于书音，抑且见于口语"，并列举出北京话中所存在的"背、把、簸、傍、泡、铺"等29个以声别义词。①

梅祖麟认为四声别义是上古汉语构词的一种方式，口语里也有类似的现象，比如北京话"背""磨""把""沿""钻"等字，用作名词时的声调跟用作动词时不同。有些字，如"处去声, 名词／处上声, 动词""种去声, 动词／种上声, 名词"，不但在北京话里，而且在全国各地历史稍长的方言里，

---

① 周祖谟：《四声别义例说》，载周祖谟《问学集》，中华书局，1966，第81、119、113、93、114~116页。

73

都有类似的音变。①

孙玉文进一步提出四声别义是音变构词的一种类型，即"利用声调的变化构造意义有联系的新词"，其本质是利用声调的转换构造跟原始词词义有联系的新词；提出变调构词现象是实际语言的反映，现代口语材料，如现代汉语方言和少数民族语言的汉语借词，都能证明为汉语口语的反映。②

周、梅、孙三人都指出在汉语方言中存有以声别义词，但又都未能对其使用情况做具体分析说明。所以，若要把以声别义问题的研究引向深入，就必须对以声别义词在现代汉语方言中的分布状况、音义特征、历史演变与发展趋势等问题做深入细致的分析研究。

鉴于研究的可操作性，笔者拟从方言个案出发，选取江苏溧水方言中最常用的 8 个词（操、生、养、解、枕、冻、光、易），从历时和共时两个角度来进行具体考析，分析其音义特征以确定其以声别义词的性质，探寻其历史渊源，观察其在现代汉语方言中的分布状况，分析其历史演变过程及其发展趋势。本文所选取的 8 个词带有一定的普遍性，许多学者在论及四声别义时已涉及：周祖谟的《四声别义例说》一文涉及"枕"、"操"、"养"和"解"四例③；王力的《汉语史稿》（中册）涉及"枕"一例④；梅祖麟的《四声别义中的时间层次》一文中的附录一"周法高去声别义字表"涉及"枕""易""解"三例，附录二"唐纳去声别义字表"涉及"养"一例；孙玉文的《汉语变调构词研究》涉及"解""生""光"三例。⑤

二 以声别义词的确定

溧水县位于江苏省西南部，为南京市的一个郊县。在方言地域分布

---

① 梅祖麟:《四声别义中的时间层次》，载《梅祖麟语言学论文集》，商务印书馆，2000，第306页。
② 孙玉文:《汉语变调构词研究》（增订本），商务印书馆，2007，第1、405、364、366页。
③ 周祖谟:《四声别义例说》，载《问学集》，中华书局，1966，第94、97、105、116页。
④ 王力:《汉语史稿》（中册），中华书局，1980，第213页。
⑤ 孙玉文:《汉语变调构词研究》（增订本），商务印书馆，2007，第194、208、374页。

上，处于江淮方言区与吴方言区交会处，跨两大方言区。依原有的行政区划，属吴语区的有 11 个乡镇，属江淮方言区的有 5 个乡镇，吴语区人口约占全县人口的 72.2%，江淮方言区人口则约占 17.8%。[①] 其县城原名"在城镇"，近年改名"永阳镇"。县城方言在城话属于江淮方言，当地居民称之为"街上话"[②]。其语音系统为：声母 19 个：p，p'、m，f，t、t'、l、ts、ts'、s、z、tɕ、tɕ'、ɕ、k、k'、ŋ、h、ø。韵母 38 个：ɿ、ʅ、a、ɛ、æ、ʊ、ɔ、əu、ei、aŋ、ən、oŋ、əʔ、aʔ，i、ia、iɛ、iʊ、iɔ、iɿ、iaŋ、in、ioŋ、iɿʔ、iaʔ、u、ua、uɛ、uæ、uei、uaŋ、uən、uəʔ、uaʔ，y、yɿ、yn、yəʔ。声调 5 个：阴平 [˥]32、阳平 [˩]24、上声 [˩]312、去声 [˥]55、入声 [˩]31。[③]

现就溧水方言中这 8 个词的音义特征做具体分析，以确定其以声别义词的性质。标音采用在城话，释义参考第 5 版《现代汉语词典》（商务印书馆，2005）。具体分析如下。

1. 操：（1）[ts'ɔ³²]（阴平）：动词，抓在手上，拿，如"操刀"。（2）[ts'ɔ⁵⁵]（去声）：动词，锻炼、闯练，如"在部队操了两年识了不少字"。以平去声来区别词义。这与周祖谟所论"操者执持之义，引申之，能持其志，亦谓之操"有所不同，不是"区分动词用为名词"。[④]

2. 生：（1）[sən³²]（阴平）：动词，生长，如"生根"。（2）[sən⁵⁵]（去声）：动词，产，指家禽、爬行类动物、鸟类等产卵，如"鸡生蛋_{产蛋}""乌龟生蛋_{产蛋}"。以平去声来区别词义。

3. 养：（1）[iaŋ³¹²]（上声）：动词，生育，如"养小人_{生小孩}"。（2）[iaŋ⁵⁵]（去声）：动词，供养，如"养媳妇_{童养媳}"。这与周祖谟所论"上育下曰养""下奉上曰养"[⑤] 有所不同。以上去声来区别不同的词义。

4. 解：（1）[kɛ³¹²]（上声）：①动词，小便，如"解（个）手"；②把

---

① 郭骏：《溧水境内吴方言与江淮方言的分界》，《南京社会科学》1995 年第 6 期，第 70 页。

② 郭骏：《语言态度与方言变异——溧水县城居民语言态度与语言使用情况的简要调查》，《南京社会科学》2007 年第 8 期，第 137 页。

③ 郭骏：《溧水方言探索集》，科学技术文献出版社，2004，第 233~235 页。

④ 周祖谟：《四声别义例说》，载《问学集》，中华书局，1966，第 96~97 页。

⑤ 周祖谟：《四声别义例说》，载《问学集》，中华书局，1966，第 105 页。

束缚着或系着的东西打开，如"解绳子"。（2）[kɛ⁵⁵]（去声）：动词，用锯子将木头锯成板，如"解料""解板"。以上去声来区别词义。

5. 枕：（1）[tsən³¹²]（上声）：名词，枕头。（2）[tsən⁵⁵]（去声）：动词，躺着的时候把头放在枕头上或其他东西上，如"枕_{去声}枕_{上声}头"。以上去声来区别词性（名词与动词）与词义。

6. 冻：（1）[toŋ³²]（阴平）：名词，冰，如称"冰"为"冰冻（子）"；（2）[toŋ⁵⁵]（去声）：动词，（液体或含水分的东西）遇冷凝固，如"收冻_{开始结冰}"。以平去声来区别词性（名词与动词）与词义。

7. 光：（1）[kuaŋ³²]（阴平）：名词，光线，如"发光_{发出亮光}"。（2）[kuaŋ⁵⁵]（去声）：①动词，（油漆的最后一道工序）使漆面光亮，如"再光一交_{读[₋kɔ]，量词漆再上一遍油漆}"；②动词，刮、刮光，如"光胡子""光胡子刀"。以平去声来区别词性（名词与动词）与词义。

8. 易：（1）[i⁵⁵]（去声）：形容词，容易。（2）[iəʔ³¹]（入声）：名词，姓。以去入声来区别词性（形容词与名词）与词义，这里也涉及韵母的不同。

通过音义特征分析，我们发现以上 8 个词在普通话中都为单音多义词（除"解"外），而在溧水方言中均为多音多义词，就其义项之间的关系而言属于周祖谟所说的"一义之转变引申"，而且这种在词义与词性上的不同又是通过声调的不同来区别的，因此我们可以确定这 8 个词应该属于以声别义词。具体来说是通过平去声的不同（"操、冻、生、光"）、上去声的不同（"枕、养、解"）和去入声的不同（"易"）来加以区别的。由此可以归纳出其区别功能：（1）只区别词义（"操、生、养、解"）；（2）既区别词义又区别词性（"枕、冻、光、易"）。

三 以声别义词的历史渊源

那么这 8 个以声别义词是否有历史来源呢？为此我们依据《广韵》（见余迺永校注《新校互注宋本广韵》，上海辞书出版社，2000）、《集韵》（《宋刻集韵》，中华书局，2005）、《中原音韵》（见《等韵五种》，台湾艺文印书馆，1981，简称《中原》）、《洪武正韵》（见《文渊阁四库全书》，台湾商务印书馆，1986，简称《洪武》）等四部古代韵书来分析溧水方言中的 8 个以声别义词与古汉语中的这些词所存在的历史渊源关系。

1. 操：《广韵》：操持，七刀切（下平）；持也，又志操，七到切（去声）。《集韵》：《说文》，把持也，仓刀切（平声）；持念也，七到切（去声）。《中原》：平声；去声。《洪武》：持也，仓刀切（平声）；节操，守也，……七到切（去声）。以平去声来区分词义：平声表"操持"，去声表"持也，又志操"。"七刀切、仓刀切"（平声）、"七到切"（去声）用溧水方言读均合，溧水方言两读，阴平表"把持"，与古义合，去声表"锻炼、闯练"，与古义欠合。

2. 生：《广韵》：生长也，所庚切（下平）；所敬切①（去声）。《集韵》：《说文》，进也，师庚切（平声）；产也，所庆切（去声）。《中原》：平声。《洪武》：生死，又出也，产也，师庚切（平声）。《广韵》《集韵》以平去声来区分词义：平声表"生长、进"，去声表"产"。《中原》《洪武》中的"生"已为单音词。"师庚切"（平声）、"所敬切、所庆切"（去声）用溧水方言读均合，溧水方言两读，平声表"生长"义，去声表"产"义，与《广韵》《集韵》所收音义相合。

3. 养：《广韵》：育也，……，余两切（上声）；供养，余亮切（去声）。《集韵》：《说文》，供养也，一曰育也，以两切（上声）；供也，戈亮切（去声）。《中原》：上声；去声。《洪武》：供也，余亮切（去声）；育也，以两切（上声）。凡"生养"、"养育"与"涵养"皆上声，彼非自养而我养之则去声。以上去声来区别词义：上声表"育"等义，去声表"供养、供"义。"余两切、以两切"（上声）、"余亮切"（去声）用溧水方言读均合，溧水方言两读，上声和去声分别表示"生育"与"供养"的动词义，与韵书所收音义相合。

4. 解：《广韵》：晓也，……，赤姓，胡买切（上声）；讲也，说也，脱也，散也，佳买切（上声）；除也，古隘切（去声）。《集韵》：晓也，

———

① 《广韵》未释义。

散也，亦姓，下买切（上声）；《说文》，判也，举蟹切（上声）；散也，下解切（去声）。《中原》：上声；去声。《洪武》：散之也，脱之也，判也，说也，佳买切（上声）；卦名，缓也，散也，物自散解，又晓也，又姓，佳买切（上声）；除也，发也，居拜切（去声）。需要说明的是，表"晓、姓"等义的"解"除声调有别外，声母也不同："胡买切""佳买切""古隘切"中的反切上字"胡"中古属匣母字、"佳、古"中古属见母字，所以不仅仅是以声别义，同时改变声母。这在现代方言中也存有，如在江苏赣榆方言中表示"晓、姓"义的"解"读 [xiai²]，而表示"讲解"义的"解"则读 [ˇkiai]，两者不仅仅是以声别义的关系。表示"讲、说、脱、散"等义的"上声"与表示"除"义的"去声"是以声调来区别意义。"佳买切"（上声）用溧水方言读为上声，表一动词义；"古隘切"（去声）用溧水方言读为去声，表另一动词义。与韵书所收音义相合。

5. 枕：《广韵》：枕席，……章荏切（上声）；枕头也，……之任切（去声）。《集韵》：《说文》，卧所荐首者，章荏切（上声）；卧首据物也，职任切（去声）。《中原》：上声；去声。《洪武》：卧荐首者，章荏切（上声）；以首据物，职任切（去声）。以上去声来区分词义：上声表"卧所荐首者"，名词义；去声表"枕头也""卧首据物也"，动词义。"章荏切"（上声）、"之任切、职任切"（去声）用溧水方言读均合，"枕"溧水方言两读，上声表名词义，去声表动词义，与韵书所收音义相合。

6. 冻：《广韵》：冻凌，德红切（平声）；冰冻，多贡切（去声）。《集韵》：《说文》，仌也，多贡切（去声）；凌也，都笼切（平声）。《中原》：去声。《洪武》：冰冻，多贡切（去声）；暴雨，……，又水名，德红切（平声）。《广韵》《集韵》以平去声来区分词义：平声表"冻凌"，名词义；去声表"冰冻"，动词义。《中原》中"冻"为单音词，《洪武》中"冻"为多音词，但是周祖谟所说的是"一词所代表之语词有不同"，而不是"一义之转变引申"即"以声别义"。"德红切、都笼切"（平声）、"多贡切"（去声）用溧水方言读均合，溧水方言两读，平声表名词义，去声表动词义，与《广韵》《集韵》所收音义相合。

7. 光：《广韵》：明也，……，古黄切（下平）；上色，古旷切（去声）。《集韵》：《说文》，明也，……，姑黄切（平声）；饰色也，古旷切（去声）。《中原》：平声。《洪武》：辉光明耀华彩，又朱光日也，姑黄切（平声）。《广韵》《集韵》以平去声来区分词义：平声表"明"等义，去声表"上色、饰色"等义。《中原》《洪武》中的"光"已为单音词。"古黄切"（平声）、"古旷切"（去声）用溧水方言读均合，溧水方言两读，平声表名词义，去声表动词义，与《广韵》《集韵》所收音义相合。

8. 易：《广韵》：难易也，简易也，……以豉切（去声）；变易也，又始也，改也，……，又姓，羊益切（入声）。《集韵》：轻也，是义切（去声）；虫名，……，亦姓，夷益切（入声）。《中原》：去声；入声作去声。《洪武》：不难也，平夷也，简易也，……，以智切（去声）；日月为易，又始也，更也，改也，……，夷益切（入声）。《广韵》《集韵》以去入声区别词义：去声表"难易、简易"等义，入声表"变易、姓"等义。《中原》入声并入去声，《洪武》未收"姓"义项。"以豉切、是义切"（去声）、"羊益切、夷益切"（入声）用溧水方言读均合，溧水方言两读，去声表形容词义，入声表名词义，与《广韵》《集韵》所收音义相合。

通过以上分析可以看出，溧水方言中的8个以声别义词的音义与古代韵书尤其是《广韵》和《集韵》所收音义相吻合或基本吻合，保留了中古汉语以声别义的特征。

四　以声别义词的共时分布

这组以声别义词在其他方言中是否也存在呢？为此我们需要考察这组以声别义词在各地方言中的保存情况。限于时间和资料，本文将重点对江苏方言的共时分布情况进行考察。依据《江苏省志·方言志》的划分，江苏方言可分为江淮方言区、吴方言区和北方方言区三个方言区。其中江淮方言区又分为扬淮片、南京片、通泰片，吴方言区又分为苏州片、常州片，北方方言区又分为徐州片、赣榆片。[1] 现依据其第七章"同音字汇"中所收录的南京、扬州、泰州、苏州、常州、徐州、赣榆等7个代表点的同音字汇的材料来分析其分布情况（见表1）。[2]

表1　以声别义词在江苏方言中的分布情况

例字		易	枕	操	光	解	冻
江淮方言	南京	易容~[i˨]/易贸~[iʔ˥]					
	扬州	易难~[i˨]/易~经[ieʔ˥]	枕名词[ˉtsən]/枕动词[tsən˨]	操体~[ˉtsʰɔ]/操节~[tsʰɔ˨]	光~明[ˍkuaŋ]/光刮面毛[kuaŋ˨]		
	泰州	易~容[ˍi]/易贸~[iɿʔ˨]/易姓[iɿʔ˨]			光[ˍkuaŋ]/光上~[kuaŋ˨]	解[ˉkɛ]/解~元[kɛ˨]	
吴方言	苏州	易容~[ɦi˨]/易交~[ɦiəʔ˨]				解~木头：锯（开）[ˉkɑ]/解~款[kɑ˨]	
	常州	易容~[ɦi˨]/易交~[ɦiəʔ˨]				解~木头：锯（开）[ˉka]/解~款[ka˨]	
北方方言	徐州						冻~凌[ˍtuŋ]/冻[tuŋ˨]
	赣榆		枕名词[ˉtʂən]/枕动词[tsən˨]				

从这些以声别义词在7个方言点中的保存情况可以看出，各地方言中都保留着古代汉语遗留下来的以声别义词，表1中就有溧水方言中保留的8个中的6个，这说明这些以声别义词并非溧水方言所独有，而是普遍存在。当然，具体如何别义，各地略有不同。如扬州方言中的"操"与溧水方言不同，前者是区分名词中的不同义，而后者是区分动词中的

① 鲍明炜主编《江苏省志·方言志》，南京大学出版社，1998，第5页。

② 鲍明炜主编《江苏省志·方言志》，南京大学出版社，1998，第564~698页。

不同义。

由此，我们可分析出不同方言之间、同方言的不同城市之间、不同词之间所呈现出的共时差异。（1）不同方言之间存有差异：江淮方言保留的较多，其次是吴方言（可能与调查点少、调查项少有关），北方方言最少，这与由北向南保留古汉语成分越来越多的全国特征大致相同。（2）同方言的不同城市之间存有差异：同属江淮方言，中心城市方言（如南京方言）保留较少，中等城市方言（如扬州方言、泰州方言）保留较多。这与城市化、普通话普及程度等有关，城市化程度越高的地区，普通话普及程度也越高，保存的以声别义词则越少，反之则越多。（3）不同词之间存有差异："解"和"易"的以声别义现象保留在江淮方言和吴方言中；"冻"只保留在北方方言中，与"易"构成互补分布；"光"只分布在江淮方言中；"枕"保留在江淮方言和北方方言中。

这些共时差异对历史语言学、汉语方言学也都具有一定的理论意义和实际价值，主要体现在三个方面。（1）同源性：这些以声别义词都是古代汉语成分在现代方言中的保留。（2）层次性：不同分布状况反映了方言在对古代汉语成分的保留上存在着不同的层次。（3）可参照性：不同的分布与不同的方言存在着一定的吻合性，体现出不同方言的特征，反过来也可以作为方言分区的参照标准。

以上只是依据《江苏省志·方言志》选择了江苏的 7 个大的方言点来做分析的，同样在本省范围内，如果方言点增多一些，这些以声别义词也同样存在。如属江淮方言通泰片的如皋话中有"枕"（名词，读 [ˊtsəŋ]；动词，读 [tsəˋ]）、"养"（养，读 [ˊiã]/ 养娇惯纵容: 你不要~他，读 [iãˋ]）。又如南通话中有"解"（解 ~开，读 [ˊka]/ 解押~，读 [kaˋ]）。①再如属于江淮方言扬淮片的东海话②中有"枕"（名词，读 [ˊtʂəŋ]/ 动词，读 [tʂəŋˋ]）③、"光"（光，读 [ˌkuaŋ]/ 光①用刀刮：~脸 |~ 胡子；②粗扫：把地~~，读

①　鲍明炜、王均主编《南通地区方言研究》，江苏教育出版社，2002，第 100、96、36 页。
②　依据《江苏省志·方言志》的划分。
③　苏晓青：《东海方言研究》，新疆大学出版社，1997，第 95 页。

[kuaŋ˥]①、"解"（解讲~、~开，读 [ˈtɕiɛ]/ 解~差，读 [tɕiɛˀ]）②等以声别义词。

如果把范围再扩大一些，外省方言中同样存在着这些以声别义词。如属于吴语的上海方言（中派上海方言音系）中就存有以声别义词"易"：易容~，[iˀ]/ 易交~，[ɦiɿʔ]。③ 又如属于冀鲁官话的济南方言中就有"冻"的两读现象。"冻"在"冻冻冰"中读阴平，许多济南人把"冻"字写作"冬"，冰锥叫"冻冻凌子"；"上冻"的"冻"还是去声。可见济南方言分别保存了《广韵》的两个音。④ 还如属于中原官话的山东郯城方言中有以声别义词"枕"（名词，读 [ˈtʂə̃]/ 动词，读 [tʂə̃ˀ]）。⑤ 再如属于闽南方言的漳平永福方言也有以声别义词，如"养"有三个读音：养₁，培养，读 [ˈgiaŋ]；养₂，在水里养，读 [ˈgiŋ]；养₃，供养，读 [ˈgiŋ]。其中"养₂"与"养₃"就是以声别义词。⑥ 湖北黄冈市的黄州区和团风县、蕲春县等地"生"还保留着阴去或去声的读音，指爬行类动物和鸟类、鱼类产卵。⑦

对于古汉语以声别义词在现代汉语方言中的保存情况，虽限于时间与资料未能做更为全面的比较与分析，但从溧水方言到江苏主要方言点的方言以及全国几个点的方言保存情况的分析中仍然可以看出，古汉语以声别义词在现代汉语方言中的保存是一种极其普遍的现象。

五　以声别义词的历史演变与发展趋势

（一）以声别义词的历史演变

上文为弄清以声别义词的历史渊源关系，我们查找了《广韵》《集韵》《中原音韵》《洪武正韵》等古代韵书。同样我们也可以通过这 4 种韵书的标调情况与普通话语音做比较来看这 8 个以声别义词的历史演变

① 苏晓青：《东海方言研究》，新疆大学出版社，1997，第 95 页。
② 苏晓青：《东海方言研究》，新疆大学出版社，1997，第 88 页。
③ 许宝华、汤珍珠主编《上海市区方言志》，上海教育出版社，1988，第 88、100 页。
④ 钱曾怡：《回忆丁声树老师》，载《汉语方言研究的方法与实践》，商务印书馆，2002，第 310 页。
⑤ 邵燕梅：《郯城方言志》，齐鲁书社，2005，第 40 页。
⑥ 张振兴：《漳平方言研究》，中国社会科学出版社，1992，第 58、57 页。
⑦ 孙玉文：《汉语变调构词研究》（增订本），商务印书馆，2007，第 210 页。

过程。我们按时间先后的顺序排列,普通话语音以《现代汉语词典》(第5版)为准,具体情况见表2。

表2 以声别义词的语音演变情况

以声别义词	《广韵》	《集韵》	《中原音韵》	《洪武正韵》	《现代汉语词典》
枕	上/去	上/去	上/去	上/去	上
操	平/去	平/去	平/去	平/去	平
冻	平/去	平/去	去	平/去	去
生	平/去	去/平	平	平	平
光	平/去	平/去	平	平	平
易	去/入	去/入	去/入作去	去/入	去
养	上/去	上/去	上/去	上/去	上
解	上/去	上/去	上/去	上/去	上[①]

注:① "解"有[ʰtiɛ][tiɛʰ][iɛʰ] 三读,所要别义的是第一个读音中的义项,所以表中也只列上声调。

通过比较我们可以发现,从《广韵》到《现代汉语词典》(第5版),这8个以声别义词的演变呈现出三个不同的历史阶段。(1)《广韵》《集韵》阶段:完整保持,反映出宋朝中期以前的中古语音面貌。[①](2)《中原音韵》《洪武正韵》阶段:基本保持,有个别词(如"生""光")以声别义的功能已失去,反映出元明时期的近代语音面貌[②];当然,这两本韵书也存有差异,《中原音韵》保留的以声别义词比《洪武正韵》要少。其一,可能与韵书本身的性质有关:前者为曲韵,后者为标准韵书。其二,与编写时的收音标准有关:前者以大都话为语音标准,而后者的范围要比前者大得多,是北方话区域,而不限于大都音。[③](3)《现代汉语词典》阶段:8个以声别义词的以声别义功能在方言中保留,但在现代汉语中已消失,反映了现代汉语中以声别义词数量

① 李开:《汉语语言研究史》,江苏教育出版社,1993,第96页。
② 李开:《汉语语言研究史》,江苏教育出版社,1993,第160~161页。
③ 李开:《汉语语言研究史》,江苏教育出版社,1993,第160页。

较少的特点。从这 8 个以声别义词的演变可以看出以声别义的总体演变过程是一个语音不断简化、功能逐渐消失的历史演变过程。

（二）以声别义词在溧水方言中的发展趋势

由于溧水方言在方言地域分布上处于江淮方言区与吴方言区交会处，再加上北方方言的不断渗透、普通话的不断推广、大众媒体的不断影响、普通话词语在溧水方言中的不断扩散，溧水方言语音正在逐渐发生变化。[①]同样，以声别义词也正在发生变化（如"解、冻、光、易、养"）：多音趋向合并，功能趋向消失，呈现出由多音多义向单音多义发展的总体走势。不过，也有些以声别义词目前尚未发生变化（如"操、生、枕"）。

如"解（个）手"，现在一般改说"小便"或"上厕所"，这样"解"的"小便"义项即将消失；"解料"现在一般改说"开料"，"解板"现在一般已不说，因为建筑装潢等需要的板子都有现成的，有三合板、五合板、木工板、大白板、刨花板、纤维板等等，一应俱全，不需要再用锯子来将木头锯成板子。这样，表示"用锯子将木头锯成板"的义项也即将消失。而此义项的消失则意味着 [kɛ⁵⁵]（去声）读音的消失，这样就只有 [kɛ³¹²]（上声）读音，"解"就不再是以声别义词了。又如"光胡子""光胡子刀"，读 [kuaŋ⁵⁵]，去声，但现在也开始发 [kuaŋ³²] 音，趋向于合音，或换用"刮"，这样"光"则成了单音多义词。再如表示"姓"的"易"读 [iəʔ³¹]（入声），也开始读 [i⁵⁵]（去声），这样"易"则成了单音多义词。

2005 年 4 月，我们曾对在城话词汇变异情况做过一个调查。采用"定额抽样"的方法，对溧水县城 5 万多居民按 1‰的比例抽取 54 人，作为当地不同街道、年龄、性别、职业、阶层的居民的代表。这 54 位受访者年龄分布在 11~71 岁，跨度 60 岁。在 694 组调查词中有"冰冻（子）/冰"和"养媳妇/童养媳"两组词的使用情况调查。调查发现"冰冻（子）/冰"和"养媳妇/童养媳"在使用上存在差异，具体情况分 6 个年龄组列出（见表 3）。从调查所得到的数据可以看出 2/3

---

① 参见郭骏《语言态度与方言变异——溧水县城居民语言态度与语言使用情况的简要调查》，《南京社会科学》2007 年第 8 期。

强（72.22%/68.81%）的人仍使用"冰冻（子）"和"养媳妇"①，但已有近 1/3（31.48%/29.63%）的人选用"冰"和"童养媳"。从年龄上来看，在选用"冰"和"童养媳"的人中，50 岁以下的人占绝大多数，也有极少数人两者兼用。这一调查充分说明县城居民已开始改说"冰"和"童养媳"，这样"冻"表示"冰"和"养"表示"供养"的义项已开始趋向消失，而此义项的消失则意味着 [ton^{32}]（阴平）和 [ian^{55}] 读音的消失，这样就只有 [ton^{55}]（去声）和 [ian^{312}]（上声）读音，"冻"和"养"将成为单音多义词。

表 3　"冰冻（子）/ 冰""养媳妇 / 童养媳"使用情况调查

单位：人

年龄组	调查人数	冰冻（子）	冰	备注	养媳妇	童养媳	备注
11~20 岁	12	9	4	1 人兼用	6	3	1 人不知，2 人遗漏
21~30 岁	8	6	2		1	7	
31~40 岁	10	5	5		8	1	1 人遗漏
41~50 岁	10	7	3		7	3	
51~60 岁	8	6	2		7	1	
61~71 岁	6	6	1	1 人兼用	6	1	1 人兼用
总数 / 占比	54/100%	39/72.22%	17/31.48%		35/68.81%	16/29.63%	

六　结语

以上选取江苏溧水方言中最常用的 8 个以声别义词（枕、操、冻、生、光、易、养、解）作为个案来进行具体考析。（1）通过对其音义特征的具体分析确定其以声别义词的性质，并归纳其两类区别功能：只区别词义，既区别词性又区别词义。（2）依据韵书材料对溧水方言中的 8 个以声别义词与古汉语中的这些词所存在的历史渊源关系做了具体分

---

① 随着"领养人家的小女孩做儿媳妇"这一社会现象的消失，一些年轻人已不知道是什么意思，表中有所反映。

析，说明溧水方言中的 8 个词保留了古代汉语以声别义的特征。（3）从溧水方言到江苏主要方言点的方言以及全国几个点的方言保存情况的分析中仍然可以看出，古代汉语以声别义词在现代汉语方言中的保存是一种极其普遍的现象。（4）通过史料比较可以看出这 8 个以声别义词的历史演变过程：从《广韵》到《现代汉语词典》，以声别义词的语音演变呈现出三个不同的历史阶段，从中可以看出以声别义词的总体演变过程是一个语音不断简化、功能逐渐消失的过程。（5）溧水方言中的以声别义词也正在发生变化，多音趋向合并，功能趋向消失，呈现出多音多义向单音多义发展的总体走势。

（原载《南京晓庄学院学报》2008 年第 4 期）

20世纪以来的南京方言研究 [*]

一 引言

20世纪初至1949年是现代语言学逐步确立的阶段,也是现代汉语方言调查和描写日渐科学化的阶段。[①] 就采用科学的研究方法对南京方言开展研究而言,20世纪的南京方言研究起始于德国学者何美龄(K. Hemeling)的《南京官话》(*The Nanking Kuan Hua*)[②]。就我国学者采用描写语言学的研究方法对现代南京方言开展研究而言,赵元任的《南京音系》[③] 为开山之作。

据初步统计(截止到2011年),100多年来南京方言研究共有成果62篇/部,其中就南京方言及其相关问题作专项研究的成果50篇/部(专著5部、音档1部、手册1本、学位论文3篇、期刊论文40篇),以南京方言为一代表点或为一个重要研究内容的成果12篇/部(专著7部、学位论文2篇、期刊论文3篇)。

20世纪以来的南京方言研究大致经历了三个阶段。(1)开启阶段

* 本文为教育部人文社会科学研究规划基金项目(10YJA740031)、江苏省社会科学基金项目(10YYB005)和江苏省高校哲学社会科学研究项目(2010SJD740019)的阶段性成果。

① 钱曾怡主编《汉语官话方言研究》,齐鲁书社,2010,第307页。

② Hemeling, K., *The Nanking Kuan Hua*, Shanghai: The Statistical Department of the Inspectorate General of Customs, 1902. 高本汉的《中国音韵学研究》与钱曾怡的《汉语官话方言研究》提出该书1907年在德国莱比锡出版,而邓兴锋的《〈南京官话〉所记南京音系音值研究——兼论方言史对汉语史研究的价值》则指出该书1902年由清政府海关总税务司统计局于上海出版。可能有不同的版本,本文对此未做探究。

③ 赵元任:《南京音系》,载《赵元任语言学论文集》,商务印书馆,2002。

（20 世纪初至 20 世纪 20 年代）:《南京官话》和《中国音韵学研究》①两部国外学者的专著出版，标志着国外学者用现代语言学的眼光研究南京方言的开始；第一篇南京方言研究论文《南京音系》发表，标志着国内学者用现代语言科学的理论、技术和方法来调查研究南京方言的开启。（2）展开阶段（20 世纪 50~60 年代）：出版了《江苏省和上海市方言概况》②和《南京人学习普通话手册》③，发表了南京方言语音和语法研究论文——《南京方言中几个问题的调查》④和《南京话里的"A 里 AB"》⑤。（3）发展阶段（20 世纪 80 年代至今）：为南京方言研究大发展、研究成果最丰硕的时期，共有研究成果 55 篇 / 部。出版了第一本《南京方言志》⑥、第一本《南京方言词典》⑦和第一部《南京话音档》⑧；对南京方言的声调、儿化等问题进行了深入探讨，语法研究有较大进展；同时，就普通话教学、普通话对南京话的影响等问题展开了研究，就南京市民的语言使用状况、南京方言的活力等问题展开了调查研究。

　　回顾 20 世纪以来南京方言的研究历程，整理南京方言研究所取得的成果，总结南京方言研究所取得的成功经验，分析南京方言研究所存在的不足，明确今后研究的方向与目标，这对南京方言研究有着十分重要的意义，对整个汉语方言研究也具有一定的借鉴意义和参考价值。

二　研究情况

（一）概貌研究

1. 南京方言的界定与代表

《南京方言中几个问题的调查》一文最早做大致划分：城内与四郊

---

① 高本汉:《中国音韵学研究》，赵元任、罗常培、李方桂合译，商务印书馆，2003。
② 江苏省和上海市方言调查指导组编《江苏省和上海市方言概况》，江苏人民出版社，1960。
③ 南京师范学院方言调查组编《南京人学习普通话手册》，江苏人民出版社，1959。
④ 南京大学方言调查组、1953/1954 年级语言组同学:《南京方言中几个问题的调查》，载《方言与普通话集刊》（第八本），文字改革出版社，1961。
⑤ 蒋明:《南京话里的"A 里 AB"》，《中国语文》1957 年第 10 期。
⑥ 费嘉、孙力主编《南京方言志》，南京出版社，1993。
⑦ 刘丹青编纂《南京方言词典》，江苏教育出版社，1995。
⑧ 刘丹青编写《南京话音档》，上海教育出版社，1997。

所说的方言均为南京方言。《南京方言词典》则从狭义和广义两方面做了具体界定：最狭义的南京话，是指六城区及城郊接合部的方言；广义的"南京话"，含原行政区划中的江宁县、江浦县及六合县的方言。就六城区而言，城南三区（秦淮区、白下区、建邺区），尤其是秦淮区的话为南京方言的代表。城南三区方言为老南京话的代表，城北鼓楼、玄武二区方言为新南京话的代表，下关区方言不能作为南京话的代表。

2. 南京方言的区划归属

《南京官话》《南京音系》将南京方言归入"官话"。《江苏省和上海市方言概况》《南京方言志》《南京方言词典》细划为官话中的江淮方言。《江苏省志·方言志》[①] 将江苏境内的江淮方言区划分为"南京片、扬淮片、通泰片"等三片，南京话属于南京片。贺巍[②] 把江淮方言分成洪巢片、泰如片和黄孝片三片，第一次将南京话划入洪巢片，并写入 1987 年出版的《中国语言地图集》。[③] 此后，学术界明确地将南京话列入江淮方言洪巢片，如《现代汉语方言概论》[④]《汉语官话方言研究》[⑤] 等。

3. 南京方言的语音特征

《南京音系》提出南京方言特征有九个，《南京方言词典》指出有八个。有四点相同，即 an/aŋ 不分、有入声韵、完全或部分保留尖音系统、有复韵母 ae ɔo。赵元任将有 ʋ、n/l 不分、ie/ien 韵一大半变成开口、卷舌韵甚多等视为显著特征，刘丹青则将 ən/əŋ 不分、系统区分 tʂ 组和 ts 组等视为显著特征。

4. 南京方言的词汇特征

刘丹青指出，南京方言在词汇方面的特色是：同义词丰富，南北色彩兼备。[⑥] 除带南京特色的词语（如：生果仁花生米、秋油酱油、阿屋叔叔）

① 鲍明炜主编《江苏省志·方言志》，南京大学出版社，1998。
② 贺巍：《河南山东皖北苏北的官话（稿）》，《方言》1985 年第 3 期，第 163、165 页。
③ 刘祥柏：《江淮官话的分区（稿）》，《方言》2007 年第 4 期，第 353 页。
④ 侯精一主编《现代汉语方言概论》，上海教育出版社，2002。
⑤ 钱曾怡主编《汉语官话方言研究》，齐鲁书社，2010。
⑥ 刘丹青编写《南京话音档》，上海教育出版社，1997，第 77~79 页。

外，既有带典型江淮方言特色的词语（如：干子豆腐干、公公外祖父、这块这里），又有带吴语色彩的词语（如：娘娘阴平, 父之妹、厌小孩调皮、作孽可怜）；既有江淮方言和吴方言共有词语（如：肋帮骨肋骨、山芋白薯、弄饭做饭），又有带北京话或北方色彩的词语（如：东西、窗户、什么）。

5. 南京方言的语法特征

刘丹青通过与北京话、江淮官话及苏南吴语做对比分析后指出：南京方言语法既有与江淮方言及苏南吴语相同之处（如用副词"阿·ɑʔ"或"·xae"表示发问），又有江淮方言的共同特点（如"连 V 是 V"式）；既有与北京话相同之处（如助动词"了、过、着"的意义和用法基本上与北京话一致），又有南京话自己的特点（如用动词或形容词的肯定否定叠加形式表示疑问，"了、过、着"也有一些自己的特点）。[①]

（二）本体研究

1. 语音研究

南京方言语音研究起步最早，研究成果最多，研究也最为深入。《南京官话》《中国音韵学研究》《南京音系》这些早期研究成果都是研究语音的。《南京官话》共有三个部分（除前言外）：第一部分为南京话与北京话的主要区别，第二部分为南京官话声韵调表，第三部分为南京话同音字表。[②]《中国音韵学研究》第四卷第十八章"方言字汇"中收录了南京方言中 3125 个单字音。[③]《南京音系》深入细致地描写了南京方言的语音系统。62 篇 / 部研究成果绝大部分是研究语音的，方言志书也都是语音部分所占篇幅最多，就是《南京方言词典》，也对南京方言语音做了全面的调查研究。

（1）音系描写。南京方言音系描写代表性著作主要有 4 部，分别记录了 20 世纪 20 年代的老派音系（《南京音系》）、60 年代的新派音系（《江苏省和上海市方言概况》）、90 年代的老派音系（《南京方言词典》）

---

① 刘丹青编纂《南京方言词典》，江苏教育出版社，1995，"引论"，第 26~28 页。

② 邓兴锋：《〈南京官话〉所记南京音系音值研究——兼论方言史对汉语史研究的价值》，《南京社会科学》1994 年第 4 期，第 46 页。

③ 据笔者统计，列入该书字汇表中的代表字共计 1326 个，其中有 33 个代表字南京音空缺。

和 90 年代的中派音系（《江苏省志·方言志》）。对声母和声调的记录基
本相同，只是阳平与上声调值记录略有不同（见下文）。在韵母的记录
上存在一定的差别：《南京音系》记为 40 个（见"南京的语音"部分），
《江苏省和上海市方言概况》记为 48 个，《南京方言词典》记为 49 个
（含自成音节），《江苏省志·方言志》记为 46 个。

（2）声韵母研究

1）n/l 的分混。有两种不同的观点：一种认为属同一音位的两个自
由变体，一种认为属同一音位的两个条件变体。《中国音韵学研究》《江
苏省和上海市方言概况》等持前一种观点，《南京音系》《南京方言中几
个问题的调查》《南京方言词典》等持后一种观点。n/l 分混的发展趋势
是老派、中派相混，新派趋向分。[①]

2）n/ŋ 的分混。赵元任指出：n/ŋ 韵尾会受到同化作用，其中 əŋ、
iŋ 最不稳定，uən、yin 次之，oŋ、ioŋ 最不受影响；"奔喷门风"多用
əŋ，"真称胜人，曾衬生"多用 ən，"登疼伦，庚肯很"ən/əŋ 随便用。[②]
鲍明炜指出：an/aŋ 不分，用 ã；ən/əŋ 不分，in/iŋ 不分。[③] 刘丹青则指
出：ən/əŋ、in/iŋ 不分，都念 ən、in，没有区分的倾向；鼻韵尾 n/ŋ 只
表示趋向，鼻韵尾前的非高元音有鼻化色彩。[④]

3）y/y- 的有无。高本汉认为南京话有 y 元音和以 y 为介母的韵母，
并收入《方言字汇》。[⑤] 赵元任指出，"有好些南京人全无撮口，所有用
[y] 的地方都改用了 [i] 了"，"[y] 当韵头比当主元音时较短"。[⑥]《南京方
言中几个问题的调查》一文则认为"有撮口韵的人少，没有撮口韵的人
多"。鲍明炜则指出"有无撮口韵是南京话的内部分歧，并非全无撮口

① 鲍明炜主编《江苏省志·方言志》，南京大学出版社，1998，第 33 页。
② 赵元任：《南京音系》，载《赵元任语言学论文集》，商务印书馆，2002，第 277 页。
③ 鲍明炜：《六十年来南京方言向普通话靠拢情况的考察》，《中国语文》1980 年第 4 期。
④ 刘丹青编纂《南京方言词典》，江苏教育出版社，1995，"引论"，第 11~12 页；刘丹青：
　《南京话音档》，上海教育出版社，1997，第 59 页。
⑤ 高本汉：《中国音韵学研究》，商务印书馆，2002，第 205 页、第 610~730 页。
⑥ 赵元任：《南京音系》，载《赵元任语言学论文集》，商务印书馆，2002，第 277 页。

韵"，"有撮口韵的占绝大多数"，[①] 刘丹青也持相同观点。[②]

4）ɒ/ɑ 的使用。《江苏省和上海市方言概况》《南京方言中几个问题的调查》《江苏省志·方言志》均认为 ɒ 韵存在着派别差异：老年人（尤其是城南）读 ɒ，中年人 ɒ/ɑ 两读，青年人读 ɑ。总趋势是读 ɒ 的越来越少。《南京方言词典》则认为 ɒ 只保留在最老派中的一部分人中，其他人都念 ɑ。但咸山、宕江摄一二等字除最新派外无区别，读 ɑŋ 或 uɑŋ，ɑ 不稳定，在 ʌ 和 ɑ 之间，最新派有区别，咸山摄为 an、uan，宕江摄为 ɑŋ、uɑŋ。

（3）声调研究

1）调类与调值。何美龄、高本汉最早确定为阴平、阳平、上声、去声和入声五个调类。赵元任第一个采用音高管精确地测出了南京话五声的调值，并改写成相对音高的简谱。《江苏省和上海市方言概况》第一次用五度标记法标出调值：阴平 ˧˩31、阳平 ˩˩˧13、上声 ˩22、去声 ˦˦44、入声 ˥5。刘丹青第一个采用"单字调"的概念，确定其单字调调值为：阴平 ˧˩31、阳平 ˩˨˦24、上声 ˩11、去声 ˦˦44、入声 ˥5。[③]柏莹第一个用实验语音学的方法测得 5 个调类的调值为：阴平 ˦˩41、阳平 ˩˨˦24、上声 ˨˩21、去声 ˦˧43、入声 ˥5。[④]

2）入声。何美龄描写为：升调促调，收音急遽。[⑤]赵元任描写为：高而短。[⑥]刘丹青认为入声韵尾ʔ弱，在ʅ、i、u、y 后更弱。[⑦]孙华先认为保持着一个入声调类，但喉塞音韵尾不稳定，调值高，时长短，元音紧。[⑧]宋益丹则用实验语音学的方法分析得出"喉塞尾全面弱化""单

① 鲍明炜：《六十年来南京方音向普通话靠拢情况的考察》，《中国语文》1980 年第 4 期，第 243 页。

② 刘丹青编写《南京话音档》，上海教育出版社，1997，第 60 页。

③ 刘丹青编纂《南京方言词典》，江苏教育出版社，1995，"引论"，第 12 页。

④ 柏莹：《轻声性质探赜——以南京方言轻声为例》，《学术交流》2008 年第 10 期。

⑤ 邓兴锋：《〈南京官话〉所记南京音系音值研究——兼论方言史对汉语史研究的价值》，《南京社会科学》1994 年第 4 期，第 49 页。

⑥ 赵元任：《南京音系》，载《赵元任语言学论文集》，商务印书馆，2002，第 295 页。

⑦ 刘丹青编纂《南京方言词典》，江苏教育出版社，1995，"引论"，第 12 页。

⑧ 孙华先：《南京方言声调的若干问题》，《南京晓庄学院学报》2003 年第 1 期。

字调中音高最高""大多数音节听感并不短促"等结论，应该说更具科学性。①

3）轻声。刘丹青认为轻声是一种失去字调的音节，念得短而较轻，没有固定调值，一般不引起声韵母变化。②孙华先指出轻声有三方面韵律特征：音强较弱、音长较短、音高取决于其所依附的字的声调。③柏莹还揭示其所具有的表达功能，如辨别语义、构词构形、区别词性和语法意义、增添附加意义、区别色彩意义等。④

4）连读变调。赵元任早已注意到了连读变调现象，但第一个做具体研究的是刘丹青。他详细分析了南京方言二、三字组的连读变调情况并揭示其特点：一是"后字不变调，前字可能受后字影响而变调"，二是"变调与轻声有关，轻声字前的音节可能变调"。⑤此后，研究进一步细化，蒋平、郎大地选择非重叠式连读变调作为考察对象，得出：重叠式与非重叠式变调位置相同，都是首字变尾字不变；重叠式与非重叠式变调结果不同，前者整齐，后者不整齐。⑥马秋武采用优选论对新老南京方言两字组连读变调的异同做了具体分析，指出：调型变调是变调的主轴，调域变调则是新老南京方言差别所在。⑦

（4）儿化研究。南京话是江淮方言中儿化韵最多的一种方言。⑧刘丹青第一次对南京方言的儿化现象做了较为深入的研究，指出南京话的儿化音色近似北京话，但造成的音节变化却大于北京话，主要存有"加卷舌动作，韵母不改变""开口呼的原韵母完全被 ər 代替，其他三呼的原韵母保留韵头""鼻韵尾被卷舌动作代替，同时元音带上鼻化""整个

① 宋益丹：《南京方言中的入声喉塞尾实验研究》，《南京师范大学文学院学报》2009 年第 2 期。
② 刘丹青编纂《南京方言词典》，江苏教育出版社，1995，"引论"，第 13 页。
③ 孙华先：《南京方言的轻声和入声》，《江苏教育学院学报》（社会科学版）2001 年第 1 期。
④ 柏莹：《轻声性质探赜——以南京方言轻声为例》，《学术交流》2008 年第 10 期，第 158 页。
⑤ 刘丹青编纂《南京方言词典》，江苏教育出版社，1995，"引论"，第 12~13 页；刘丹青编写《南京话音档》，上海教育出版社，1997，第 61~62 页。
⑥ 蒋平、郎大地：《南京话形容词重叠的声调与重音》，《汉语学报》2004 年第 2 期。
⑦ 马秋武：《南京方言两字组连读变调的优选论分析》，《语言研究》2009 年第 1 期。
⑧ 鲍明炜主编《江苏省志·方言志》，南京大学出版社，1998，第 33 页。

韵母被 ər 代替""去掉入声韵尾ʔ，加卷舌动作"等五种情况，儿化的结果是：大部分韵母合并成 ɚ、iɚ、uɚ、yɚ 四个儿化韵，造成韵类在儿化中的大合并。① 黄进进一步分析了儿化引起声调变化的情况：或前字保持原声调，或同化前字，或前字调值被同化（上声字变读阳平）。②

（5）语音差异研究。①派别差异。《南京音系》首次提出并列举三项差异：撮口韵的有无，a/ai 两韵的开齐，"遮车奢惹"等字的读法。《南京方言词典》将之归纳为两种（老南京话和新南京话）四派（最老派、老派、新派和最新派）。②地域差异。《南京音系》最早提出：城南为"纯粹南京音"，城北"有许多扬州话的倾向"。《南京方言中几个问题的调查》分析得出城南、西郊和北郊在尖团分混、a/ai 两韵的开齐和 ɒ 韵的读法等方面存在着差异。《南京方言词典》简略分析了城南秦淮、白下、建邺三区与城北鼓楼、玄武二区在尖团分合、tʂ/ts 组区分、an/ɑŋ 分合、ae/ɔo 复元音性质、iɛ/ie 的分合、儿化等六方面所呈现出的地域差异。③社会差异。《南京方言词典》简略分析了家庭背景、职业和社会地位对新老各派的影响情况，第一次从社会差异的视角来分析同一派所存在的方音差异。

2. 词汇与语法研究

南京方言词汇、语法研究与语音研究相比，相对比较滞后，起步迟、成果少，这也正是南京方言研究薄弱之处。这大概与整个汉语方言研究长期侧重语音、不重视词汇语法的学术导向③有一定关系。南京方言词汇研究成果主要集中在 1 部概况（《江苏省和上海市方言概况》）、2 部志书（《南京方言志》《江苏省志·方言志》）与 1 部方言词典（《南京方言词典》）中，单篇文章很少。而语法研究成果则更少，仅有几篇研究论文，如《南京话里的"A 里 AB"》《南京方言反复问句使用情况调

① 刘丹青编纂《南京方言词典》，江苏教育出版社，1995，"引论"，第 14~15 页；刘丹青编写《南京话音档》，上海教育出版社，1997，第 73~74 页。

② 黄进:《南京方言儿化语音机理分析》，《上海师范大学学报》（哲学社会科学版）2005年第 2 期。

③ 王力:《中国语言学史》，山西人民出版社，1981，第 203 页。

查》①《南京方言的 VVR 动补结构》②等。

（1）词汇研究

《江苏省和上海市方言概况》采用"常用词对照表"的方法，即用通用的说法标目（按义类或词类分 13 组，列出 567 个标目），排在第一行，然后对照排列各方言点的说法。收录南京方言词语 821 条（含 254 条有不同说法的词语），除极个别词语外，对大多数词语未注音和释义。此编排法对后来方言志的编写产生了很大的影响。《江苏省志·方言志》沿用此法，在"常用词对照表"中将通用的说法标目按义类或词类分为 20 组，列出 614 个标目，共收录南京方言词语 706 条（含 92 条不同说法的词语），均用国际音标标音，未标变调。《南京方言志》第二章词汇部分也按义类或词类分 29 类，收录南京方言词语 3597 条，用汉语拼音标音，未标变调，部分词做了简要解释。

《南京方言词典》是 20 世纪以来南京方言研究中第一本方言词典。该词典集共时性、地域性、统一性于一体③，体现出自己的鲜明特色：从真实地反映现行南京方言口语里通行的事实来看，充分体现出共时性的特色；从反映南京方言特点以及南京的人文特色来看，充分体现出地域性的特色；从编写体例来看，服从统一规划，充分体现出统一性的特色。这既是一本地方语言与文化的综合词典，又是一部南京方言与南京地方文化研究不可多得的佳作。

《南京方言词典》按照《现代汉语方言大词典》编纂的总体要求，分 30 类，共收词条 7625 条④，用国际音标标注，并标出变调。在收词上，以老南京话为主，兼顾新南京话，注意了城乡差异，适当收录了一些旧时词语与回族词语；在标音上，区分文白分读、自由读、派别差异、城乡差异以及语流变读，注意方普对比与古音对照；在释义上，注

---

① 姚伟嘉：《南京方言反复问句使用情况调查》，《河北工程大学学报》（社会科学版）2008 年第 1 期。

② 刘顺、潘文：《南京方言的 VVR 动补结构》，《方言》2008 年第 1 期。

③ 张振兴：《〈现代汉语方言大词典〉编纂后记》，《方言》2000 年第 2 期，第 99 页。

④ 依据《南京方言词典》中"南京方言义类索引"统计，共收词条 7632 条，扣除重复出现的 7 条（正文中没有重复），实收 7625 条。

意派别差异与城乡差异、同义词辨析与词义变化、与普通话及外方言的比较，借助韵书释义与考释本字，对于外来词语与外方言来的词语标明其来源，部分词语采用古书例证。

另外，刘俐李等对南京方言特征词做了研究，收录南京方言核心词201个，特征词160个。其中一级特征词56个，二级特征词104个。[①]

（2）语法研究

1）词法研究。蒋明的《南京话里的"A里AB"》是第一篇南京方言语法研究论文，该文对南京话中常用的"A里AB"构词格式进行了初步研究，指出其不仅使用率高，而且能产性强，同时具有不能直接作动词的补语、不能用"不"来表示否定、不能用肯定与否定相叠来表示疑问、不受程度副词修饰限制等四个语法特征。张薇从语义、句法、语用等方面考察南京方言前置程度副词与后置程度副词，较为全面地揭示出南京方言程度副词的总体面貌与具体特征。[②]常丹丹还专就南京方言中的时体助词"到"的具体用法进行描写分析。[③]

2）句法研究。《南京方言的VVR动补结构》一文，选择南京方言动补结构VVR，分析其构成条件、语义特征以及句法、语用功能，这是第一篇从认知语言学和类型学的角度对南京方言句法结构进行研究的论文。《南京方言反复问句使用情况调查》一文，以抽样调查与自然观察相结合的方式对南京方言中反复问句的使用情况开展调查，采用多元回归分析法对所收集到的77个样本进行分析，发现："阿VP"型最为常见，"VP不VP"型日渐式微；居住地是影响市民使用的主要因素，城北较多使用"VP不VP"型，城南更多使用"阿VP"型。这是第一篇采用科学抽样与定量分析的方法研究南京方言句法的论文。

（三）应用研究与社会语言学研究

南京方言的应用研究与社会语言学研究跟本体研究相比显得较为薄弱，研究成果也不多。应用研究起步较早，1959年就出版了第一本《南

---

① 刘俐李、王洪钟、柏莹编著《现代汉语方言核心词·特征词集》，凤凰出版社，2007。
② 张薇：《南京方言程度副词研究》，南京大学硕士学位论文，2005。
③ 常丹丹：《南京方言中的"到"》，《现代语文》2008年第11期。

京人学习普通话手册》，但后续研究主要也是围绕普通话教学等问题进行，成果不多。社会语言学研究虽然起步较晚，进入 21 世纪后才有成果问世，但发展较为迅速，势头较为强劲。一些学者采用社会语言学的理论与方法，围绕快速推进的城市化进程，对城市语言生活所产生的影响这一主题开展南京语言调查，已发表论文 10 余篇，其中不乏力作。

1. 普通话教学研究

为适应学校教学普通话的需要，江苏省上海市方言调查指导组主编，南京师范学院方言调查工作组编写《南京人学习普通话手册》。该手册结合南京话声韵调的发音特点及其组合规则，列出南京人学习普通话的主要难点，并就克服方法做了具体分析，并配备针对性练习题。该手册的编写对于普通话在南京的大力推广、南京人学习普通话均起到积极的推动作用。卢偓针对南京话处于从南京语音向普通话语音过渡的不同阶段，提出普通话教学各阶段应突出的重点。① 刘春卉针对南京方言与普通话同中有异的两种语法结构——"V 不起来"与"阿 / 还 VP"，建议在学习普通话时要明确两者的联系与区别，避免产生方言语法的负迁移。②

2. 普通话对南京方言的影响研究

鲍明炜结合高本汉、赵元任等人的研究、方言普查结果及他本人的调查研究，选择 9 个专题对 60 多年来南京话的发展变化情况开展调查研究，提出经过几十年的发展演变，南京话"沿着向普通话靠拢的道路，在老南京话的基础上形成了新南京话，并且取得了支配地位"，新南京话是老南京话到普通话的"一种过渡形式"，首次提出在方言与普通话之间存在着过渡语的问题。③ 费嘉通过比较南京话新老派所存在的语音差异并与影响南京方音的苏北方言和普通话进行对照，以考察

---

① 卢偓：《南京语音向普通话语音过渡的理论依据及阶段特征》，《江苏教育学院学报》（社会科学版）2000 年第 1 期。

② 刘春卉：《南京方言中的"V 不起来"与"阿 / 还 VP"——兼谈语法同中有异对学习普通话的影响》，《南京林业大学学报》（人文社会科学版）2005 年第 3 期。

③ 鲍明炜：《六十年来南京方音向普通话靠拢情况的考察》，《中国语文》1980 年第 4 期。

普通话对南京方音的影响情况。①吕文蓓指出南京话在与以上海话为代表的吴语、普通话的竞争中处于劣势，普通话对吴语口音影响小，对南京方言影响大。②

3. 南京语言调查

主要围绕三个方面来开展。（1）南京话的使用情况。付义荣③，徐大明、付义荣④，张璟玮、徐大明⑤等调查发现，南京市区居民使用率最高的是南京话，将普通话作为外部交际语言的不到1/3，将普通话作为内部交际语言的仅占11.3%，第一次揭示出南京市民语言使用之实状。另外，随着流动人口的增长，南京市民普通话的使用率也在增长，其大致比例是：作为流动人口指标的暂住人口登记每增长1%，普通话的使用率增长约2.3%。这深化了人们对普通话普及机制的认识。（2）市民对南京话的态度。付义荣⑥，王伟超、许晓颖⑦，周薇等调查发现，南京市民对南京话的态度存在着双重性：一方面，由于对普通话的接受度高（接近100%）影响了南京话的使用，部分市民流露出"语言不安全感"；另一方面，由于南京方言自身的变化以及在本地媒体的传播，提升了市民对南京话的接受度和好感度。⑧（3）南京话的活力。俞玮奇依据联合国教科文组织评估语言活力指标，从家庭领域和公共领域的匿名观察和问卷调查来看，南京话仍表现出强劲的语言活力，这是第一次就

---

① 费嘉：《从现代南京方音的演变看普通话对方音影响的局限性》，《华东工学院学报》（哲学社会科学版）1991年第1、2期。

② 吕文蓓：《吴语、南京话和普通话的接触研究》，苏州大学硕士学位论文，2010。

③ 付义荣：《南京市语言使用情况调查及其思考》，《南京航空航天大学学报》（社会科学版）2004年第3期。

④ 徐大明、付义荣：《南京"问路"调查》，《中国社会语言学》2005年第2期。

⑤ 张璟玮、徐大明：《人口流动与普通话普及》，《语言文字应用》2008年第3期。

⑥ 付义荣：《南京市语言使用情况调查及其思考》，《南京航空航天大学学报》（社会科学版）2004年第3期。

⑦ 王伟超、许晓颖：《南京言语社区语言态度调查报告》，《东南大学学报》（哲学社会科学版）2010年增刊。

⑧ 周薇：《语言态度和语言使用的相关性分析——以2007年南京城市语言调查为例》，《语言教学与研究》2011年第1期。

南京话的活力问题做出科学诊断。[①]另外，徐大明用南京语言调查成果有力地论证了言语社区是一个可观察、可度量的自然存在的实体这一言语社区理论的核心问题，丰富并发展了言语社区理论。[②]

三 基本经验

（一）国家层面的强力推动

南京方言的研究始终与国家语言政策、语言规划密切相关。应该说每一项研究的开展、每一项成果的取得都与政府及其科研部门的统一部署、强力推动密不可分。

1924 年 1 月，北京大学国学研究所成立了"方言调查会"，发表方言调查宣言书，提倡调查研究方言口语。在此背景下，赵元任受派遣赴浙江和江苏实地调查，后整理成《现代吴语的研究》[③]，同时将调查到的又未能在《现代吴语的研究》里发表的有关南京方言的调查材料写成《南京音系》。

《江苏省和上海市方言概况》《南京人学习普通话手册》都是在国家开展汉语方言普查工作的背景下开展调查研究而完成的。《南京方言志》《江苏省志·方言志》都是在全国修编地方志的大背景下编写而成的。中国社会科学院语言研究所从 1991 年起规划编写一套 41 种分卷本《现代汉语方言大词典》，《南京方言词典》即为其中之一种。中国社会科学院从1992 年起着手开展"现代汉语方言音库"研究，南京方言作为官话区的代表之一列入 40 种汉语方言音档收录，于是才有《南京话音档》的出版。

这些都有力地证明国家政策、国家有关语言研究规划对汉语方言整体研究和地域方言的研究起着十分重要的促进作用。可见，政府层面的强力推动是汉语方言学研究取得丰硕科研成果的必备条件。

---

① 俞玮奇:《普通话和方言的关系：南京、苏州和常州的城市语言状况研究》，南京大学博士学位论文，2011。

② Xu, D., "Nanjing Language of Survey and the Theory of Speech Community", *Journal of Asian Pacific Communication*, 2006(2), pp. 175-196.

③ 赵元任:《现代吴语的研究》，1928 年在北京出版，1935 年曾影印再版；现见：科学出版社，1956。

（二）专业人员的潜心研究

每一项研究成果的取得同时也都离不开一大批专业人员的潜心研究。这既包括方言学家的带头与引领，也包括研究团队的共同合作。赵元任作为一位既有深厚的汉语音韵学基础又接受了西方现代语言学理论的汉语方言学家，他的《南京音系》一文既为后世提供了研究典范，又为后人提供了许多重要的研究课题（如南京方言特点、内部差异等）。鲍明炜从20世纪50年代后期起一直围绕着南京方言发展演变这个主题，带领团队开展调查研究。刘丹青从20世纪80年代后期起，按照中国社科院的统一要求开展南京方言词汇的调查与研究、南京方言音档的调查与录制工作。进入21世纪以来，徐大明积极带领科研团队深入开展南京语言调查。由此可见，专业人员的潜心研究也是汉语方言研究取得丰硕科研成果的必备条件。

（三）语言学理论的有力支撑

语言学新理论与新方法的引入与运用，更是汉语方言学研究取得丰硕成果不可或缺的重要因素。中国现代方言学就是在西方描写语言学的直接影响下诞生和发展的，20世纪以来的南京方言研究同样也是在西方描写语言学的直接影响下开启的。开启南京方言研究的国内学者赵元任，早年在美国接受过描写语言学的熏陶，在汉语方言研究时不是"想证明方言中存在着一些'古'的东西"，而是"要对现代语言进行静态的研究"[1]。他用严式音标记音，分析方言的语音系统，但又不纯粹是描写语言学，而是将描写语言学理论与中国传统音韵学相结合，形成汉语方言学自己的特色。他的《现代吴语的研究》《南京音系》等著作成为用现代语言学理论研究汉语方言的划时代的经典著作，所创立的调查记录和分析汉语方言的规范一直为后来方言学工作者所遵循。[2]

社会语言学20世纪80年代初传入中国，对中国语言学的应用研究、汉语方言学的发展产生了极大的影响。这个新兴学科的进入与兴起对南京方言而言意义尤其重大。南京大学设立社会语言学专业，成立社

① 王力：《中国语言学史》，山西人民出版社，1981，第200页。
② 游汝杰：《汉语方言学教程》，上海教育出版社，2004，第237页。

会语言学实验室，为社会语言学研究培养了一大批研究人才。他们用社会语言学理论来指导南京方言的研究，采用科学的调查方法开展南京语言调查。已取得的研究成果既深化了南京方言的研究，又对中国社会语言学的发展，尤其是对"城市语言调查"①这一新的研究方向的形成与发展起到了积极的推动和促进作用。

四　研究展望

20 世纪以来的南京方言研究取得了较为丰硕的研究成果，出现了像《南京音系》《南京方言词典》这样的经典著作和具有较大影响力的著作，但与其他方言研究相比仍嫌不够②，与其都市方言的地位极不相称。这就需要继续深化本体研究，不断拓展应用研究，逐渐开展方言学与社会语言学相融合的研究。也只有对南京方言进行全方位、多视角的研究，才能使南京方言的研究得以深化，才能出更多的精品力作。

（一）深化本体研究

20 世纪的汉语方言研究，一开始就以描写方言作为主要任务。方言的描写是一项永无终结的任务。③就南京方言的研究现状来看，需要继续对其进行深度描写，开展系统描写，开展专题研究，开展比较研究，以深化其本体研究。（1）系统描写：就语音而言，缺乏《苏州方言语音研究》④这种整体性系统研究著作；对于音系描写，缺少像《上海市区方言志》⑤这样对老中新三派音系进行具体描写、比较和分析的著作；就语法而言，也缺乏像《苏州方言语法研究》⑥这种整体性系统研究著作。（2）专题研究：就语音而言，需要对鼻音韵尾、ɒ 韵、连读变调、儿化等音值情况做实验语音学专题研究；就词汇而言，需要对方言词语的语

---

① 徐大明、王玲：《城市语言调查》，《浙江大学学报》（人文社会科学版）2010 年第 6 期。

② 刘丹青编写《南京话音档》，上海教育出版社，1997，第 145 页。

③ 王福堂：《二十世纪的汉语方言学》，载刘坚主编《二十世纪的中国语言学》，北京大学出版社，1998，第 532 页。

④ 汪平：《苏州方言语音研究》，华中理工大学出版社，1996。

⑤ 许宝华、汤珍珠主编《上海市区方言志》，上海教育出版社，1988。

⑥ 李小凡：《苏州方言语法研究》，北京大学出版社，1998。

义分析、特定词汇类型与表达手段①、词汇差异等开展专题研究；就语法研究而言，需要对南京方言中的特殊虚词、疑问句、特殊句式、体貌标记等开展专题研究。（3）比较研究：开展江淮方言区域内的方言比较研究，以揭示南京方言与江淮方言区域内其他方言的异同点，揭示相互间的影响情况与演变规律，进而揭示江淮方言的整体演变状况与发展趋势，以弥补江淮方言整体研究上的不足；②加强与江苏、上海境内吴方言的比较研究，探究南京话的吴语底层，探究在普通话的影响下南京方言与吴方言所呈现出的不同演变特征。

（二）拓展应用研究

詹伯慧曾指出，只有将方言研究与地域文化联系起来，与社会语言应用联系起来，方言研究的天地才能更加广阔。③南京方言的应用研究需要拓宽研究领域，加强与地域文化研究者的交流与合作，发挥方言研究对地方文化建设的功能与作用。（1）开展南京方言与文化的综合研究。着力将南京方言研究与南京地域文化结合起来，从方言视角研究地方文化，包括民俗文化、都市文化等，既能拓宽南京方言的研究领域，又能为地方经济社会发展做好服务，使方言研究既能接地气，又能得到地方政府的大力支持。（2）开展南京曲艺的收集与整理工作。南京白局、南京白话为本地区最主要的曲艺形式，对南京方言的传承与保留具有极高价值。方言研究者有责任、有义务做好曲艺剧本的收集与整理工作，同时协助创作者做好新作品的创作工作。（3）开展南京方言的传播与传承研究。南京地方媒体开辟了一些方言节目或栏目（如南京电视台的《听我韶韶》、南京交通广播的《小堵大开心》、《金陵晚报》的方言栏目等），标志着南京方言在地方传媒的传播，较高的收视率、收听率则意味着南京方言得到广大市民的认同和关注。方言研究者应积极参与并指导南京方言的传播工作，确保方言传播沿着正确的道路前进。同时，为方言进

---

① 邢向东：《关于深化汉语方言词汇研究的思考》，《陕西师范大学学报》（哲学社会科学版）2007年第2期，第119页。

② 王福堂：《〈汉语官话方言研究〉评介》，《中国语文》2012年第2期，第190页。

③ 詹伯慧：《二十年来汉语方言研究述评》，《方言》2000年第4期，第323页。

学校、进课堂这一方言传承工作提出积极而合理的意见，借鉴苏州等地方言传承的经验①，努力探求南京方言传承的有效途径。

（三）强化汉语方言学与社会语言学研究的融合

汉语方言学应引进社会语言学理论和方法，将汉语方言研究与社会语言学研究紧密结合，由本体研究扩展到外部研究，使汉语方言学进入崭新的发展阶段，已成方言学者的普遍共识②，目前汉语方言学正在进入社会语言学的新阶段。③南京方言的社会语言学研究也只是刚刚起步，还有许多研究工作亟待开展。如南京方言的变异与变化研究：南京方言的内部差异与社会差异早有学者指出，但缺乏具体的调查研究，因此，亟须采用有关语言变异与变化的理论和方法对南京方言变异与变化情况开展全面的调查研究。又如南京话向普通话过渡问题研究：此项研究自鲍明炜提出之后未有任何后续成果。这就需要以变异社会语言学的理论与方法为指导，将社会语言学与汉语方言学两种研究方法相结合，科学地揭示出南京方言的客观存在状况、演变进程和发展趋势；从微观层面揭示方言向普通话过渡的动态过程以及个体特征，从宏观层面构建方言与普通话之间所存在的过渡类型；为方言与普通话关系问题的研究提供重要的研究案例，为国家语言规划提供重要的事实依据。

五　结语

从何美龄用现代语言学的眼光研究南京方言开始，南京方言的研究已有一百多年的历史。一百多年以来的南京方言研究在本体研究、应用研究与社会语言学研究等方面均取得了较为丰硕的成果与长足的进步，

---

① 2012 年 2 月 16 日出版的《现代快报》有报道。

② 项梦冰、曹晖：《大陆的汉语方言语法研究》，《云南师范大学学报》（哲学社会科学版）1992 年第 6 期，第 75 页；詹伯慧：《二十年来汉语方言研究述评》，《方言》2000 年第 4 期，第 323 页；李如龙：《二十世纪汉语方言学的经验值得总结》，《语言研究》2001 年第 1 期，第 82 页；游汝杰：《汉语方言学的现状和愿景》，《暨南学报》（哲学社会科学版）2005 年第 5 期，第 111 页；张振兴：《汉语方言调查研究的未来走向》，《云南师范大学学报》（哲学社会科学版）2009 年第 2 期，第 36 页；

③ 游汝杰：《汉语方言学的传统、现代化和发展趋势》，《中文自学指导》2007 年第 1 期，第 38 页。

但与其他城市的方言研究相比仍嫌不够，与其都市方言的地位极不相称。因此，需要深化本体研究，拓展应用研究，开展方言学与社会语言学相融合的研究。一百多年来南京方言研究所取得的成果都归功于政府层面的强力推动、科研团队的潜心研究和语言学理论的有力支撑。这三条成功经验其实也是汉语方言研究乃至整个语言学研究取得发展的三个必备条件。

就汉语方言研究而言，国家语委在现有体制框架内对其做出总体规划和具体部署，这对汉语方言研究意义十分重大，能强劲地推动汉语方言研究的大力发展。同时，各省市语委对本地方言研究做好规划和部署，这对推动本地方言的研究意义同样重大。

鉴于语言学理论对汉语方言研究具有巨大的推动力，因此，我们要特别呼唤理论创新、研究方法创新，借鉴与创新并重。不能满足于已有的理论，也不能止步于对西方理论的介绍，在借鉴西方理论的同时，需要内生发展，逐步形成具有中国特色、切合汉语方言研究实际的理论，推动汉语研究走向世界，为世界语言学做出应有的贡献。

（原载《南京晓庄学院学报》2013 年第 5 期）

溧水"街上话"[u]元音变异分析 *

一　调查目的和方法

（一）调查目的

陈建民、陈章太在《从我国语言实际出发研究社会语言学》一文中指出，"建国以来，人们只注意调查研究方言和标准普通话两端的情况，至于方言向标准普通话过渡的中间状态却很少研究"，"事实上中间状态是大量存在的"，"各地过渡语究竟是个什么样子，它和标准普通话有哪些差异，怎样使它更好地向标准普通话过渡，这是值得我们很好调查研究的"。[①]本文从事的是针对江苏溧水"街上话"的一项调查研究，应用社会语言学"进行中的变化"（change in progress）[②]的方法，确定溧水"街上话"是一种向标准普通话发展的过渡语。

溧水方言处于江淮方言区与吴方言区交会处，跨两大方言区。依据原有的行政区划，属吴语区的有 11 个乡镇，属江淮方言区的有 5 个乡镇，吴语区人口约占全县人口的 72.2%，江淮方言区人口约占 17.8%。[③]溧水县城原名"在城镇"，现名"永阳镇"，但所辖范围不同。现"永阳

---

* 本文曾在"第三届中国社会语言学国际学术研讨会"（2004 年 12 月 18~21 日，南京）上宣读，此次发表有较大改动。本文在写作过程中得到徐大明教授的悉心指导，又蒙《中国社会语言学》匿名审稿人提出的中肯修改意见，谨此一并致以诚挚的谢意。

① 陈建民、陈章太：《从我国语言实际出发研究社会语言学》，《中国语文》1988 年第 2 期，第 115 页。

② 徐大明、陶红印、谢天蔚：《当代社会语言学》，中国社会科学出版社，1997，第 131~132。

③ 郭骏：《溧水境内吴方言与江淮方言的分界》，《南京社会科学》1995 年第 6 期，第 70 页。

镇"包括城区（原"在城镇"）、原"城郊"和"东庐"两个乡。城区在城镇四周为城郊乡，城郊乡的方言为吴方言。

在城方言有老在城话和新在城话之分。老在城话为吴方言，新在城话为江淮方言。但老在城话现已基本消失，仅保留在极少部分老年人口中，且一般仅限于在家庭中使用。据几位一直说新在城话的六十几岁的受访者称：新在城话已有一百多年历史。但直到 20 世纪五六十年代，新在城话一直只是在范围很小的城内使用，出了城门就不说了，所以称之为溧水"街上话"，也叫"街上话"或"溧水话"。自 20 世纪 70 年代末 80 年代初以来，随着县城范围的逐渐扩大，"街上话"的使用范围也逐渐扩大，乡镇入城人员对其的认同和作为交际用语的选择，使其完全成为强势语言。本文以新在城话为调查研究对象，暂不涉及老在城话。

新在城话有 19 个声母，38 个韵母，5 个声调[①]，该系统在一定程度上已经向普通话语音系统靠拢。溧水"街上话"[u][②] 元音变异涉及许多韵母，词汇范围广，而且因讲话人的年龄、性别、社会阶层和交际对象等的不同，呈现出不同的社会分布。[u] 元音变异很可能是一种"进行中的变化"。这种变化有可能改变溧水"街上话"的原有性质。本文着重分析溧水"街上话"[u] 元音的变异现象，论证该变异的性质、变化的方向和结果，证明"街上话"已经转变为"带有普通话色彩"的地方话。

（二）调查方法

本文调查的是江苏溧水县县城——在城镇市民所说的溧水"街上话"。采取"定额抽样"的方法确定受访对象，采用"访问法"收集语料，采用定量统计分析的方法分析语料。

此次调查涉及的人口不到 10 万，所以确定抽取 50 人，作为当地不同街道、年龄、职业、性别居民的代表。要求每个受访者必须是在在城镇长大，以溧水"街上话"为日常用语。分四个年龄段（10~20 岁、21~40 岁、41~50 岁、51~65 岁），每组调查 10 人。第一年龄组都

---

① 郭骏:《溧水方言探索集》，科学技术文献出版社，2004，第 233~235 页。
② [u] 发音时嘴唇扁而偏平，近于 [ɯ]。

是学生,处于拉波夫所说的"语体变化阶段"[①],故多调查10人。注意男女性别比。

"雪球抽样"是由少数调查对象为出发点,像滚雪球一样越滚越多的一种抽样方法。这是米尔罗伊在调查英国贝尔法斯特市的工人居住区的语音变异时采取的抽样方法。此次调查也采用此方法。通过熟人介绍,认识受访者,记录其语音变异,再利用熟悉的受访者去结识他们的熟人或朋友,记录他们的语音变异,直至完成整个调查。

"访问法"是直接访问被调查的对象,要求他回答问题或是按照事先拟定的要求说一段话。此次调查是让受访者用自己日常所说的溧水"街上话"读事先设计好的词表。对所调查到的语音变异语料按定量分析的程序进行整理、录入;统计结果用图表模型描写。

二　对象和内容

（一）调查对象

本次调查于2004年4月22~25日进行。受访者共50人。其中女性21名（42%）,男性29名（58%）。年龄分布为10~65岁,跨度为50余岁,分四个年龄组（10~20岁、21~40岁、41~50岁、51~65岁）。第一个年龄组20人,其他年龄组均为10人。

受访者的受教育程度涉及研究生、大学本科、大学专科、中专/高中、初中、小学6个层次。职业分布也较为广泛,有专业技术人员、企业管理人员、私营业主、个体工商户、服务员、营业员、修理工、手工业劳动者、企业职工等等。涉及经理人员阶层、私营企业主阶层、专业技术人员阶层、个体工商户阶层、商业服务业员工阶层、产业工人阶层等6个社会阶层。[②]

（二）调查内容

在原方言调查[③]所发现的语音变异的基础上选择了28组涉及[u]元

---

① 陈松岑:《语言变异研究》,广东教育出版社,1999,第148页。
② 郭熙:《中国社会语言学》（增订本）,浙江大学出版社,2004,第145页。
③ 郭骏:《溧水方言探索集》,科学技术文献出版社,2004,第233~262页。

音变异的词语作为本次调查的调查词表。主要出于三方面的考虑。（1）所选词语的覆盖面：所列出的词语能反映出变异的情况。（2）所选词语的类别：以原有方言词语为主，也选择了近些年来由普通话进入的 5 个词语（老鼠、酸菜鱼、替换、犯罪、风俗习惯）；考虑原有方言词与普通话进入的词（老鼠子/老鼠）的不同可能对 [u] 元音变异产生不同的影响，以原有方言词语与普通话进入的词语的比较（发酸/酸菜鱼、换一件/替换、得罪/犯罪、俗气/风俗习惯）来看 [u] 元音变异在词语中的扩散情况。（3）调查的可操作性：量不宜太大。

28 组涉及 [u] 元音变异的词语如下（加粗字为所调查字）。

团长、**端**午、**暖**和、**乱**踩、大**蒜**、发**酸**/**酸**菜鱼、**籴**猪肝汤、**换**一件/替**换**、**唤**狗咬你、**豌**豆、**砖**头、**穿**衣裳、**船**、嘴**唇**子、嘴巴子、催他快点、做十岁、得**罪**/犯**罪**、农村、一**寸**、**孙**子、竹**笋**、**俗**气/风**俗**习惯、发**软**、**横**过来摆、老**鼠**子/老**鼠**、**驴**子、痰**盂**。

三　[u] 元音变异

（一）"新式"发音

通过对 28 组词语的调查，发现存有三种类型的发音：旧式（方言原有形式）、新式（新的形式）、过渡式（处于新式与旧式之间的形式）。现就"新式"做一简要分析。有以下四种情况。

第一种　新式中 [u] 作为介母出现

这里 [u] 作为介母出现指在"旧式"和"过渡式"中无 [u] 介母，在"新式"中出现了 [u] 介母。共有 24 组并有四种不同的情况。

（1）旧式为 [ʊ]，新式为 [uæ]

共有 10 组：**团**长 [tʻʊ²⁴][tʻuæ²⁴]、**端**午 [tʊ³²][tuæ³²]、**暖**和 [lʊ³¹²][luæ³¹²]、**乱**踩 [lʊ⁵⁵][luæ⁵⁵]、大**蒜** [sʊ⁵⁵][suæ⁵⁵]、发**酸**/**酸**菜鱼 [sʊ³²][suæ³²]、**籴**猪肝汤 [tsʻʊ³²][tsʻuæ³²]、**换**一件/替**换** [hʊ⁵⁵][huæ⁵⁵]、**唤**狗咬你 [hʊ⁵⁵][huæ⁵⁵]、**豌**豆 [ʊ³²][uæ³²]。所调查的 10 个字（团、端、暖、乱、蒜、酸、籴、换、唤、豌）韵母的新式、旧式交替出现，在"新式"中出现介母 [u]。

（2）旧式为 [ei][ən][əʔ]，新式为 [uei][uən][uəʔ]

共有 9 组：嘴巴子 [tsei³¹²][tsuei³¹²]、催他快点 [tsʻei³²][tsʻuei³²]、做十岁 [sei⁵⁵][suei⁵⁵]，得罪 / 犯罪 [tsei⁵⁵][tsuei⁵⁵]、农村 [tsʻən³²][tsʻuən³²]、一寸 [tsʻən⁵⁵][tsʻuən⁵⁵]、孙子 [sən³²][suən³²]、竹笋 [sən³¹²][suən³¹²]，俗气 / 风俗习惯 [səʔ³¹][suəʔ³¹]。所调查的 9 个字（嘴、催、岁、罪，村、寸、孙、笋、俗）韵母的新式、旧式交替出现，在“新式”中出现介母 [u]。

（3）旧式为 [ʊ][yn]，过渡式为 [yɪ]，新式为 [uæ]

共有 4 组：砖头 [tsʊ³²][tɕyɪ³²][tsuæ³²]、穿衣裳 [tsʻʊ³²][tɕʻyɪ³²][tsʻuæ³²]、船 [tsʻʊ²⁴][tɕʻyɪ²⁴][tsʻuæ²⁴]，嘴唇子 [tɕyn²⁴][tsʻuən²⁴]。所调查的 4 个字（砖、穿、船、唇）韵母的新式、旧式、过渡式交替出现，在“新式”中出现介母 [u]。

（4）旧式为 [yɪ]，过渡式为 [ʊ]，新式为 [uæ]

只有 1 组：发软 [yɪ³¹²][zʊ³¹²][zuæ³¹²]。所调查的“软”韵母的新式、旧式、过渡式交替出现，在“新式”中出现介母 [u]。

第二种　新式中 [u] 作为介母消失：旧式为 [uən]，新式为 [ən]

这里 [u] 作为介母的消失是指在某些词语的发音中“旧式”中有 [u] 介母，在“新式”中 [u] 介母消失了。调查涉及 [u] 作为介母消失的词语有 1 组：横过来摆 [huən²⁴][hən²⁴]。所调查的“横”字韵母的新式、旧式交替出现，在“新式”中 [u] 介母消失。

第三种　新式中 [u] 作为单韵母出现：旧式为 [uei]，过渡式为 [ʅ]，新式为 [u]

有 1 组：老鼠子 / 老鼠 [tsʻuei³¹²][tsʻʅ³¹²][tsʻu³¹²][su³¹²]。所调查的“鼠”字韵母的新式、旧式、过渡式交替出现，在“新式”中 [u] 作为单韵母出现。“老鼠子”是“街上话”原有的词，“老鼠”是普通话进入的词，对其做不同选择，则会出现不同的变式。

第四种　新式中 [u] 为 [y] 代替：旧式为 [u]，新式为 [y]

有 2 组：驴子 [lu²⁴][ly²⁴]、痰盂 [lu²⁴][y²⁴]。所调查的“驴、盂”两字韵母的新式、旧式交替出现，在“新式”中 [u] 为 [y] 代替。

（二）新旧形式交替所呈现出的过程与方向分析

从 [u] 元音在“新式”中的四种出现情况的分析中可以看出，“新式"的出现始终围绕着普通话 [u] 元音及其组成的韵母来进行，新旧形式交替所呈现出的方向是不断向标准普通话靠拢："旧式"中没有 [u] 介母而普通话中有，则"新式"中就出现 [u] 介母，如 [ei] → [uei]，[ən] → [uən]，[əʔ] → [uəʔ]；反之，"旧式"中有 [u] 介母而普通话中没有，则"新式"中 [u] 介母消失，如 [uən] → [ən]；"旧式"中以 [u] 为单韵母而普通话中是以 [y] 为单韵母，则"新式"中就出现单韵母 [y]，如 [u] → [y]。只是新旧形式交替所呈现出的过程略有不同：有的是"新式"直接代替"旧式"，如 [ʊ] → [uæ]、[ei] → [uei]、[ən] → [uən]、[əʔ] → [uəʔ]、[yn] → [uən]、[uən] → [ən]；有的还经过了一个过渡："过渡式"代替"旧式"，"新式"再代替"过渡式"，如 [ʊ] → [yɪ] → [uæ]、[yɪ] → [ʊ] → [uæ]、[uei] → [ʮ] → [u]。现将新旧形式交替所呈现出的过程与方向、"新式"与普通话韵母的接近度列表总结如表 1。

表 1　新旧形式替换所呈现出的过程与方向、"新式"与普通话韵母的接近度

例字	旧式	新旧形式替换所呈现出的过程与方向	普通话	接近度
团端暖乱蒜酸氽换唤豌	ʊ	ʊ→uæ	uan	相似
嘴催岁罪，村寸孙笋	ei、ən	ei→uei、ən→uən	uei、uən	一致
俗	əʔ	əʔ→uəʔ	u	相似
砖穿船	ʊ	ʊ→yɪ→uæ	uan	相似
唇	yn	yn→uən	uən	一致
软	yɪ	yɪ→ʊ→uæ	uan	相似
横	uən	uən→ən	ən	一致
鼠	uei	uei→ʮ→u	u	一致
驴盂	u	u → y	y	一致

四　内部制约机制分析

（一）语音系统制约机制分析

对照溧水"街上话"的韵母系统可发现，所有的"新式"都是系统中原有的韵母。可见"新式"的出现必须以原有的最接近普通话的韵母

形式为唯一选择形式：有与普通话相同的韵母则直接作为"新式"（如 [ei] → [uei]，[ən] → [uən]，[u] → [y]，等等）出现，有与普通话相近的韵母则以之作为"新式"（如 [ʊ] → [uæ]、[əʔ] → [uəʔ]）出现。不能脱离原有形式而产生一个全新的语音形式，即其变异要靠韵母系统自身的调节来进行。如"新式" [uæ] 是溧水"街上话"的原有韵母形式，最接近普通话韵母，但不可能（最起码暂时）出现 [uæn]，即出现鼻音韵尾，更不可能出现 [uan]；再如"新式" [uəʔ] 也是溧水"街上话"的原有韵母形式，最接近普通话韵母，但其喉塞韵尾暂时还不可能脱落。从 [ʊ] → [uæ] 和 [əʔ] → [uəʔ] 两例来看，其变异必须受到没有鼻音韵尾和仍有喉塞韵尾的制约，或者说到目前为止还没演变到产生 [uæn]/[uan] 和丢失喉塞韵尾的地步。可见溧水"街上话"[u] 元音变异时没有增减一个韵母。这是受到其韵母系统所制约的结果。这可能也是语言演变的初始状态所具有的特征。

（二）词汇制约机制分析

这里以调查中设计的"发酸/酸菜鱼""换一件/替换""得罪/犯罪""俗气/风俗习惯"4 组词语（前为"原有方言词语"，后为"普通话进入的词语"）为例，分析相同的字在两者之间的扩散是否存在不均衡性，以观察 [u] 元音变异是否也要受到词汇系统的制约（见表 2）。4 组词语中的"酸、换、罪、俗"四字韵母所采用的"新式"分别为：[uæ][uæ][uei][uəʔ]。

表 2 "新式"在原有方言词语和普通话进入的词语中扩散数据对比（n=50）

单位：人

	发酸	酸菜鱼	换一件	替换	得罪	犯罪	俗气	风俗习惯
10~20 岁	12	17	15	16	4	9	20	20
21~40 岁	6	10	8	8	4	7	9	10
41~50 岁	6	10	5	6	4	5	10	10
51~65 岁	1	9	2	5	1	1	3	3
总计	25	46	30	35	13	22	42	43
百分比	50	92	60	70	26	44	84	86

从表 2 可看出"新式"在词语中的扩散存在着不均衡性:"发酸"中的"酸"有 25 人说"新式"[uæ],"酸菜鱼"中的"酸"则有 46 人说"新式"[uæ];"换一件"中的"换"有 30 人说"新式"[uæ],"替换"中的"换"有 35 人说"新式"[uæ];"得罪"中的"罪"有 13 人说"新式"[uei],"犯罪"中的"罪"有 22 人说"新式"[uei];"俗气"中的"俗"有 42 人说"新式"[uəʔ],"风俗习惯"中的"俗"有 43 人说"新式"[uəʔ]。由此可得出两点结论。其一,同一"新式"在普通话进入的词语中扩散的速度快,而在原有方言词语中则相对缓慢。发酸/酸菜鱼:50%:92%。换一件/替换:60%:70%。得罪/犯罪:26%:44%。俗气/风俗习惯:84%:86%。其二,同为普通话进入的词语或同为原有方言词语,"新式"扩散的速度也不相同:同为普通话进入的词语的百分比的差距比同为原有方言词语要大,这可能与人们对普通话进入的词语的接受程度有关。从"酸菜鱼"这一词语的扩散数据中可清楚地看出随新事物的出现而产生的新词语在进入方言时极易采用近似于普通话的读音。

可见,[u] 元音变异在词汇中的扩散是渐变的、连续的,并且在同类别词语(原有方言词语或普通话进入的词语)和不同类别的词语(原有方言词语、普通话进入的词语)中扩散的速度是不相同的。这些都说明 [u] 元音变异还要受到词汇系统的制约。

五 社会因素分析

[u] 元音变异会因讲话人的年龄、性别、社会阶层和交际对象等的不同而采用不同的变式,呈现出不同的社会分布。现对 [u] 元音变异与年龄、性别、社会阶层和交际对象等社会因素的相关性做简要分析。

1. 年龄与 [u] 元音变异

我们对所调查的四个年龄组出现的"新式"数据做一对比统计,观察 [u] 元音变异在年龄上的分布情况,以分析年龄与 [u] 元音变异之间的相关性。具体情况如表 3。

从表 3 可清楚地看出:年龄与采用"新式"的数据成反比,年龄越大数据越小,年龄越小数据越大。说明"新式"增加的趋势与年龄的趋势有关,年轻人中间出现"新式"率高。

2. 性别与 [u] 元音变异

我们对所调查的四个年龄组中不同性别出现的"新式"数据做一对比统计,观察"新式"在性别上的分布情况。由于 51~65 岁年龄组只有一位女性,不便于分析,所以下面就前三组的男女性采用"新式"的数据做一个对比统计(见表 4)。前三组的男女人数比例分别为:10:10,5:5,4:6。

表 3 年龄与采用"新式"的数据对比统计(n=50)

单位:个

年龄组	10~20 岁	21~40 岁	41~50 岁	51~65 岁
变异数	424	211	172	58
人均数	21.2	21.1	17.2	5.8
百分比	51.1	24.4	19.8	6.7

表 4 性别与采用"新式"的数据对比统计(n=40)

单位:个

年龄组	男性 / 百分比	女性 / 百分比	总计
10~20 岁	200(48.2)	215(51.8)	415
21~40 岁	94(44.8)	116(55.2)	210
41~50 岁	44(25.3)	130(74.7)	174
总计	338(42.3)	461(57.7)	799

从表 4 的统计数据可以看出:从总体上来看,女性明显领先于男性;学生阶段性别差异不大;中青年女性与中青年男性差异明显,尤其是中年女性与中年男性存在着极大的差异。由此可得出:中青年女性采用"新式"比例高。勒文和克罗克特(Levine and Crockett)曾经做过一个证明:在美国的一个地区,"社会的言语形式向全国的标准语靠拢,是由青年、特别是中产阶级的中年妇女带头的"[①]。看来溧水的情况也是

———————
① 祝畹瑾编《社会语言学译文集》,北京大学出版社,1985,第 168 页。

这样。

3. 社会阶层与 [u] 元音变异

彼得·特鲁杰（Peter Trudgill）依据收入、教育水平、住宅类型、职业等因素把社会划分为五个阶层：中中阶层（MMC）、低中阶层（LMC）、上工阶层（UWC）、中工阶层（MWC）、下工阶层（LWC）。[①] 2002 年，中国社会科学院公布了一项研究报告，该报告以职业分类为基础，以组织资源、经济资源和文化资源的占有状况为标准，将当代中国社会阶层结构划分为十大社会阶层：国家与社会管理者阶层，经理人员阶层，私营企业主阶层，专业技术人员阶层，办事人员阶层，个体工商户阶层，商业服务业员工阶层，产业工人阶层，农业劳动者阶层，城乡无业、失业、半失业人员阶层。[②]

由于本次调查的受访者只涉及十大阶层中的经理人员阶层、私营企业主阶层、专业技术人员阶层、个体工商户阶层、商业服务业员工阶层、产业工人阶层等六个社会阶层，同时考虑到阶层之间的职业上的相似性，因为"社会分层的一个最重要的指数就是职业区分"[③]，还考虑到受访人数，将"经理人员阶层、私营企业主阶层、个体工商户阶层"三个阶层合并为"经营管理阶层"，故从经营管理人员阶层、专业技术人员阶层、商业服务业员工阶层、产业工人阶层等四个阶层来加以分析。学生的社会阶层难以确定，暂不做分析。退休人员依据退休前的职业来确定。统计人数为 30 人。

从表 5 采用"新式"的数据可清楚地看出，四个社会阶层之间的差异显著：商业服务业员工阶层演变最快，专业技术人员阶层其次，经营管理人员阶层再次，产业工人阶层最慢。由此可见，[u] 元音变异具有层化特征，对社会阶层有一定的标记作用：社会中间阶层的人演变得快，社会阶层低的人演变得慢。

---

① 祝畹瑾编《社会语言学译文集》，北京大学出版社，1985，第 152 页。
② 郭熙:《中国社会语言学》（增订本），浙江大学出版社，2004，第 146 页。
③ 祝畹瑾编《社会语言学译文集》，北京大学出版社，1985，第 120 页。

表5 社会阶层与采用"新式"的数据对比统计（n=30）

单位：人，个

阶层	经营管理人员阶层	专业技术人员阶层	商业服务业员工阶层	产业工人阶层	总计
人数	7	9	7	7	30
采用"新式"数	72	181	168	32	453
人均数	10.29	20.11	24	4.57	15.1

4. 交际对象与 [u] 元音变异

本次调查中发现，除对同一词语受访者常有过去和现在存在不同的读法的情况（如第四年龄组有人对"团长"中的"团"过去发 [t'ʊ²⁴]，现在发 [t'æ²⁴]）外，还有大量情况是在家庭语言的使用中对父母和对子女会进行非自觉的调整而产生不同：对父母一般采用与父母相同的说法，即"旧式"或"过渡式"；而对子女，特别是比较小的子女，一般采用"新式"。如第三年龄组有人说"船"时对父母说"过渡式"[tɕ'yɪ²⁴]，对子女说"新式"[ts'uæ²⁴]；也有人说"佘"时对父母说"旧式"[ts'ʊ³²]，对子女说"新式"[ts'uæ³²]。再如第二年龄组有人说"暖和"中的"暖"和"船"时，对父母或年长者说"旧式"[lʊ³¹²]、"过渡式"[tɕ'yɪ²⁴]，对子女或年轻人说"新式"[luæ³¹²]、"新式"[ts'uæ²⁴]。另外有人因为父母是外地人，所以对父母和对同学也会有不同的变式选择。如第三年龄组的一个受访者，其父母为外地人（父亲为句容人，母亲为上海人），自己在县城长大，所以对同一词语会选择不同的读音：对同学选择"旧式"，对父母则选择"新式"。如"老鼠子"中的"鼠"，对父母发"新式"[su³¹²]，对同学发"旧式"[ts'uei³¹²]；又如说"乱踩"中的"乱"时，对父母发"新式"[luæ⁵⁵]，对同学发"旧式"[lʊ⁵⁵]。

可见，因交际对象的不同（对父母与对子女、对父母与对同学）而选择不同变式可能是语音变异的一个极其重要的转折点。交际对象的不同对 [u] 元音变异也起着十分重要的作用。

通过以上对溧水"街上话"[u] 元音变异的分布状况与年龄、性别、社会阶层、交际对象等社会因素之间相关性分析可看出：[u] 元音变异因年龄、性别、社会阶层和交际对象等的不同而采用不同的变式，呈现出不同的社会分布。已形成一个明显的趋势："新式"增加的趋势与年龄的趋势有关，年轻人中出现"新式"率高；商业服务业员工阶层的中青年女性采用"新式"率高。这正说明 [u] 元音变异是一个进行中的语音变化，在 [u] 元音的共时变异中反映了 [u] 元音 50 多年来的历时发展。

六 结论

从 [u] 元音变异这个进行中的语音变化所呈现出的方向来看：由于"新式"的出现始终围绕着普通话 [u] 元音及其组成的韵母来进行，新旧形式交替所呈现出的方向是不断向标准普通话靠拢，这就说明 [u] 元音这个进行中的语音变化正改变着溧水"街上话"的原有性质，使之朝着普通话方向发展。

从 [u] 元音变异这个进行中的语音变化所产生的结果来看：由于 [u] 元音这个进行中的语音变化是以改变溧水"街上话"语音系统内部的韵母分布的方式向普通话靠拢，是以原有的与普通话韵母相同或最接近的韵母作为唯一选择形式，调整了韵母在音节结构上的原有分布，出现了新的分布。"旧式""过渡式"与普通话韵母完全不同，而"新式"与普通话的韵母一致或相似。这种分布上的重新调整尽管没有增加新的韵母形式，也没有改变原有的韵母系统，但它已部分地改变了原有的声韵组合规律，打破了溧水"街上话"原有语音系统，而且这种改变涉及韵母系统中 1/3 强的韵母（[ʊ]、[ɥ]、[ei]、[ən]、[əʔ]、[u]、[uæ]、[uei]、[uən]、[uəʔ]、[y]、[yɪ]、[yn]），范围大（涉及开口呼韵母、合口呼韵母和撮口呼韵母），数量多（13 个韵母）。这说明 [u] 元音变异已在一定程度上改变了溧水"街上话"的原有性质。

从以上两方面可见 [u] 元音这个"进行中的变化"已大大改变了溧

水"街上话"的语音面貌，已使之具有普通话色彩①，使溧水"街上话"这种纯地方话转变为"带有普通话色彩"的地方话。

（原载《中国社会语言学》2005 年第 1 期）

---

① 因本文专调查分析 [u] 元音变异，所以只从 [u] 元音变异来分析其所能反映出的普通话色彩。其实一些声母和其他非 [u] 元音构成的韵母也处于变异中，也都能反映出溧水"街上话"所具有的普通话的色彩。这些留待以后讨论。

语言变项中不同变式的确认

引 言

　　语言变异是语言的基本特性，社会语言学家把一项一项的语言变异（即语言变项）看作语言结构单位，它与其他结构（如音素、音位、语素等）一样成为语言结构的有机组成部分。[①] 在语言变异中，如果某一个语言形式在不同的语境中有不同的表现形式，那么这一抽象的语言形式就是语言变项（linguistic variable），其不同的表现形式就是组成语言变项的语言变式（linguistic variant）。[②] 如纽约英语中的"（r）变项"由"-r"和零形式两个变式构成，包头昆都仑区"鼻韵尾变项"由无弱化形式、鼻化形式、省略形式和省略加非鼻化形式等四个变式构成。

　　社会语言学的语言变化理论指出，语言变化一定包括一个语言变异的阶段，即新旧形式并存并被交替使用的阶段。[③] 在这个变异阶段中，同一语言变项如有两个变式，社会语言学家将之分为"旧形式"（the older form）和"新形式"（the newer form）两类，并指出新旧两种形式对立存在，其演变过程是新形式最后战胜旧形式。[④] 但对于新旧形式究竟该如何确认，则未做具体分析和论证。同一语言变项如有三个及以

---

① Chambers, J. K. and Trudgill, P., *Dialectology*, Cambridge：Cambridge University Press, 北京大学出版社，2002，第 128 页。

② 徐大明、陶红印、谢天蔚：《当代社会语言学》，中国社会科学出版社，1997，第 100 页。

③ 徐大明、陶红印、谢天蔚：《当代社会语言学》，中国社会科学出版社，1997，第 135 页。

④ Labov, W., *Principle of Language Change, Volume 1: Internal Factors*, Oxford and Cambridge: Blackwell, 北京大学出版社，2007，第 66、300~301 页。

上的变式，又该如何划分？社会语言学界对此则缺乏研究。

大量的调查研究证明，在语言演变的过程中存在着大量的"中间状态"，如"地方普通话"就是汉语方言向标准普通话靠拢的过程中出现的中间状态，是一种过渡语。[①]据此我们有理由相信在旧形式与新形式之间有可能存在着"中间状态"。这种"中间状态"就是旧形式在向新形式发展过程中出现的一种"过渡形式"。这种过渡形式可能是一个变式，也可能是两个以上的变式，只要是处于新旧形式之间的变式都应属于过渡形式。那么在具体的语言变异阶段中，旧形式（以下简称"旧式"）与新形式（以下简称"新式"）之间是否存在过渡形式（以下简称"过渡式"）？又该如何确认？这些问题都需要进行分析和论证。

本文以江苏溧水"街上话"语音变异为例，就新旧式的确认、过渡式的存在与确认问题进行实证性研究，拟从整体音节和音节构成两个层面对"旧式、过渡式、新式"三种不同变式类型加以具体确认，并由此证明构成语言变项的不同变式存在旧式、新式与过渡式等三种不同变式类型。[②]

溧水县城为在城镇（近年改名"永阳镇"），其方言在城话有新老之分。老在城话属吴方言，现仅有极少数老年人说；新在城话属江淮方言，居民称之为"街上话"[③]（下用此名称），为当地通用语。其语音系统如下。声母：p、pʻ、m，f，t、tʻ、l，ts、tsʻ、s、z，tɕ、tɕʻ、ɕ，k、kʻ、ŋ、h，ø。韵母：ɿ、ʮ、a、ɜ、æ、ʊ、ɔ、əu、ei、aŋ、ən、oŋ、əʔ、aʔ、i、ia、iɛ、iʊ、iɔ、iɿ、iaŋ、in、ioŋ、iɿʔ、iaʔ，u、ua、uɛ、uæ、uei、uaŋ、uən、uəʔ、uaʔ，y、yɿ、yn、yəʔ。声调：阴平 [˧˨]32、阳平 [˨˦]24、

---

① 陈建民、陈章太:《从我国语言实际出发研究社会语言学》,《中国语文》1988 年第 2 期,第 115 页。

② 笔者曾尝试采用这种变式类型进行划分（郭骏:《溧水"街上话"[u] 元音变异分析》,《中国社会语言学》2005 年第 1 期, 第 74 页）,但未做具体论证。

③ 郭骏:《溧水方言探索集》, 科学技术文献出版社, 2004, 第 2 页; Guo Jun, "An Analysis of the (u)-Variation in the 'Town Speech' of Lishui", *Journal of Asian Pacific Communication,* 2006（2）, p.336; 郭骏:《语言态度与方言变异——溧水县城居民语言态度与语言使用情况的简要调查》,《南京社会科学》2007 年第 8 期, 第 137 页。

上声 [ꜙ]312、去声 [ꜗ]55、入声 [ꜘ]31。[①]

　　20 世纪 80 年代调查发现，街上话存有大量的一字多读现象，并与说话人的年龄有关，不同年龄层次说不同的音，说话人自己也能清楚地意识到这种差异的存在。[②] 2004 年 4 月，笔者在原方言调查的基础上选择了 100 组（其中有 20 个比较组）涉及语音变异的词语或习惯说法作为调查词表，对其语音变异情况进行调查。[③] 调查时分青少年组（10~20 岁）、青年组（21~40 岁）、中年组（41~50 岁）和中老年组（51~65 岁）等四个年龄组。青少年组 20 人，其他每组各 10 人，共计 50 人。调查发现有 92 组调查字（附表中的加粗字）存有一字多读现象：两读，70 组；三读和四读，22 组。具体情况见附表 1 和附表 2。[④]

从整体音节层面上来确认

　　从严格意义来讲，"语言结构中的每一个范畴和单位都可以是一个变项，因为在每一次实现的时候，它总是体现为一个绝对意义上的不同形式"[⑤]。可见，一字多读的 92 组调查字的字音实际上就是 92 个语音变项，而每一个变项中的不同读音就是其不同的变式。针对新旧式的确认、过渡式的存在与确认问题，我们尝试从受访者的年龄差异、方言间的对应关系、受访者的主观判断、已有的文献资料、语音的演变规律等五个方面，就整体音节层面对 92 个语音变项中的不同变式类型做具体确认。

　　（一）受访者的年龄差异

　　从两附表中可清楚地看出，不同年龄组在同一调查字的读音上存在着明显的差异，尤其是中老年组与其他年龄组之间所存在的差异。如附表 1 中"端"，中老年组只读 tʊ³²，其他年龄组读 tʊ³² 或 tuæ³²；又如

---

①　郭骏：《溧水方言探索集》，科学技术文献出版社，2004，第 233~235 页。
②　郭骏：《语言态度与方言变异——溧水县城居民语言态度与语言使用情况的简要调查》，《南京社会科学》2007 年第 8 期，第 134 页。
③　郭骏：《溧水"街上话"语音变异研究》，南京大学博士学位论文，2006，第 9~13 页。
④　两说则同时统计。
⑤　徐大明主编《语言变异与变化》，上海教育出版社，2006，第 341 页。

"芮"，中老年组 9 人读 suei^{55}、1 人读 zuei^{55}，中年组和青年组读 suei^{55}
或 zuei^{55}，青少年组只读 zuei^{55}。这种差异属于社会语言学所研究的"个
人之间的变异"（inter-personal variation）。[1] 从传统方言学来看就是新
老派之间的差异。

钱伯斯（Chambers）曾提出语言变式与年龄相关性的标准模型：
新出现的某一变式在最年长一代人的话语中少量出现，在中间一代人
的话语中有所增加，在最年轻一代人的话语中出现频率最高。[2] 拉波夫
（Labov）曾把语言的变化分为初始、中间和最后三个阶段，并提出语言
变化轨迹的 S 形曲线（S-shaped curve）模式：在变化的早期，使用旧
形式的人很少采用革新的形式，所以人们的语言表现在只出现了少量的
新形式；而到了变化的中间阶段，人们在交流中最有可能放弃旧形式转
而采用新形式。[3] 依照他们的理论，我们可以依据受访者的年龄差异来
帮助确认不同变式：由最年长一代人到最年轻一代人的话语中，出现频
率越来越高的应为新式，反之则为旧式。

附表 1 中 70 组调查字中的两读，可确认为新旧两变式。（1）第 1~54
组，中老年组绝大多数人只有第一读，而其他年龄组大都有两读；依照
年龄差异，我们可以确认第一读为旧式，第二读为新式。（2）第 55~64
组，中老年组虽然发第一读的人数不多，但其他年龄组不读或基本不读，
这样也可确认：第一读为旧式，第二读为新式。（3）第 65~70 组，第二
读由中老年组到青少年组是逐渐增加的，这样也可以确认第二读为新式，
那么第一读则为旧式。

附表 2 中 22 组调查字中的三读和四读，可确认为旧式、过渡式、
新式三种变式，过渡式是通过新旧式的确认来加以确认的。（1）第 1~15
组，中老年组绝大多数人只有第一读，而其他年龄组大都有其他两读或

---

[1] 徐大明、陶红印、谢天蔚：《当代社会语言学》，中国社会科学出版社，1997，第 116 页。

[2] Chambers, J. K., "Patterns of Variation Including Change", in J. K. Chambers, P. Trudgill
and N. Schilling-Estes (eds.), *The Handbook of Language Variation and Change*, Oxford:
Blackwell, 2003, pp. 349-372.

[3] Labov, W., *Principle of Language Change, Volume 1: Internal Factors*, Oxford and
Cambridge: Blackwell, 北京大学出版社，2007，第 65~66 页。

三读，则可确认第一读为旧式；第 4~15 组，第三读在中年组出现，到青少年组，其数量逐渐增加，则说明第三读为新式，而第二读则显然是属于新旧式之间的中间状态，应确认为过渡式。（2）第 16~21 组，第三读由中老年组到青少年组，其数量是逐渐增加的，第一读由中老年组到青少年组是逐渐减少甚至消失的，这样即可确认：第一读为旧式，第三读为新式，那么第二读是属于新旧式之间的中间状态，同样可以确认为过渡。另外，第 1~3 组（巷、街、角）、第 22 组（鼠）需借助别的方法加以确认（详见后文）。

（二）方言间的对应关系

笔者曾通过新老在城话语音系统的比较发现，街上话植根于老在城话，是从中演变出的一种新方言。[①]这样我们可利用新老在城话的语音对应关系（选择了 30 组调查字，具体见表 1）来帮助确认。[②]（1）既可确认上文未确认过的调查字的旧式，如可确认附表 2 中"鼠"的旧式为 tsʻuei^{312}；还可进一步确认上文已经确认过的第 1~29 组调查字的旧式。（2）从街上话语音变异中的不同读音与老在城话的文白读音之间的对应关系可确认：第一，第 27~29 组第一读与其白读相对应，应为旧式；第二读与其文读音相对应，应为新式。第二，第 23~26 组第一读与其白读音相对应，应为旧式；第三读与其文白读音没有对应关系，应为新式；第二读与其文读音相对应，说明是处于新旧式之间，应为过渡式。

表 1　街上话与老在城话 30 组调查字字音对照

调查字		街上话	老在城话	调查字		街上话	老在城话	调查字		街上话	老在城话
1	安	ŋæ^{32}/æ^{32}	ŋæ^{55}	11	唤	hʊ^{55}/huæ^{55}	hʊ^{423}	21	样	iɛ^{55}/iaŋ^{55}	iɛ^{42}
2	颜	ŋæ^{24}/æ^{24}/iɪ^{24}	ŋæ^{34}	12	车	tɕʻiɪ^{32}/tsʻei^{32}	tɕʻiɪ^{55}	22	染	iɪ^{312}/zæ^{312}	ȵiɪ^{42} 白读，iɪ^{42} 文读
3	袄	ŋɔ^{312}/ɔ^{312}	ŋɔ^{42}	13	虾	ha^{32}/ɕia^{32}	ha^{55}	23	砖	tsu^{32}/tɕyɪ^{32}/tsuæ^{32}	tsu^{55} 白读，tɕyɪ^{55} 文读

————————————————————

① 郭骏：《溧水"街上话"语音变异研究》，南京大学博士学位论文，2006，第 6 页。

② 郭骏：《溧水方言探索集》，科学技术文献出版社，2004，第 11~31 页。

续表

调查字		街上话	老在城话	调查字		街上话	老在城话	调查字		街上话	老在城话
4	怄	ŋei⁵⁵/ei⁵⁵/əu⁵⁵	ŋei⁴²³	14	孟	lu²⁴/y²⁴	lu³⁴	24	穿	tsʻʊ³²/tɕʻʏ³²/tsʻæ³²	tsʻʊ⁵⁵白读, tɕʻʏ⁵⁵文读
5	哑	ŋa³¹²/a³¹²/ia³¹²	ŋa⁴²	15	肠	tsʻæ²⁴/tsʻaŋ²⁴	dzʻæ³⁴	25	船	tsʻʊ²⁴/tɕʻʏ²⁴/tsʻuæ²⁴	dzʻʊ³⁴白读, zʏ³⁴文读
6	癌	ŋɛ²⁴/ɛ²⁴	ŋɛ³⁴	16	上	sæ⁵⁵/saŋ⁵⁵	dzʻæ³¹	26	初	tsʻəu³²/tsʻʅ³²/tsʻu³²	tsʻəu⁵⁵白读, tsʻʅ⁵⁵文读
7	昂	ŋaŋ²⁴/aŋ²⁴	ŋɔ̃³⁴	17	涨	tsæ³¹²/tsaŋ³¹²	tsæ⁴²	27	驴	lu²⁴/ly²⁴	lu³⁴白读, ly³⁴文读
8	恩	ŋən³²/ən³²	ŋən⁵⁵	18	讲	tɕiɛ³¹²/tɕiaŋ³¹²	tɕiɛ⁴²	28	挖	uaʔ³¹/ua³²	uaʔ⁵⁵白读, ua⁵⁵文读
9	软	ʏɪ³¹²/zʊ³¹²/zuæ³¹²	ȵʏɪ⁴²	19	墙	tɕʻiɛ²⁴/tɕʻiaŋ²⁴	ziɛ³⁴	29	俗	səʔ³¹/suəʔ³¹	səʔ⁵白读, suəʔ⁵文读
10	满	mʊ³¹²/mæ³¹²	mʊ⁴²	20	香	çiɛ³²/çiaŋ³²	çiɛ⁵⁵	30	鼠	tsʻuei³¹²/tsʻʅ³¹²/tsʻu³¹²	tsʻuei⁴²白读, tsʻʅ⁴²文读

（三）受访者的主观判断

受访者在接受调查时把同时有两说者分为两种不同情况：过去的说法 / 现在的说法，对父母或自己日常说 / 对子女说。后者是同一人因环境而说出的不同变式，属于社会语言学所研究的"个人内部的变异"（intra-personal variation）。[①] 这样可以确认"过去的说法"与"对父母或自己日常说"为旧式，"现在的说法"与"对子女说"为新式。另外，依据县城居民语言态度与语言使用情况的调查材料也可帮助确认。[②] 因此，从受访者的主观判断的角度可再次确认前文已确认过的附表 1 中的"鳝、间、绿、暖、觉、家、芮、坛、籴、馒、团、恩、热、虾、薛、满"等 16 组调查字的第一读为旧式，第二读为新式。

———————

① 徐大明、陶红印、谢天蔚：《当代社会语言学》，中国社会科学出版社，1997，第 116 页。

② 郭骏：《语言态度与方言变异——溧水县城居民语言态度与语言使用情况的简要调查》，《南京社会科学》2007 年第 8 期，第 138 页。

同时也可帮助确认过渡式。如附表 2 第 13 组 "淹"：过去说 "ŋæ³²/æ²⁴"，现在说 "iɿ³²"。结合前文可知第一读 "ŋæ³²" 为旧式，第三读 "iɿ³²" 为新式，那么处于两者之间的第二读 "æ²⁴" 则应为过渡式。据此可以确认附表 2 中的一些调查字：第一读为旧式，第二读为过渡式，第三读为新式。例如："秘" 读 pi⁵⁵（旧式）、miɿʔ³¹（过渡式）、mi⁵⁵（新式），"蛇" 读 ɕiɿ²⁴（旧式）、sei²⁴（过渡式）、sə²⁴（新式），"软" 读 yɪ³¹²（旧式）、zʊ³¹²（过渡式）、zuæ³¹²（新式），等等。

（四）已有的文献资料

《江苏省和上海市方言概况》是 "江苏省和上海市方言普查的总结报告"。该书将溧水点（县城在城镇）与南京、江宁、江浦、六合、句容、镇江、扬州等方言点划入 "第一区"，即江淮方言区。这说明当时调查的溧水县城的方言应为 "新在城话"，即街上话。书中第一部分中的 "表十二第一区'内、对、最，嫩、敦、尊'等字韵母表" 标明，溧水点 "内雷，对退、最醉岁" 韵母为 ei，"嫩论、敦吞、尊村存，能登增" 的韵母为 ən。①据此可知本次调查的 "做十岁、农村" 中的 "岁、村" 字街上话韵母原为 ei 和 ən，现在有人发 uei 和 uən，说明是新产生的。从历史文献的角度印证了前文从受访者年龄差异的角度所得出的结论："岁"，旧式为 sei⁵⁵，新式为 suei⁵⁵；"村"，旧式为 tsʻən³²，新式为 tsʻuən³²。

（五）语音的演变规律

从语言演变来看，汉语方言向民族共同语靠拢已是一条普遍的规律②，尤其是进入 21 世纪以来，"各地方言的自创性演变（自我演变）逐渐停止下来，而改以普通话或强势方言为方向的演变"③。另据笔者对县城居民语言态度与语言使用情况的简要调查所做的分析，可以看出，街上

———————————

① 江苏省和上海市方言调查指导组编《江苏省和上海市方言概况》，江苏人民出版社，1960，第 9 页。

② 陈建民、陈章太：《从我国语言实际出发研究社会语言学》，《中国语文》1988 年第 2 期，第 116 页。

③ 曹志耘：《汉语方言：一体化还是多样化?》，《语言教学与研究》2006 年第 1 期，第 1~2 页。

话的演变方向不是向中心城市方言（南京话）靠拢，而是向普通话靠拢。[①] 这样可在前文确认的基础上，再依据街上话向普通话靠拢的发展进程来帮助确认附表 2 中的过渡式，具体见表 2（附表 2 中调查字原按年龄差异排列，现按演变规律排列）。

表 2　旧式、过渡式、新式分析比较

调查字		旧式	过渡式	新式	普通话	调查字		旧式	过渡式	新式	普通话
1	藕	$ŋei^{312}$	ei^{312}	$əu^{312}$	ou^{214}	12	街	$kɛ^{32}$	$tɕiɪ^{32}$	$tɕiɛ^{32}$	$tɕiɛ^{55}$
2	怄	$ŋei^{55}$	ei^{55}	$əu^{55}$	ou^{51}	13	戒	$kɛ^{55}$	$tɕiɪ^{55}$	$tɕiɛ^{55}$	$tɕiɛ^{51}$
3	淹	$ŋæ^{32}$	$æ^{32}$	$iɪ^{32}$	$iɛn^{55}$	14	初	$tsʻəu^{32}$	$tsʻʮ^{32}$	$tsʻu^{32}$	$tʂʻu^{55}$
4	颜	$ŋæ^{24}$	$æ^{24}$	$iɪ^{24}$	$iɛn^{35}$	15	砖	tsu^{32}	$tɕyɪ^{32}$	$tsuæ^{32}$	$tʂuan^{55}$
5	眼	$ŋæ^{312}$	$æ^{312}$	$iɪ^{312}$	$iɛn^{214}$	16	穿	$tsʻʊ^{32}$	$tɕʻyɪ^{32}$	$tsʻuæ^{32}$	$tʂʻuan^{55}$
6	咬	$ŋɔ^{312}$	$ɔ^{312}$	$iɔ^{312}$	$iɑu^{214}$	17	船	$tsʻʊ^{24}$	$tɕʻyɪ^{24}$	$tsʻuæ^{24}$	$tʂuan^{35}$
7	揶	$ŋa^{32}$	a^{32}	ia^{32}	$iʌ^{55}$	18	蛇	$ɕiɪ^{24}$	sei^{24}	$sə^{24}$	$ʂɤ^{35}$
8	牙	$ŋa^{24}$	a^{24}	ia^{24}	$iʌ^{35}$	19	软	$yɪ^{312}$	$zʊ^{312}$	$zuæ^{312}$	$ʐuan^{214}$
9	哑	$ŋa^{312}$	a^{312}	ia^{312}	$iʌ^{214}$	20	秘	pi^{55}	$miɪʔ^{31}$	mi^{55}	mi^{51}
10	硬	$ŋən^{55}$	$ən^{55}$	in^{55}	$iŋ^{51}$	21	角	$kəʔ^{31}$	$tɕyəʔ^{31}/tɕiaʔ^{31}$	$tɕiɔ^{312}$	$tɕiɑu^{214}$
11	巷	$haŋ^{55}$	$ɕiɛ^{55}$	$ɕiaŋ^{55}$	$ɕiɑŋ^{51}$	22	鼠	$tsʻuei^{312}$	$tsʻʮ^{312}/tsʻu^{312}$	su^{312}	$ʂu^{214}$

　　第 1~20 组调查字过渡式的确认。从第一读到接近普通话的第三读的发展进程来看，第二读显然是处于中间状态，应属于过渡式。如第 1~10 组的第一读都有 ŋ 声母，第三读又都与普通话读音接近，第二读都丢失 ŋ 声母但又都保存原有韵母，显然是处于旧式向新式发展过程中的中间状态，因此每一组中的第二读都应属于过渡式。

　　第 21~22 组调查字过渡式的确认。"角"，从 $kəʔ^{31}$ 到接近普通话读音的 $tɕiɔ^{312}$ 的发展进程来看，$kəʔ^{31} → tɕyəʔ^{31}$（k → tɕ、əʔ → yəʔ）

---

① 郭骏:《语言态度与方言变异——溧水县城居民语言态度与语言使用情况的简要调查》,《南京社会科学》2007 年第 8 期，第 134~140 页。

→ tɕiaʔ³¹（yəʔ → iaʔ）→ tɕiɔ³¹²，清楚地说明 tɕyəʔ³¹/tɕiaʔ³¹ 都处于中间状态，属于中间状态的不同阶段，所以 tɕyəʔ/tɕiaʔ 应同属于过渡式；"鼠"，从 tsʻuei³¹² 到接近普通话读音的 su³¹² 的发展进程来看，tsʻuei³¹² → tsʻʅ³¹²（uei → ʅ）→ tsʻu³¹²（ʅ → u）→ su³¹²，也清楚地说明 tsʻʅ³¹²/tsʻu³¹² 都处于中间状态，属于中间状态的不同阶段，所以 tsʻʅ³¹²/tsʻu³¹² 也应同属于过渡式。

同时，透过旧式、过渡式和新式也可清楚地发现街上话语音向普通话语音靠拢的过程及其演变规律。如 ŋei、ŋæ、ŋɔ、ŋa、ŋən（旧式）→ ei、æ、ɔ、a、ən（过渡式）→ əu、iɪ、iɔ、ia、in（新式），可以发现街上话向普通话靠拢的过程及其演变规律：保留 ŋ → ŋ 消失并保持原韵母→增加或调整介音等使之与普通话相同或相近。又如 kɛ、haŋ、kɔʔ（旧式）→ tɕiɪ、ɕiɛ、tɕyəʔ/tɕiaʔ（过渡式）→ tɕiɛ、ɕiaŋ、tɕiɔ（新式），也可以发现街上话向普通话靠拢的过程及其演变规律：保留 k、h →声母颚化并出现 i 介母→调整韵腹等使之与普通话相同或相近。

以上我们从五个方面就整体音节层面对新旧式的确认、过渡式的存在与确认问题做了详细的分析与论证，充分证明在整体音节层面上存在着"旧式、过渡式、新式"三种不同变式类型。具体而言，新旧式的确认主要依据受访者的年龄差异，同时也借助方言间的对应关系、受访者的主观判断、已有的文献资料；而过渡式的确认则是在新旧式确认的基础上，主要依据街上话向普通话靠拢的发展进程，同时也借助方言间的对应关系、受访者的主观判断来加以确认。

可见，受访者的年龄差异等五个方面在"旧式、过渡式、新式"等三种不同变式类型确认的过程中所起的作用和所取的角度有所不同。在确认的过程中，受访者的年龄差异与主观判断起主要作用，据此可把绝大多数调查字的变式类型确认清楚；一个依据调查材料，一个依据主观态度，两者结合则有较强的说服力。方言间的对应关系是从来源的角度来加以确认的，已有的文献资料是从历史的角度来加以旁证的，两者结合又能进一步增强辨析结果的可靠性。从语音演变规律来进一步帮助辨析，实际上是从汉语方言总体演变规律的角度来加以确认，这样既可用总体规律来研究分析具体方言实际，又可从具体方言实际来印证汉语方言发展的总体规律，相得益彰。这五方面所起的作用与所取的角度虽有不同，但得出的结论却是一致的，并可相互印证。

从音节构成层面来确认

在社会语言学变异研究中，音系变异最受关注，主要包括元音变异、辅音变异和超音段音系变异三方面的研究。汉语音节有其自身的特点，中国传统的音韵学把每个音节分为声、韵、调三个部分。因此，在研究汉语语音变异时，既可单纯地从元音变异或辅音变异的角度来加以分析，也可从汉语音节构成的角度来加以分析，而且这种分析更切合汉语实际。这样从汉语音节构成来看，92组调查字一字多读中的不同的声、韵、调实际上就是各自不同的声母变项、韵母变项和声调变项，而每一个变项中不同的声、韵、调就是各自不同的变式。现从音节构成层面来对声母变项、韵母变项和声调变项中旧式、过渡式和新式加以确认。

（一）声、韵、调变项的确定

我们依据社会语言学分析语音变项的方法从音节构成的角度来确定街上话语音变异中所出现的具体语音变项：声母变项、韵母变项和声调变项。

1. 声母变项的确定。涉及声母变异的调查字有46组，根据同一调查字中不同声母的交替出现来确定其声母变项。如"车"，$\text{tɕʻir}^{32}/\text{tsʻei}^{32}$，tɕʻ、tsʻ交替出现，构成声母变项：tɕʻ/tsʻ。又如"秘"，$\text{pi}^{55}/\text{mirʔ}^{31}/\text{mi}^{55}$，p、m交替出现，构成声母变项：p/m。再如"虾、苋、咸、巷"，$\text{ha}^{32}/\text{ɕia}^{32}$、$\text{hæ}^{55}/\text{ɕir}^{55}$、$\text{hæ}^{24}/\text{ɕir}^{24}$、$\text{haŋ}^{55}/\text{ɕie}^{55}/\text{ɕiaŋ}^{55}$，h、ɕ交替出现，构成声母变项：h/ɕ。

这样归纳起来共有10个声母变项：p/m（秘），tɕʻ/tsʻ（车），ɕ/s（蛇、扇、鳝），tsʻ/s（鼠），s、l、ø/z（芮、热、日、软、染），k/tɕ（间、碱、教、觉、戒、家、嫁、跤、街、角），kʻ/k（跪），kʻ/tɕʻ（敲、铅），ŋ/ø（袄、安、藕、怄、矮、癌、昂、恩、额、杌、淹、颜、眼、咬、挜、牙、哑、硬），h/ɕ（虾、苋、咸、巷）。

2. 韵母变项的确定。涉及韵母变异的调查字有 82 组，根据同一调查字中不同韵母的交替出现来确定其韵母变项。如"藕、怄"，ŋei³¹²/ei³¹²/əu³¹²、ŋei⁵⁵/ei⁵⁵/əu⁵⁵，ei、əu 交替出现，构成韵母变项：ei/əu。又如"鼠"，tsʻuei³¹²/tsʻʅ³¹²/tsʻu³¹²/su³¹²，uei、ʅ、u 交替出现，构成韵母变项：uei/ʅ/u。

这样归纳起来共有 32 个韵母变项：a/ia（揦、牙、哑、家、嫁、虾），iɪ/ei/ə（蛇），iɪ/ei（车），əu/ʅ/u（初），uei/ʅ/u（鼠），u/y（驴、盂），ɛ/iɪ/iɛ（街、戒），ei/uei（嘴、罪、催、岁），i/iɪʔ/i（秘），ɔ/iɔ（咬、教、觉、跤、敲），ei/əu（藕、怄），æ/iɪ（淹、眼、颜、间、碱、苋、咸、铅），iɪ/æ（扇、鳝、染），iɪʔ/yəʔ（薛），uaʔ/ua（挖），yɪ/ʊ/uæ（软），ʊ/æ（搬、半、盘、馒、满、鳗、坛），ʊ/uæ（端、团、暖、蒜、酸、换、唤、豌、籴、乱），ʊ/yɪ/uæ（砖、穿、船），iɪʔ/əʔ（热、日），ən/uən（村、寸、孙、笋），yn/uən（唇），æ/aŋ（涨、肠、上），iɛ/iaŋ（讲、墙、香、样），aŋ/iɛ/iaŋ（巷），əʔ/yəʔ/iaʔ/iɔ（角），oŋ/ən（朋），ən/in（硬），uən/ən（横），əʔ/uəʔ（俗），əʔ/y（绿），ʊ/əu（莴）。

3. 声调变项的确定。涉及声调变异的调查字有 6 组，根据同一调查字中不同声调的交替出现来确定其声调变项。如"跪"，kʻuei³¹²/ kuei⁵⁵，312、55 交替出现，构成声调变项：312/55。又如"角"，kəʔ³¹/tɕyəʔ³¹/tɕiaʔ³¹/tɕiɔ³¹²，31、312 交替出现，构成声调变项：31/312。这样归纳起来共有 6 个声调变项：31/55（绿）、31/32（挖）、31/312（角）、55/31/55（秘）、0/55（鳝）、312/55（跪）。

（二）声、韵、调变项中不同变式类型的确认

依据上文对整体音节中旧式、过渡式、新式等三种变式类型的确认，我们便可从以下五个方面来具体确认声韵调变项中的不同变式类型。

1. 韵母。如"俗"：səʔ³¹（旧式）、suəʔ³¹（新式）。从韵母看，则 əʔ 为旧式，uəʔ 为新式。又如"孙"：sən³²（旧式）、suən³²（新式）。从韵母看，则 ən 为旧式，uən 为新式。

2. 声韵母。如"车"：tɕʻiɪ³²（旧式）、tsʻei³²（新式）。从声母看，

则 tɕʻ 为旧式，tsʻ 为新式；从韵母看，则 iɪ 为旧式，ei 为新式。又如"鼠"：tsʻuei³¹²（旧式）、tsʻʅ³¹²/tsʻu³¹²（过渡式）、su³¹²（新式）。从声母看，tsʻ 为旧式，s 为新式；从韵母看，则 uei 为旧式，ʅ 为过渡式，u 为新式。

3. 声母、声调。如"跪"：kʻuei³¹²（旧式）、kuei⁵⁵（新式）。从声母看，则 kʻ 为旧式，k 为新式；从声调看，则 312 为旧式，55 为新式。

4. 韵母、声调。如"挖"：uaʔ³¹（旧式）、ua³²（新式）。从韵母看，则 uaʔ 为旧式，ua 为新式；从声调看，则 31 为旧式，32 为新式。又如"绿"：ləʔ³¹（旧式）、ly⁵⁵（新式）。从韵母看，则 əʔ 为旧式，y 为新式；从声调看，则 31 为旧式，55 为新式。

5. 声韵调。如"角"：kəʔ³¹（旧式）、tɕyəʔ³¹/tɕiaʔ³¹（过渡式）、tɕiɔ³¹²（新式）。从声母看，则 k 为旧式，tɕ 为新式；从韵母看，则 əʔ 为旧式，yəʔ/iaʔ 为过渡式，iɔ 为新式；从声调看，则 31 为旧式，32 为新式。

综合以上对声母变项、韵母变项和声调变项中各个变式所做的具体分析，我们可以确认声母变项、韵母变项和声调变项中的不同变式类型。

（1）在声母变项中可以确认其旧式（前）与新式（后）：p/m，tɕʻ/tsʻ，ɕ/s，tsʻ/s，s、l、ø/z，k/tɕ，kʻ/k，kʻ/tɕʻ，ŋ/ø，h/ɕ。

（2）在韵母变项中可以确认其旧式（前）、过渡式（中）和新式（后）：a/ia，iɪ/ei，u/y，ei/uei，ɔ/iɔ，ei/əu，æ/iɪ，iɪ/æ，iɪʔ/yəʔ，uaʔ/ua，ʊ/æ，ʊ/uæ，iɪʔ/əʔ，ən/uən，yn/uən，æ/aŋ，iɛ/iaŋ，uən/ən，oŋ/ən，ən/in，əʔ/uəʔ，əʔ/y，ʊ/əu；aŋ/iɛ/iaŋ，əu/ʅ/u，uei/ʅ/u，ɛ/iɪ/iɛ，yɪ/ʊ/uæ，i/iɪʔ/i，ʊ/yɪ/uæ，iɪ/ei/ə，əʔ/yəʔ/iaʔ/iɔ。

（3）在声调变项中可以确认其旧式（前）、过渡式（中）和新式（后）：31/55、31/32、31/312、55/31/55、0/55、312/55。

通过对声母变项、韵母变项和声调变项中不同变式类型的确认，充分证明在汉语音节构成层面上也存在着旧式、过渡式和新式这三种不同变式类型。

结　语

本文针对社会语言学界关于语言变项中不同变式类型的确认问题研究之不足，以江苏溧水"街上话"的语音变异为例，从语音变异的角度就新旧式的确认、过渡式的存在与确认问题进行了实证性研究，提出构成语言变项的不同变式除旧式、新式外还存在着"过渡式"这一变式类型，并从整体音节与音节构成两个不同层面对旧式、过渡式和新式等三种不同变式类型加以具体确认，充分证明在语言变异过程中在语言结构的不同层面中都存在着这三种不同变式类型。在不同变式类型确认的过程中，既弄清了不同变式之间的关系，又揭示出了语言变异的内在规律性。

此研究无论是对社会语言学研究还是对汉语方言学研究都有着积极的意义：弥补了社会语言学对同一语言变项中不同变式类型的确认问题研究之不足；过渡式、声韵调变项等概念的提出，既切合汉语实际，又拓展了社会语言学关于语言变项与语言变式的理论；结合影响语言变异的各种内外部因素，从年龄差异、语言态度、演变规律等不同的角度来确认不同变式的类型，是一次有益的尝试。

附表 1　两读情况统计

单位：人

序号	调查字	不同读音	青少年组	青年组	中年组	中老年组
1	黄鳝	çii^{0}/sæ^{55}	10/16	4/6	7/4	10/0
2	一间房子	kæ^{32}/tçii^{32}	18/2	8/2	8/3	10/0
3	石碱	kæ^{312}/tçii^{312}	4/5	10/0	10/0	10/0
4	做十岁	sei^{55}/suei^{55}	18/2	9/1	9/1	10/0
5	端午	tu^{32}/tuæ^{32}	4/15	3/7	7/3	10/0
6	嘴唇子	tçʻyn^{24}/tsʻuan^{24}	0/20	1/9	4/6	10/0
7	横过来摆	huən^{24}/hən^{24}	0/20	4/6	4/7	10/0
8	绿颜色	laʔ^{31}/ly^{55}	17/4	7/4	10/0	10/0
8	绿佬		17/3	8/2	10/0	10/0
9	苋菜	hæ^{55}/çii^{55}	19/1	10/0	10/0	10/0
9	马齿苋		15/3	10/0	10/0	10/0
10	菜太咸	hæ^{24}/çii^{24}	19/1	10/0	10/0	10/0
11	敲门	kʻɔ^{32}/tçʻiɔ^{32}	16/4	8/2	9/1	10/0
12	暖和	lu^{312}/luæ^{312}	7/13	6/5	8/2	10/0
13	竹笋	sən^{312}/suan^{312}	7/13	6/4	6/4	10/0
14	蒿芛	ʊ^{32}/əu^{32}	20/0	9/1	7/3	10/0

序号	调查字	不同读音	青少年组	青年组	中年组	中老年组
35	腌菜坛	tu^{24}/tæ^{24}	2/18	6/5	6/4	9/2
35	一坛酒		2/18	6/5	5/5	9/2
35	酒坛		2/18	6/5	5/5	9/2
35	醋坛子		2/18	5/6	5/5	9/2
35	西坛新村		2/19	0/10	0/10	1/9
36	扇子	çii^{55}/sæ^{55}	3/17	5/5	4/7	8/2
37	教书	kɔ^{32}/tçiɔ^{32}	17/3	5/5	6/4	8/2
38	脆下米	kʻuei^{312}/kuei^{55}	0/20	5/5	5/5	8/2
39	豌豆	ʊ^{32}/uæ^{32}	3/17	4/6	7/3	8/2
40	乱踩	lu^{55}/luæ^{55}	2/18	5/5	5/6	8/2
41	农村	tsʻən^{32}/tsʻuan^{32}	8/12	2/8	2/8	8/2
42	催他快点	tsʻei^{32}/tsʻuei^{32}	9/11	4/6	2/8	8/2
43	汆猪肝汤	tsʻʊ^{32}/tsʻuæ^{32}	16/0	7/1	7/3	8/2
44	馒头	mu^{24}/mæ^{24}	12/9	3/7	6/5	8/2
45	一寸	tsʻən^{32}/tsʻuan^{55}	10/10	3/7	4/6	8/2
46	驴子	lu^{24}/ly^{24}	4/16	3/7	4/6	7/3

续表

调查字		不同读音	青少年组	青年组	中年组	中老年组
15	鳗鳝鱼	mu^{24}/mæ^{24}	1/9	5/2	6/0	10/0
	鳗鳝鱼		4/11	0/5	1/3	0/0
16	掼（跌）	ko^{32}/tɕio^{32}	20/0	8/1	9/1	10/1
	摔丁一跤		17/0	3/4	6/1	4/0
17	睡觉	ko^{55}/tɕio^{55}	18/1	5/2	5/3	6/1
	瞓觉		19/0	6/0	9/0	6/0
18	搬家去	ka^{32}/tɕia^{32}	20/0	9/1	9/1	10/1
	回家		20/0	9/0	10/0	10/1
	家里		9/4	2/3	3/1	2/1
	家婆		20/0	9/1	10/0	10/1
19	得罪	tsei^{55}/tsuei^{55}	16/4	6/4	6/4	9/1
	犯罪		11/9	3/7	5/5	9/1
20	一半	pu^{55}/pæ^{55}	10/11	3/7	6/5	9/1
21	矮子	ŋɛ^{312}/ɛ^{312}	7/13	2/8	3/7	9/1
22	孙子	sən^{32}/suan^{32}	8/13	4/6	3/7	9/1

调查字		不同读音	青少年组	青年组	中年组	中老年组
47	痰盂	lu^{24}/y^{24}	1/19	0/10	1/9	7/3
48	俗气	sɐʔ^{31}/suɐʔ^{31}	0/20	1/9	0/10	7/3
	风俗习惯		0/20	0/10	0/10	5/3
49	盘子	p'u^{24}/p'æ^{24}	2/19	2/8	4/7	7/3
50	癌症	ŋɛ^{24}/ɛ^{24}	5/15	1/9	3/7	7/3
51	染布	iı^{312}/zæ^{312}	1/19	4/6	1/9	7/3
	染料		0/20	3/7	2/8	7/3
	传染		0/20	4/6	1/9	7/3
	染脏		0/20	3/6	4/6	6/3
52	机子	ŋɐʔ^{31}/aʔ^{31}	5/15	2/8	1/9	7/2
53	团长	t'ʊ^{24}/t'uæ^{24}	5/13	3/7	4/7	7/2
54	额头	ŋɐʔ^{31}/aʔ^{31}	3/17	0/10	2/8	7/2
55	恩人	ŋən^{32}/ən^{32}	4/16	0/10	0/10	5/5
56	涨价	tsæ^{312}/tsaŋ^{312}	0/20	0/10	0/10	3/7
57	肠子	ts'æ^{24}/ts'aŋ^{24}	0/20	0/10	0/10	3/7
58	上床	sæ^{55}/saŋ^{55}	0/20	0/10	0/10	4/6

续表

调查字		不同读音	青少年组	青年组	中年组	中老年组
23	唤狗咬你	$hu^{55}/hu\!æ^{55}$	7/13	7/3	8/2	9/1
24	姓芮	$suei^{55}/zuei^{55}$	0/20	2/9	6/4	9/1
25	铅笔	$k'æ^{32}/tɕ'ii^{32}$	15/5	7/3	8/2	9/1
26	出嫁	$ka^{55}/tɕia^{55}$	13/7	7/3	3/7	9/1
	嫁人		11/9	3/6	2/8	7/3
27	嘴巴 巴子	$tsei^{312}/tsuei^{312}$	12/8	3/7	2/8	9/1
28	朋友	$p'oŋ^{24}/p'ən^{24}$	8/12	3/7	4/5	9/1
29	搬家	$pu^{32}/pæ^{32}$	3/18	2/8	4/6	9/1
30	平安	$ŋæ^{32}/æ^{32}$	3/17	1/9	3/7	9/1
31	大蒜	$su^{55}/su\!æ^{55}$	11/8	2/8	5/6	9/1
32	发酸	$su^{32}/su\!æ^{32}$	7/12	3/6	5/6	9/1
	酸菜鱼		4/15	0/10	0/10	1/9
33	挖土	$uaʔ^{31}/ua^{32}$	1/19	2/8	4/6	9/2
	用锹挖		1/19	4/7	4/6	9/2
34	换一件	$hu^{55}/hu\!æ^{55}$	5/15	2/8	5/5	9/2
	替换		3/15	1/8	2/7	5/5

调查字		不同读音	青少年组	青年组	中年组	中老年组
59	讲话	$tɕie^{312}/tɕiaŋ^{312}$	1/19	0/10	0/10	2/8
60	城墙	$tɕ'ie^{24}/tɕ'iaŋ^{24}$	0/20	0/10	0/10	2/8
61	喷香	$ɕie^{32}/ɕiaŋ^{32}$	0/20	1/9	0/10	2/8
62	样子	$ie^{55}/iaŋ^{55}$	0/20	0/10	0/10	2/8
63	棉袄	$ŋɔ^{312}/ɔ^{312}$	5/15	0/10	1/9	4/6
64	头昂昂的	$ŋaŋ^{24}/aŋ^{24}$	5/15	0/9	3/6	4/3
65	发热	$liiʔ^{31}/zəʔ^{31}$	7/13	4/6	3/8	6/4
66	车子	$tɕ'ii^{32}/ts'ei^{32}$	5/15	3/7	3/8	3/7
67	虾子	$ha^{32}/ɕia^{32}$	19/1	8/3	8/2	6/4
68	姓薛	$ɕiiʔ^{31}/ɕyəʔ^{31}$	3/17	2/8	5/5	6/4
69	过日子	$liiʔ^{31}/zəʔ^{31}$	2/18	3/7	2/8	3/7
70	满意	$muʔ^{312}/mæ^{312}$	5/15	1/8	4/7	6/4
	心满意足		4/16	1/8	4/7	6/4

附表2 三读和四读情况统计

单位：人

调查字		不同读音	青少年组	青年组	中年组	中老年组
1	巷子 白酒巷 庙巷	haŋ⁵⁵/çiɛ⁵⁵/çiaŋ⁵⁵	17/1/2	9/0/1	10/0/0	10/0/0
			15/2/3	8/0/2	9/0/1	10/0/0
			18/0/2	9/0/1	9/0/1	10/0/0
2	上街 街上 通济街	kɛ³²/tçiɪ³²/tçiɛ³²	9/1/0	10/0/2	10/0/1	10/0/0
			9/1/0	10/0/2	10/0/1	10/0/0
			9/1/0	10/0/2	9/0/2	10/0/0
3	牛角 角度	kə ʔ³¹/tçyə ʔ³¹/tçia ʔ³¹/tçiɔ³¹²	14/0/1/5	9/0/0/1	10/0/0/0	10/0/0/0
			5/0/3/12	8/1/0/1	8/2/0/0	9/0/0/1
4	反咬一口	ŋɔ³¹²/ɔ³¹²/iɔ³¹²	8/6/6	3/5/2	4/3/3	9/1/0
5	蛇	çiɪ²⁴/sei²⁴/sə²⁴	15/4/0	5/4/2	6/4/1	9/1/0
6	眼睛	ŋæ³¹²/æ³¹²/iɪ³¹²	11/7/3	2/4/4	5/2/3	9/1/0
7	戒烟	kɛ⁵⁵/tçiɪ⁵⁵/tçiɛ⁵⁵	13/7/0	6/3/1	6/3/1	9/0/1
8	揶饭	ŋa³²/a³²/ia³²	10/10/0	3/3/4	5/2/3	9/0/1
9	秘书	pi⁵⁵/miɪ ʔ³¹/mi⁵⁵	0/17/3	0/8/2	0/2/8	9/0/1
10	饭太硬	ŋən⁵⁵/ən⁵⁵/in⁵⁵	8/10/2	1/8/1	2/8/0	8/2/0
11	吃藕	ŋei³¹²/ei³¹²/əu³¹²	7/13/0	2/6/2	4/5/1	8/2/0
12	牙齿	ŋa²⁴/a²⁴/ia²⁴	5/4/11	1/3/6	2/2/6	8/1/1
13	淹水	ŋæ³²/æ³²/iɪ³²	6/10/4	2/6/3	4/6/1	8/1/1
14	怄气	ŋei⁵⁵/ei⁵⁵/əu⁵⁵	4/13/3	2/6/2	3/6/1	7/3/0
15	颜色	ŋæ²⁴/æ²⁴/iɪ²⁴	8/5/9	2/3/5	4/1/6	7/0/3
16	砖头	tsʊ³²/tçyɪ³²/tsuæ³²	1/10/9	1/4/5	3/3/5	3/7/0
17	发软	yɪ³¹²/zʊ³¹²/zuæ³¹²	3/5/12	1/1/8	0/6/4	2/7/1
18	穿衣裳	tsʻʊ³²/tçʻyɪ³²/tsʻuæ³²	0/7/13	1/1/8	5/1/5	6/3/1
19	初中 正月初一	tsʻəu³²/tsʻɿ³²/tsʻu³²	0/3/17	0/0/10	0/1/9	1/7/2
			0/3/17	0/0/10	0/2/8	1/7/2

续表

	调查字	不同读音	青少年组	青年组	中年组	中老年组
20	船	$ts^ʻʊ^{24}/tɕ^ʻyɪ^{24}/ts^ʻuæ^{24}$	0/7/13	1/3/7	2/2/8	1/6/3
21	哑巴	$ŋa^{312}/a^{312}/ia^{312}$	3/11/6	1/3/7	2/4/4	2/5/3
22	老鼠子 老鼠	$ts^ʻuei^{312}/ts^ʻʅ^{312}/ts^ʻu^{312}/su^{312}$	2/0/6/8	2/0/5/1	1/1/5/0	1/6/1/1
			0/0/3/7	0/0/1/2	0/0/5/2	0/1/1/1

（原载《南京社会科学》2008 年第 10 期）

方言语音变异特征分析

引　言

语言变异与变化（linguistic variation and change）是 20 世纪 60 年代以来逐渐形成的一个新的语言学研究领域，也是社会语言学的核心内容。在语言变异与变化研究中，研究者主要用社会行为来解释语言的变异，以"揭示社会结构变异和语言结构变异之间的系统对应关系及相互的因果关系"[①]。在社会语言学变异研究中，语音变异受到的关注最多，取得的研究成果也最为丰硕。从研究案例来说，有马萨葡萄园岛调查[②]、纽约市调查[③]、诺里奇市城市方言研究[④]、贝尔法斯特市语言调查[⑤]、包头市昆都仑区语言变异调查[⑥] 等等。从研究内容来看，有元音变异研究，如马岛双元音 /ay/ 和 /aw/ 中 /a/ 的央化、宁波话鸭 [ɛ] 类词的变异[⑦]、溧水"街上话"[u] 元音变异[⑧] 等；有辅音变异研究，如北京话 w/v 变异[⑨]、

---

① 戚雨村等编《语言学百科辞典》，上海辞书出版社，1993，第 270 页。

② Labov, W., "The Social Motivation of a Sound Change", *Word*, 1963（19）.

③ Labov, W., *The Social Stratification of English in New York City*, Washington, D.C.: Center for Applied Linguistics, 1966.

④ Trudgill, P., *The Social Differentiation of English in Norwich*, Cambridge: Cambridge University Press, 1974.

⑤ Milroy, L., *Language and Social Network*, Oxford and Cambridge: Blackwell, 1980.

⑥ Xu, D., *A Sociolinguistics Study of Mandarin Nasal Variation*, University of Ottawa Dissertation, 1992.

⑦ 徐通锵：《宁波方言的"鸭"[ɛ] 类词和"儿化"的残迹——从残存现象看语言的发展》，《中国语文》1985 年第 3 期。

⑧ 郭骏：《溧水"街上话"[u] 元音变异分析》，《中国社会语言学》2005 年第 1 期。

⑨ 沈炯：《北京话合口呼零声母的语音分歧》，《中国语文》1987 年第 5 期。

北方话鼻韵尾变异 ①、应山方言 ts/tʂ 变异 ② 等；也有超音段音系变异研究，主要是关于语调方面的研究，如盖伊等、布里顿等所进行的研究。③

综观国内外已有的研究，我们发现大多数研究者在语音变异的研究中忽视了对变异中语音自身所呈现出的特征进行分析和研究，或将语言结构研究和社会特征相结合，探讨语言变化的方式和原因，如马岛 /a/ 的央化；或从调查语料出发研究语音变异中所体现出的社会分层，如纽约 r 变异。虽有一些研究者注意到，但又仅局限于就某一个音位（音素）的变异情况做具体描写，缺乏对某一语言（或方言）语音变异做整体性综合研究，因此仍难以准确地分析出变异过程中语音自身所呈现出的变异特征。有鉴于此，本文拟以溧水县城方言——"街上话"语音变异为例，采用社会语言学研究语音变异的方法，结合汉语音节构成特点，在对声母、韵母和声调的变异情况做综合研究的基础上，分析汉语方言语音在变异中所呈现出的主要变异特征。

2004 年 4 月，我们选择了 100 组词语（或习惯说法）作为调查词表，对"街上话"语音变异情况进行调查。调查发现 92 组调查字（后文加粗字）一字多读。我们依据社会语言学分析语言变项的方法从汉语音节构成的角度来确定语音变项，存有声母变项 10 个、韵母变项 32 个和声调变项 6 个（详见下文）；同时，在各变项中存有旧式、过渡式和新式等三种不同变式类型。

阶段性特征分析

传统方言学者在研究文白异读时指出，文白读音的竞争过程大致分为三个阶段：第一阶段，文弱白强；第二阶段，文白相持；第三阶段，

---

① Xu, D., *A Sociolingustics Study of Mandarin Nasal Variation*, University of Ottawa Dissertation, 1992. 徐大明：《北方话鼻韵尾变异研究》，载董燕萍、王初明《中国的语言学研究与应用——庆祝桂诗春教授七十华诞》，上海外语教育出版社，2001。

② 汪锋：《应山方言 ts/tʂ 变异研究》，载北京大学中文系《语言学论丛》编委会编《语言学论丛》（第二十八辑），商务印书馆，2003。

③ 参见徐大明主编《语言变异与变化》，上海教育出版社，2006，第 93 页。

文强白弱。① 这给我们研究语音变异带来了启发：方言语音在变异过程中，同一变项中的新旧式，在竞争过程中是否也存在这样的阶段性特征呢？这是一个很值得研究的问题。通过声母变项、韵母变项和声调变项中新旧式的出现次数之比，我们便可发现"街上话"语音变异与文白读音竞争一样，也呈现出阶段性特征，具体情况分析如下。

我们将声母变项、韵母变项和声调变项中旧式（韵母和声调变项含过渡式）与新式出现次数之比按大小排序②，具体如下。

（1）声母变项：1. h/ç（318/31），2. k/tç（783/153），3. kʻ/tçʻ（82/19），4. tsʻ/s（41/22），5. ç/s（86/73），6. kʻ/k（18/32），7. ŋ/ø（311/588），8. tçʻ/tsʻ（14/37），9. s、l、ø/z（104/297），10. p/m（9/41）。

（2）韵母变项：1. ən/in（47/3），2. iɪ/ei/ə（48/3），3. ɛ/iɪ/iɛ（149/10），4. aŋ/iɛ/iaŋ（137/13），5. ʋ/əu（46/4），6. ei/əu（91/9），7. əʔ/y（90/13），8. ɔ/iɔ（268/45），9. æ/iɪ（372/72），10. əʔ/yəʔ/iaʔ/iɔ（80/20），11. a/ia（402/118），12. i/iɪʔ/i（36/14），13. ei/uei（160/90），14. ʋ/yɪ/uæ（78/77），15. yɪ/ʋ/uæ（25/25），16. oŋ/ən（24/25），17. ən/uən（98/103），18. ʋ/uæ（273/315），19. ʋ/æ（238/384），20. uən/ən（18/32），21. iɪ/æ（102/204），22. uaʔ/ua（34/69），23. iɪʔ/yəʔ（16/34），24. yn/uən（15/35），25. iɪʔ/əʔ（30/72），26. iɪ/ei（14/37），27. u/y（27/73），28. əu/ɥ/u（25/75），29. uei/ɥ/u（14/49），30. əʔ/uəʔ（13/85），31. æ/aŋ（10/140），32. iɛ/iaŋ（10/190）。

（3）声调变项：1. 31/55（90/13），2. 31/312（80/20），3. 55/31/55（36/14），4. 0/55（31/26），5. 312/55（18/32），6. 31/32（34/69）。

从以上排序中，我们可以清楚地看出，各个变项中的新旧式呈现出较大的差异性，体现出变异的不均衡性，表明新旧式在竞争中呈现出阶段性特征，分别处于初期、中期和后期等三个不同的竞争阶段：

---

① 王福堂：《汉语方言语音的演变和层次》（修订本），语文出版社，2005，第44~45页。
② 三种变式的排列顺序为：左旧式、右新式、中间过渡式。如"h/ç"变项，h为旧式，ç为新式；"uei/ɥ/u"变项，uei为旧式，ɥ为过渡式，u为新式；"əʔ/yəʔ/iaʔ/iɔ"变项，əʔ为旧式，yəʔ/iaʔ为过渡式，iɔ为新式。

（1）初期：新式弱，旧式强。从声母变项1~5、韵母变项1~14、声调变项1~3都可以发现，新式出现次数极少或较少，而旧式则较多。如"h/ç"变项，旧式318次，新式31次；又如"ən/in"变项，旧式47次，新式3次；再如"31/55"变项，旧式90次，新式13次。

（2）中期：新式、旧式相持。从声母变项6~7、韵母变项15~20、声调变项4~5都可发现，新旧式的出现次数大致相当，新式略占优势。如"kʻ/k"变项，旧式18次，新式32次；又如"yɪ/ʊ/uæ"变项中旧式（含过渡式）与新式均为25次，新旧式相持；再如"312/55"变项中新旧式的出现数大致相当，旧式18次，新式32次，新式略占优势。

（3）后期：新式强，旧式弱。从声母变项8~10、韵母变项21~32、声调变项6都可发现，新式的出现次数为旧式两倍以上。如"p/m"变项，旧式9次，新式41次，为旧式的两倍以上；又如"iɛ/iaŋ"变项，旧式10次，新式190次；再如"31/32"变项，旧式34次，新式69次。

层次性特征分析

拉波夫在1964年对纽约市英语口语的调查研究中，把讲话人习得全方位英语口语划分为六个阶段。（1）基本语法习得阶段：孩提时代。（2）地域方言习得阶段：5~12岁。（3）社会意识萌发阶段：始于14岁或15岁。（4）语体变化阶段：大约始于14岁。（5）经常使用标准语阶段：大约在成年早期。（6）语体库完备阶段：成年人。[①]15岁以上的年轻人，他们开始按照社会环境选择语体，其语言开始向权威的规范形式靠拢。因此可将其作为分析街上话语音变异中新式出现时间的一种参照标准，即以15岁为起点，可推算（从2004年算起）出新式出现的大致时间：以新式出现的最大年龄（指受访者）减去15岁便得出。通过变异时间的推算即可发现新式在出现时间上具有层次性特征。

在确认新式最早出现时间时，有三种情况需要排除：（1）新式为现

---

① Chambers, J., *Sociolinguistic Theory: Linguistic Variation and Its Social Significance*, Oxford and Cambridge: Blackwell, 1995, p.153.

在的说法、旧式为过去的说法，不能依据现在的说法来推断新式出现的最早时间。（2）新式是对子女说的，旧式是对父母说的或自己日常说的，也不能依据对子女的说法来推断新式出现的最早时间。（3）新近从普通话进入的词语（如"**酸菜鱼**"），不能简单地根据出现年龄来加以推断。

（一）声母变项中新式出现的时间层次

从声母变异来看，除3个词语（"**瞓觉、家婆、家去**"）中所调查字声母未发生变异外，共涉及46组60个词语。依据上述方法，我们可以推算出60个词语的新式出现的大致时间。依据表1，我们可以发现声母变项中新式的出现有鲜明的层次性：第一组，1955~1958年，有的可能还要早些，如"**哑巴**""**发软**""**车子**"，65岁的受访者均已采用新式；第二组，1965~1973年，反映出普通话词语"摔了一**跤**、**角**度、传**染**"的进入时间；第三组，1977~1983年，反映出普通话词语"回**家**"的进入时间；第四组，近几年。

表1　声母变项中的新式出现时间推算

组次	词语	出现的最大年龄	出现时间推算
1	哑巴、发热、发软、牙齿、癌症、棉袄、怄气、过日子、虾子、车子、平安、淹水、颜色、出嫁/嫁人、恩人、头昂昂的、杌子、额头、教书、蛇、扇子、吃藕、睡觉	62~65岁	1955~1958年（47~50岁）
2	饭太硬、捱饭、矮子、眼睛、反咬一口、戒烟、角度、跪下来、秘书、老鼠子/老鼠、姓芮、染布/染料/传染/染脏、铅笔、一间房子、掼（跌）跤/摔了一跤、黄鳝、敲门、搬家	49~55岁	1965~1973年（34~40岁）
3	回家/家里、白酒巷/庙巷/巷子、牛角	38~43岁	1977~1983年（23~28岁）
4	石碱、菜太咸、马齿苋/苋菜、上街/街上/通济街	14~18岁	近几年

（二）韵母、声调变项中新式出现的时间层次

鉴于韵母与声调两者之间的关联性，为节省篇幅，这里将韵母、声调变项中新式所出现的时间层次一同分析。从韵母变异和声调变异来看，

除 3 个词语（"睡觉、家婆、家去"）中调查字未发生变异，"酸菜鱼"
中"酸"字音 suæ^{32} 难以确认其出现的时间，"上街 / 街上"中"街"字
音 tɕiɛ^{32} 只对子女说，共涉及 83 组 107 个词语。依据上述方法，我们可
以推算出新式出现的大致时间。依据表 2，我们可以发现韵母、声调变
项中新式的出现也存在着鲜明的层次性：第一组，1955~1958 年，反映
了普通话词语"替换、风俗习惯、睡觉、嫁人、老鼠"等进入的时间；
第二组，1965~1973 年，反映出普通话词语"犯罪、摔了一跤、角度、
传染"等进入的时间；第三组，1977~1983 年，反映出普通话词语"回
家"进入的时间；第四组，1985~1991 年；第五组，近几年。

表 2　韵母、声调变项中的新式出现时间推算

组次	词语	出现的最大年龄	出现时间推算
1	盘子、馒头、满意 / 心满意足、团长、换一件 / 替换、豌豆、乱踩、催他快点、肠子、上床、涨价、讲话、城墙、喷香、样子、姓薛、俗气 / 风俗习惯、淹水、颜色、教书、扇子、睡觉、牙齿、哑巴、出嫁 / 嫁人、虾子、车子、老鼠子 / 老鼠、发热、过日子、挖土 / 用锹挖	62~65 岁	1955~1958 年（47~50 岁）
2	搬家、一半、鳗鱼、腌菜坛 / 一坛酒、酒坛、醋坛子、西坛新村、端午、暖和、大蒜、发酸、唤狗咬你、余猪肝汤、砖头、穿衣裳、船、驴子、痰盂、嘴巴子、做十岁、得罪 / 犯罪、农村、一寸、孙子、竹笋、初中 / 正月初一、横过来摆、嘴唇子、戒烟、朋友、眼睛、一间房子、铅笔、黄鳝、跪下来、染布 / 染料 / 传染 / 染脏、反咬一口、掼（跌）跤 / 摔了一跤、敲门、揦饭、搬家、吃藕、怄气、角度、莴笋、秘书、发软	49~55 岁	1965~1973 年（34~40 岁）
3	鳗鳝、通济街、饭太硬、回家 / 家里、蛇、白酒巷 / 庙巷 / 巷子、牛角	38~43 岁	1977~1983 年（23~28 岁）
4	绿颜色 / 绿佬	30~35 岁	1985~1991 年（15~20 岁）
5	石碱、菜太咸、马齿苋 / 苋菜	14~18 岁	近几年

从表 1 和表 2 可以发现，声母变项与韵母、声调变项所涉及的词
语，其新式所出现的时间层次大多数是相同的：同出现在第一层次的有

13 个，同出现在第二层次的有 18 个，同出现在第三层次的有 6 个。但由于是从不同的角度来加以推算的，因此也存在同一个词语出现在不同层次的情况。如出现在第一层次的 4 个词语，在韵母、声调变项中到了第二层次（"发**软**、怄气、吃**藕**"）和第三层次（"**蛇**"）；如出现在第二层次的 3 个词语，在韵母、声调变项中到了第一层次（"老**鼠**子 / 老**鼠**"）和第三层次（"饭太**硬**"）；又如出现在第四层次的 4 个词语，在韵母、声调变项中到了第五层次（"石**碱**、菜太**咸**、马齿**苋** / **苋**菜"）；再如出现在第四层次中的"通济**街**"，在韵母、声调变项中到了第三层次。

方向性特征分析

已有的研究表明，汉语方言的演变存在着一定的方向性，"小方言向大方言靠拢，地域方言向地点方言靠拢，乡村方言向城镇方言靠拢，城镇方言向大中城市或中心城市靠拢，所有方言向民族共同语靠拢"[①]，方言演变围绕"城市方言"和"标准语"两个中心进行。

南京是溧水最临近的大都市，南京话是该地区的强势方言，因此街上话极有可能呈现出向中心城市方言——南京话靠拢的趋势。那么，街上话语音变异到底是围绕"城市方言"还是围绕"标准语"呢？这也是一个很值得研究的问题。我们拟从语音特征比较入手，将街上话的新式与老南京话、普通话的声韵调接近情况逐一进行比较，以揭示其演变方向。老南京话的标音依据《江苏省志·方言志》[②]，普通话的韵母依照"普通话韵母宽式标音和严式标音对照表"[③]采用宽式标音。

街上话的新式与老南京话、普通话声韵调的接近情况分为"不同"、"相近"与"相同"三种情况。"相同"：指声韵调完全相同。"相近"：就声母而言，指发音方法相同，发音部位稍有不同；就韵母而言，指音值与其相对应韵母的音值接近；就声调而言，指调类相同，调值不同。"不同"：指声韵调既不相同也不相近。具体比较见表 3~5。

① 陈章太：《论语言生活的双语制》，载《语言规划研究》，商务印书馆，2005，第 51 页。
② 鲍明炜主编《江苏省志·方言志》，南京大学出版社，1998，第 31~38、563~598 页。
③ 王理嘉：《汉语拼音运动与汉民族标准语》，语文出版社，2003，第 92 页。

接近情况比较得出两组数据。（1）街上话的新式与老南京话："相同"12处，"相近"15处，"不同"21处。（2）街上话的新式与普通话："相同"20处，"相近"28处，"不同"0处。这两组数据已充分说明街上话的"新式"与老南京话共同点少、接近度低，而与普通话共同点多、接近度高。这说明街上话语音变异呈现出向普通话靠拢的方向性，表明街上话语音演变不是围绕"城市方言"而是围绕"标准语"。

表3　街上话声母变项中的新式与老南京话、普通话声母的接近情况对比

例字	新式	老南京话	接近情况	普通话	接近情况	例字	新式	老南京话	接近情况	普通话	接近情况
矮、硬	∅	∅	相同	∅	相同	敲、铅	tɕʻ	tɕʻ	相同	tɕʻ	相同
碱、嫁	tɕ	tɕ	相同	tɕ	相同	跪	k	k	相同	k	相同
热、软	ʐ	ʐ	相近	ʐ	相近	秘	m	p	不同	m	相同
苋、巷	ɕ	ɕ	相近	ɕ	相近	鼠	s	tʂʻ	不同	ʂ	相近
蛇、扇	s	ʂ	相近	ʂ	相近	车	tsʻ	tʂʻ	相近	tʂʻ	相近

表4　街上话韵母变项中的新式与老南京话、普通话韵母的接近情况对比

例字	新式	老南京话	接近情况	普通话	接近情况	例字	新式	老南京话	接近情况	普通话	接近情况
搬、坛	æ	ã	不同	an	相近	咬、敲	iɔ	iɔ	相同	iau	相近
端、唤	uæ	uã	不同	uan	相近	硬	in	iŋ	相近	iŋ	相近
砖、穿	uæ	uã	不同	uan	相近	牙、虾	ia	ia	相同	ia	相同
孟	y	i	不同	y	相同	蛇	ə	e	相近	ɤ	相近
嘴、岁	uei	uəi	相近	uei	相近	车	ei	e	相近	ɤ	相近
村、笋	uən	uəŋ	相近	uən	相同	藕、怄	ou	əɯ	相同	ou	相近
横	ən	uəŋ	不同	əŋ	相近	巷	iaŋ	iã	不同	iaŋ	相同
唇	uən	uəŋ	相近	uən	相同	绿	y	uʔ	不同	y	相同
肠、涨	aŋ	ã	不同	aŋ	相同	角	iɔ	oʔ	不同	iau	相近
街、戒	iɛ	iɛ	相同	iɛ	相同	初	u	u	相同	u	相同

续表

例字	新式	老南京话	接近情况	普通话	接近情况	例字	新式	老南京话	接近情况	普通话	接近情况
讲、香	iaŋ	iã	不同	iaŋ	相同	鼠	u	u	相同	u	相同
朋	ən	əŋ	相近	əŋ	相近	蒏	əu	o	不同	uo	相近
薛	yəʔ	eʔ	不同	yε	相近	秘	i	i	相同	i	相同
俗	uəʔ	uʔ	相近	u	相近	热、日	əʔ	εʔ、ʅʒ	不同	ɣ、ʅ	相近
淹、咸	iɪ	iẽ	不同	ian	相近	软	uæ	uã	不同	uan	相近
扇、染	æ	ã	不同	an	相近	挖	ua	uaʔ	相近	ua	相同

表 5　街上话声调变项中的新式与老南京话、普通话声调的接近情况对比

例字	新式	老南京话	接近情况	普通话	接近情况
绿	去声（55）	入声（5）	不同	去声（51）	相近
挖	阴平（32）	入声（5）	不同	阴平（55）	相近
角	上声（312）	入声（5）	不同	上声（214）	相近
秘	去声（55）	去声（44）	相近	去声（51）	相近
鳝	去声（55）	去声（44）	相近	去声（51）	相近
跪	去声（55）	去声（44）	相近	去声（51）	相近

结　语

上文以江苏溧水"街上话"语音变异为例，采用社会语言学研究变异的方法，结合汉语音节构成特点，分析出汉语方言语音在变异过程中所呈现出的阶段性、层次性和方向性特征。分析表明：方言语音变异的过程是一个新式逐渐代替旧式的竞争过程，新式弱，旧式强→新式、旧式相持→新式强，旧式弱，直至"最后新旧式中的新式战胜旧式"[①]；在变异过程中新式的出现是有时间先后的，分层次的；城镇方言的语音演

---

① Labov, W., *Principle of Language Change, Volume 1: Internal Factors*, Oxford and Cambridge: Blackwell, 北京大学出版社，2007，第 301 页。

变不一定都是围绕"城市方言",也有可能是围绕"标准语",即不向临近的大城市方言靠拢而直接向普通话靠拢,这是一个非常有趣而又很值得做进一步研究的问题。

（原载《南京社会科学》2009 年第 12 期）

系统内部调整：方言向普通话
靠拢的演变模式[*]

——以溧水"街上话"语音变异为例

一 引言

普通话与方言的关系问题是我国学者普遍关注的研究课题，也是影响和谐语言生活构建而亟须科学看待和妥善处理的问题之一。^①许多专家学者曾围绕普通话对方言的影响、方言的演变方向等问题展开过较为深入的研究。研究表明：普通话对方言产生了巨大影响，使许多方言自身的系统发生了变化^②；方言的发展趋势是向普通话靠拢，在方言和普通话之间存在着过渡状态^③；方言向普通话靠拢要受原有系统的制约，是通过调整原有系统内部成分的分布来实现的。^④因此要研究方言如何向普通话靠拢以及呈现出怎样的一种过渡状态，就必须全面研究方言系统内部的调整是如何进行的，即演变模式如何，否则就很难研究清楚方言自身的变化情况。本文拟以溧水"街上话"语音变异为例来分析方言向普

* 本文为江苏省教育厅高校哲学社会科学基金指导项目"方言变异与变化——溧水'街上话'调查研究"（批准号：07SJD740025）的阶段性成果。匿名审稿专家和编辑部提出了宝贵的修改意见，谨致谢忱。

① 李宇明主编《中国语言生活状况报告（2006）》（上编），商务印书馆，2007，第21~22页。
② 陈章太：《论语言生活的双语制》，载《语言规划研究》，商务印书馆，2005，第50页。
③ 陈建民、陈章太：《从我国语言实际出发研究社会语言学》，《中国语文》1988年第2期，第115页。
④ 刘勋宁：《"多元一极"模式与中国的语言社会》，《中国社会语言学》2004年第2期，第21页；郭骏：《溧水"街上话"[u]元音变异分析》，《中国社会语言学》2005年第1期，第76页。

通话靠拢的演变模式。

江苏溧水县城方言——"街上话"，属于江淮方言，其声韵调系统（后文称"原有语音系统"）如下。声母 19 个：p、pʻ、m, f, t、tʻ、l, ts、tsʻ、s、z, tɕ、tɕʻ、ɕ, k、kʻ、ŋ, h, ø。韵母 38 个：ɿ、ʮ、a、ɛ、æ、ʊ、ɔ、əu、ei、aŋ、ən、oŋ、əʔ、aʔ、i、ia、iɛ、iu、iɔ、iɿ、iaŋ、in、ioŋ、iɿʔ、iaʔ, u、ua、uɛ、uæ、uei、uaŋ、uən、uəʔ、uaʔ、y、yɿ、yn、yəʔ。单字调 5 个：阴平 32、阳平 24、上声 312、去声 55、入声 31。[①]

2004 年 4 月，我们选择了 100 组词语（或习惯说法）作为调查词表，对其语音变异情况进行调查。调查发现：有 92 组调查字一字多读，即存有 92 个语音变项；每组中的不同读音就是不同的语音变式，包含"旧式"、"新式"和"过渡式"三种变式类型（详见附表）。

我们曾通过街上话与南京话的语音特点比较，发现两者共同点少，表明街上话没有向南京话靠拢；通过 [u] 元音变异分析，发现街上话不断向普通话靠拢；通过三变式与普通话语音接近情况的差异分析，发现街上话正处于向普通话逐步靠拢的演变进程中：旧式→过渡式→新式，属于方言到普通话之间的过渡状态。[②] 那么，处于过渡状态中的街上话究竟采用何种演变模式向普通话靠拢？下文做具体分析。

二 演变模式分析

（一）从新式的选择来看方言向普通话靠拢的演变模式

新式体现变异的发展方向，因此新式的选择决定了方言向普通话靠拢所采用的演变模式。就街上话中新式的选择来说，原有语音系统中如有与普通话相同的形式（声调只是调类相同），则直接作为新式出现：声母，如 k → tɕ（教）、kʻ → tɕʻ（敲）、ŋ → ø（袄）、h → ɕ（苋）

---

① 郭骏：《溧水方言探索集》，科学技术文献出版社，2004，第 233~235 页。

② 郭骏：《溧水"街上话"[u] 元音变异分析》，《中国社会语言学》2005 年第 1 期；郭骏：《溧水"街上话"语音变异研究》，南京大学博士学位论文，2006；郭骏：《语言态度与方言变异——溧水县城居民语言态度与语言使用情况的简要调查》，《南京社会科学》2007 年第 8 期。

等；韵母，如 a → ia（揶）、əu/ɣ → u（初）、ɛ/ɪɪ → iɛ（街）、ei → uei（嘴）、ən → uən（村）、yn → uən（唇）、æ → aŋ（肠）、iɛ → iaŋ（讲）等；声调，如上声→去声（跪）、轻声→去声（鳝）、去声→入声→去声（秘）等。原有语音系统中如没有与普通话相同的形式，则以最接近的形式作为新式出现（见表1）。只在调查字"蛇"的新式 sə²⁴（见附表）中出现了原有语音系统中所没有的 ə 韵母。

表1 与普通话最接近的形式作为新式出现情况

	声母	韵母
街上话（新式）	tsʻ s z	ən in æ uæ ei iɪ iɔ əu yəʔ uəʔ əʔ
普通话	tʂʻ ʂ ʐ	əŋ iŋ an uan ɣ ian iau uo yɛ u ɣ/ʐ
例字	车 扇 鼠 热	朋 硬 搬 酸 车 淹 咬 药 薛 俗 日/热

由此可见，新式中的声韵调（除 ə 韵母外）均来自原有语音系统，为原有语音系统中与普通话相同或最接近的形式，仍保留街上话原有的语音特征。如街上话无 tʂ 组声母，新式中只出现与之最为接近的 ts 组声母；又如街上话无 an、uan 和 əŋ、iŋ，新式中也只出现与之最为接近的 æ、uæ 和 ən、in；还如街上话有入声韵，新式中仍保留；再如街上话新式中调类与普通话相同，但其调值仍是原有的。其实即使是新出现的 ə 韵母，也是原有韵母中的一个音素，也未出现普通话的 ɣ 韵母。

这说明新式既不是原有声韵调的简化，也不是"普通话音韵系统中的某些成分"，更不是"普通话的某些读音"[1]，而是在原有语音系统内部经过调整而选择出的原有系统中的成分。可见语音变异要依靠原有语音系统来调节，变异只能是沿着向普通话靠拢的方向做系统内部的调整。因此，系统内部调整是其向普通话靠拢的主要演变模式。

---

① 陈章太：《论语言生活的双语制》，载《语言规划研究》，商务印书馆，2005，第50页。

（二）语音变异对语音系统内部所进行的调整

1. 声母系统内部所进行的调整

（1）归并：中古疑母字（"牙、眼、颜"等）和影母字（"哑、矮、安"等）新式中 ø 替换 ŋ，ŋ 声母消失，意味着 ŋ 与 ø 的归并。

（2）腭化：中古见系开口二等字（"间、碱、家"等）声母腭化。

（3）个别调整：如"秘、蛇、车、扇、鼠、鳝、跪、铅"等字的声母在新式中做了个别调整。

2. 韵母系统内部所进行的调整

（1）出现新韵母：新式中出现了新韵母 ə。

（2）系统替换：一种是旧式中的韵母在新式中成系统地替换为两个不同的韵母（见表2）。如 ʊ 在旧式中除与 k、k‘ 组合外，与其他声母组合（除与 ø 组合的部分字，如"莴"）时，新式中全部 æ、uæ 二分。另一种是旧式中的韵母在新式中成系统地一对一替换（见表2）。如 tɕ、tɕ‘、ɕ、ø 旧式中与 iɛ 组合，新式中与 iaŋ 组合，一对一替换；又如 ts、ts‘、s 旧式中与 ei 组合，新式中与 uei 组合，一对一替换。

（3）个别替换：如"驴"，旧式中 l 与 u 组合，新式中与 y 组合；又如"朋"，旧式中 p‘ 与 oŋ 组合，新式中与 ən 组合；再如"横"，旧式中 h 与 uən 组合，新式中与 ən 组合。

3. 声调系统内部所进行的调整

没有成系统地替换，只是个别字在调类上做了调整。如"绿"由入声调整为去声、"挖"由入声调整为阴平、"角"由入声调整为上声等。

（三）系统内部调整对原有语音系统所产生的影响

1. 音位组合的改变

语音变异改变了系统内部一系列音位组合的规律（即声韵组合规律）。成系统性的改变主要有 5 组，具体见表2。

表2 声韵组合规律改变情况

组别	原有的声韵组合	变异后的声韵组合
1	ŋ+a、ɛ、æ、ɔ、ei、ən、aŋ、əʔ	ø+a、ɛ、æ、ɔ、ei、ən、aŋ、əʔ

续表

组别	原有的声韵组合	变异后的声韵组合
2	p、p'、m、t、t'、l、ts、ts'、s、h、ø+ʊ	p、p'、m、t、t'、l、ts、ts'、s、h、ø+æ/uæ
3	tɕ、tɕ'、ɕ、ø+iɛ	tɕ、tɕ'、ɕ、ø+iaŋ
4	ts、ts'、s+ei、ən	ts、ts'、s+uei、uən
5	k、k'、h、ŋ+a、ɛ、ɔ、æ	tɕ、tɕ'、ɕ、ø+ia、iɛ、iɔ、iɪ

2. 音位聚合的改变

音位组合的改变自然要涉及音位聚合的改变。从辅音音位聚合的改变来看主要表现为聚合群之间平行对称关系的打破和聚合群之间的转换。如原有 /ŋ/ 音位同时处在 /k k' ŋ/ 和 /m n ŋ/ 两个聚合群中，而变异使 /ŋ/ 在音位组合中消失，这样就打破了原有音位聚合群的平行与对称。又如中古见系开口二等字声母腭化，实际上也是一种音位聚合的改变，由 /k k' h/ 聚合群转换到 /tɕ tɕ' ɕ/ 聚合群。

3. 字音归类的改变

语音变异使一些字的字音在没有改变整体音位聚合和组合规律的前提下，在系统内部进行了重新归类，属于非系统性调整。如 k'uei³¹² → kuei⁵⁵（跪）、suei⁵⁵ → zuei⁵⁵（芮）、liɪʔ³¹ → zəʔ³¹（热）等，都没有改变系统中 k' 与 uei、s 与 uei、l 与 iɪʔ 的组合规律；又如 ləʔ³¹ → ly⁵⁵（绿）、ɕiɪʔ³¹ → ɕyəʔ³¹（薛）、səʔ³¹ → suəʔ³¹（俗）、uaʔ³¹ → ua³²（挖）等，都没有改变系统中 l 与 əʔ、ɕ 与 iɪʔ、s 与 əʔ、ø 与 uaʔ 的组合规律。

通过街上话语音变异这一个案的实证性研究，我们发现：一方面，语音变异受到原有语音系统的制约，"新式"的出现必须以系统中原有的最接近普通话的形式为选择形式，系统内部调整是方言向普通话靠拢的演变模式；另一方面，语音变异对语音系统内部所进行的调整，又对原有语音系统产生重大影响，具体表现为音位聚合的改变、音位组合的改变和字音归类的改变。

由此，我们可简要归纳出三变式对原有语音系统的影响情况："旧式"保持原有的声韵调系统和原有的声韵配合关系；"过渡式"对原有的声韵调系统和原有的声韵配合关系做了部分调整，直接表现为 ŋ 声母消失（见附表）；"新式"则对原有的声韵调系统和原有的声韵配合关系做了系统调整，直接表现为 ŋ 声母消失、ə 韵母出现。

三　余论

从普通话对方言影响的其他一些研究案例也可说明：方言向普通话靠拢的过程是一个系统内部不断调整的过程。

鲍明炜曾对南京话向普通话的靠拢情况做过专题考察。[①] 通过他所调查到的语言材料我们也可以清楚地看出：南京话向普通话靠拢的过程其实也是一个系统内部不断调整的过程。如反映南京话向普通话靠拢的、读音有些特殊的字，例如"师、士、事"等，南京话本来读 sɿ，现在不少青少年读 ʂʅ；又如"歌、可、何"等字，南京话本来读 ko、k'o、xo，现在不少人读 kə、k'ə、xə；再如"去"，原读 k'i，现已基本读 tɕ'y。sɿ → ʂʅ，k、k'、x+o → k、k'、x+ə，k'i → tɕ'y 都属于系统内部的调整：ʂ、ʅ、ə、tɕ'、y 都为系统中原有的声韵母或音素[②]，只是改变了其组合规则。

王立曾对老汉口话 64 个 ŋ 声母字在当前汉口话中的语音变异情况做过调查。其中 10 个老汉口话 ŋo 音字（"峨、鹅、蛾、娥、额、俄、鄂、鳄、恶～毒、恶～心"）的读音变异情况是：ŋo → o → ɣ。由此得出汉口话 ɣ 的出现"标志着普通话语音成分开始进入汉口话，汉口话向普通话靠拢的演变趋势由此显露出来"[③] 的结论。其实"ŋo → o → ɣ"的演变过程与街上话的 ŋæ²⁴ → æ²⁴ → iɪ²⁴（颜）、ŋən⁵⁵ → ən⁵⁵ → in⁵⁵（硬）、ŋa²⁴ → a²⁴ → ia²⁴（牙）等相同，正反映出方言向普通话不断靠拢的动态过程。ɣ 是原有语音系统中的一个韵母[④]，并非普通话进入的成分，在原有 ŋ 声母字中的出现是汉口话向普通话靠拢的过程中系统内部调整的结果。

———————————

① 鲍明炜：《六十年来南京方音向普通话靠拢情况的考察》，《中国语文》1980 年第 4 期。
② 刘丹青编纂《南京方言词典》，江苏教育出版社，1995，"引论"，第 11~12 页。
③ 王立：《汉口话 [ŋ] 声母字读音变异及其原因探析》，《语言文字应用》2004 年第 1 期，第 43 页。
④ 朱建颂编纂《武汉方言词典》，江苏教育出版社，1995，第 4 页。

附表　旧式、过渡式与新式读音情况

调查字	旧式	新式
癌～症	ŋɛ²⁴	ɛ²⁴
矮～子	ŋɛ³¹²	ɛ³¹²
安平～	ŋæ³²	æ³²
抝你～	ŋɔ³¹²	ɔ³¹²
昂头～的	ŋaŋ²⁴	aŋ²⁴
恩～人	ŋən³²	ən³²
机～子	ŋəʔ³¹	əʔ³¹
额～头	ŋəʔ³¹	əʔ³¹
搬～家	pu³²	pæ³²
半～	pu⁵⁵	pæ⁵⁵
盘～子	p'u²⁴	p'æ²⁴
鳗～鳝	mu²⁴	mæ²⁴
馒～头	mu²⁴	mæ²⁴
满～意	mu³¹²	mæ³¹²
坛腌菜～	t'u²⁴	t'æ²⁴

调查字	旧式	新式
豌～豆	ʊ³²	uæ³²
蒿～笋	ʊ³²	əu³²
讲～话	tɕie³¹²	tɕiaŋ³¹²
墙城～	tɕ'ie²⁴	tɕ'iaŋ²⁴
香喷～	ɕie³²	ɕiaŋ³²
样～子	iɛ⁵⁵	iaŋ⁵⁵
嘴～巴子	tsei³¹²	tsuei³¹²
箪饰～	tsei⁵⁵	tsuei⁵⁵
催～他	ts'ei³²	ts'uei³²
岁做十～	sei⁵⁵	suei⁵⁵
村农～	ts'ən³²	ts'uən³²
寸一～	ts'ən⁵⁵	ts'uən⁵⁵
孙～子	sən³²	suən³²
笋竹～	sən³¹²	suən³¹²
家搬～	ka³²	tɕia³²

调查字	旧式	新式
咸菜太～	hæ²⁴	ɕii²⁴
宽～窄	hæ⁵⁵	ɕii⁵⁵
涨～价	tsæ³¹²	tsaŋ³¹²
肠～子	ts'æ²⁴	ts'aŋ²⁴
上～床	sæ⁵⁵	saŋ⁵⁵
热～发	liiʔ³¹	zəʔ³¹
日～子	liiʔ³¹	zəʔ³¹
染～坊	ii³¹²	zæ³¹²
丙～姓	suei⁵⁵	zuei⁵⁵
扇～子	ɕii⁵⁵	sæ⁵⁵
鳝黄～	ɕii⁵⁵	sæ⁵⁵
驴～子	lu²⁴	ly²⁴
盂～碗	lu²⁴	y²⁴
绿～佬	ləʔ³¹	ly⁵⁵
唇嘴～子	tɕ'yn²⁴	ts'uən²⁴

调查字	旧式	过渡式	新式
揶～饭	ŋa³²	a³²	ia³²
牙～齿	ŋa²⁴	a²⁴	ia²⁴
哑～巴	ŋa³¹²	a³¹²	ia³¹²
淹～水	ŋæ³²	æ³²	ii³²
颜～色	ŋæ²⁴	æ²⁴	ii²⁴
眼～睛	ŋæ³¹²	æ³¹²	ii³¹²
咬反～一口	ŋɔ³¹²	ɔ³¹²	iɔ³¹²
藕～	ŋei³¹²	ei³¹²	əu³¹²
柩吃～气	ŋei⁵⁵	ei⁵⁵	əu⁵⁵
硬饭太～	ŋən⁵⁵	ən⁵⁵	in⁵⁵
砖～发	tsu³²	tɕʏ³²	tsuæ³²
穿～衣裳	ts'u³²	tɕ'ʏ³²	ts'uæ³²
船	ts'u²⁴	tɕ'ʏ²⁴	ts'uæ²⁴
软发～	yi³¹²	zʏ³¹²	zuæ³¹²
街上～	kɛ³²	tɕii³¹	tɕie³²

续表

调查字	旧式	新式
端~午	tu³²	tuæ³²
团~长	t'u²⁴	t'uæ²⁴
暖~和	lu³¹²	luæ³¹²
乱~跳	lu⁵⁵	luæ⁵⁵
朵~汤	ts'u³²	ts'uæ³²
酸发~	su³²	suæ³²
蒜大~	su⁵⁵	suæ⁵⁵
换一~件	hu⁵⁵	huæ⁵⁵
唤~狗	hu⁵⁵	huæ⁵⁵

调查字	旧式	新式
嫁~出	ka⁵⁵	tɕia⁵⁵
间~房	kæ³²	tɕii³²
碱石~	kæ³¹²	tɕii³¹²
铅~笔	k'æ³²	tɕ'ii³²
教~书	kɔ³²	tɕiɔ³²
跤跌~	kɔ³²	tɕiɔ³²
觉睡~	kɔ⁵⁵	tɕiɔ⁵⁵
敲~门	k'ɔ³²	tɕ'iɔ³²
虾~子	ha³²	ɕia³²

调查字	旧式	新式
横~过来	huən²⁴	hən²⁴
朋~友	p'oŋ²⁴	p'ən²⁴
挖~土	ua³¹	ua³²
薛姓~	ɕii?³¹	ɕyə?³¹
俗~气	sə?³¹	suə?³¹
车~子	tɕ'ii³²	ts'ei³²
跪~下来	k'uei³¹²	kuei⁵⁵

调查字	旧式	过渡式	新式
戒~烟	kɛ⁵⁵	tɕii⁵⁵	tɕie⁵⁵
角牛~	kə?³¹	tɕyə?³¹/tɕia?³¹	tɕiɔ³¹²
巷~子	haŋ⁵⁵	ɕie⁵⁵	ɕiaŋ⁵⁵
蛇	ɕii²⁴	sei²⁴	sə²⁴
秘~书	pi⁵⁵	mii?³¹	mi⁵⁵
初~一	ts'əu³²	ts'ʅ³²	ts'u³²
鼠老~子	ts'uei³¹²	ts'ʯ³¹²/ts'u³¹²	su³¹²

溧水"街上话"声母变异分析[*]

一 引言

溧水县位于江苏省西南部，是南京市南部的一个郊县。县城在城镇（近年改名"永阳镇"）位于中北部。其方言有"老在城话"和"新在城话"之分。老在城话属吴方言，现仅有极少数老年人说。新在城话属江淮方言，居民称之为"街上话"（下文用此名），属江淮方言。其语音系统如下。声母19个：p、pʻ、m，f、t、tʻ、l、ts、tsʻ、s、z、tɕ、tɕʻ、ɕ，k、kʻ、ŋ、h、ø。韵母38个：ɿ、ʮ、a、ɛ、æ、ʊ、ɔ、əu、ei、aŋ、ən、oŋ、əʔ、aʔ，i、ia、i ɛ、iʊ、iɔ、iɿ、iaŋ、in、ioŋ、iɿʔ、iaʔ，u、ua、u ɛ、uæ、uei、uaŋ、uən、uəʔ、uaʔ，y、yɿ、yn、yəʔ。单字调5个：阴平 [˨˩]32、阳平 [˨˦]24、上声 [˧˩˨]312、去声 [˥] 55、入声 [˨˩]31。^①

20世纪80年代笔者调查时就发现街上话存有大量的一字多读情况，而且成系统、有规律；同时发现这与说话人的年龄有关，不同年龄层次说不同的音，并且说话人自己也能清楚地意识到这种差异的存在。^②此现象是属于不同群体之间的语言差异，因此很有必要就其语音变异情况进行深入的调查研究。

2004年4月，笔者在原方言调查的基础上选择了100组涉及语音

---

* 本文为江苏省教育厅高校哲学社会科学基金指导项目"方言变异与变化——溧水'街上话'调查研究"（批准号：07SJD740025）的阶段性成果。

① 郭骏：《溧水方言探索集》，科学技术文献出版社，2004，第233~235页。

② 郭骏：《语言态度与方言变异——溧水县城居民语言态度与语言使用情况的简要调查》，《南京社会科学》2007年第8期，第134页。

变异的词语或习惯说法作为调查词表（见表 1），对其语音变异情况进行调查[①]（调查结果见表 2）。由于此次调查涉及的人口不到 10 万，所以定量抽取 50 人作为当地不同街道、年龄、职业、性别的代表。其中女性 21 人（42%），男性 29 人（58%）。年龄分布为 10~65 岁，跨度 50余岁。分四个年龄组：青少年组（10~20 岁）、青年组（21~40 岁）、中年组（41~50 岁）和中老年组（51~65 岁）。每组调查 10 人；青少年组都是学生，处于拉波夫所说的"语体变化阶段"[②]，故多调查了 10 人。采用"访问法"直接访问受访者，请受访者用自己日常所说的街上话读事先设计好的词表；采用定量统计分析的方法分析语料。

本文拟采用社会语言学研究语言变异的方法，仅就溧水"街上话"声母变异情况做具体分析。由声母变项与声母变式的确认入手，着重分析声母变异所呈现出的主要特征；由声母变异与声母系统之间的相互关系入手，着重分析声母变异对声母系统所产生的影响。

表 1　调查词表（调查字加粗）

牙齿、哑巴、捱饭、矮子、癌症、平安、淹水、眼睛、颜色、棉袄、反咬一口、吃藕、怄气、恩人、饭太硬、头昂昂的、额头、杌子、一间房子、石碱、教书、睡觉、掼跤、搬家、出嫁、牛角、上街、戒烟、姓芮、发热、过日子、发软、传染、苋菜、菜太咸、虾子、巷子、蛇、扇子、黄鳝、敲门、铅笔、跪下来、秘书、老鼠子、车子

表 2　一字多读在不同年龄组中的出现情况

单位：人

调查字	不同读音	青少年组	青年组	中年组	中老年组	调查字	不同读音	青少年组	青年组	中年组	中老年组
牙	$\eta a^{24}/a^{24}/ia^{24}$	5/4/11	1/3/6	2/2/6	8/1/1	觉	$k \mathfrak{o}^{55}/t\mathvarsigma i \mathfrak{o}^{55}$	18/1	5/2	5/3	6/1
哑	$\eta a^{312}/a^{312}/ia^{312}$	3/11/6	1/3/7	2/4/4	2/5/3	角	$k \mathfrak{o} \mathsf{?}^{31}/t\mathvarsigma i \mathfrak{o} \mathsf{?}^{31}/t\mathvarsigma i \mathfrak{o}^{312}$	14/1/5	9/0/1	10/0/0	10/0/0
捱	$\eta a^{32}/a^{32}/ia^{32}$	10/10/0	3/3/4	5/2/3	9/0/1	跤	$k \mathfrak{o}^{32}/t\mathvarsigma i \mathfrak{o}^{32}$	20/0	8/1	9/1	10/1

---

① 郭骏：《溧水"街上话"语音变异研究》，南京大学博士学位论文，2006，第 9~13 页。
② 陈松岑：《语言变异研究》，广东教育出版社，1999，第 148 页。

续表

调查字	不同读音	青少年组	青年组	中年组	中老年组	调查字	不同读音	青少年组	青年组	中年组	中老年组
矮	ŋɛ³¹²/ɛ³¹²	7/13	2/8	3/7	9/1	街	kɛ³²/tɕiɪ³²/tɕiɛ³²	19/1/0	10/0/2	10/0/1	10/0/0
癌	ŋɛ²⁴/ɛ²⁴	5/15	1/9	3/7	7/3	戒	kɛ⁵⁵/tɕiɪ⁵⁵/tɕiɛ⁵⁵	13/7/0	6/3/1	6/3/1	9/0/1
安	ŋæ³²/æ³²	3/17	1/9	3/7	9/1	芮	suei⁵⁵/zuei⁵⁵	0/20	2/9	6/4	9/1
淹	ŋæ³²/æ³²/iɪ³²	6/10/4	2/6/3	4/6/1	8/1/1	热	liɪʔ↘/zəʔ↘	7/13	4/6	3/8	6/4
眼	ŋæ³¹²/æ³¹²/iɪ³¹²	11/7/3	2/4/4	5/2/3	9/1/0	日	liɪʔ↘/zəʔ↘	2/18	3/7	2/8	3/7
颜	ŋæ²⁴/æ²⁴/iɪ²⁴	8/5/9	2/3/5	4/1/6	7/0/3	软	yɪ³¹²/zʊ³¹²/zuæ³¹²	3/5/13	1/1/8	0/6/4	2/7/1
袄	ŋɔ³¹²/ɔ³¹²	5/15	0/10	1/9	4/6	染	iɪ³¹²/zæ³¹²	0/20	4/6	1/9	7/3
咬	ŋɔ³¹²/ɔ³¹²/iɔ³¹²	8/6/6	3/5/2	4/3/3	9/1/0	苋	hæ⁵⁵/ɕiɪ⁵⁵	19/1	10/0	10/0	10/0
藕	ŋei³¹²/ei³¹²/əu³¹²	7/13/0	2/6/2	4/5/1	8/2/0	咸	hæ²⁴/ɕiɪ²⁴	19/1	10/0	10/0	10/0
怄	ŋei⁵⁵/ei⁵⁵/əu⁵⁵	4/13/3	2/6/2	3/6/1	7/3/0	虾	ha³²/ɕia³²	19/1	8/3	8/2	6/4
恩	ŋən³²/ən³²	4/16	0/10	0/10	5/5	巷	haŋ⁵⁵/ɕiɛ⁵⁵/ɕiaŋ⁵⁵	17/1/2	9/0/1	10/0/0	10/0/0
硬	ŋən⁵⁵/ən⁵⁵/in⁵⁵	8/10/2	1/8/1	2/8/0	8/2/0	蛇	ɕiɪ²⁴/sei²⁴/sə²⁴	15/4/0	5/4/2	6/4/1	9/1/0
昂	ŋaŋ²⁴/aŋ²⁴	5/15	0/9	3/6	4/3	扇	ɕiɪ⁵⁵/sæ⁵⁵	3/17	5/5	4/7	8/2
杌	ŋəʔ/əʔ	5/15	2/8	1/9	7/2	鳝	ɕiɪ⁰/sæ⁵⁵	10/16	4/6	7/4	10/0
额	ŋəʔ↘/əʔ↘	3/17	0/10	2/8	7/2	敲	kʼɔ³²/tɕʼiɔ³²	16/4	8/2	9/1	10/0
间	kæ³²/tɕiɪ³²	18/2	8/2	8/3	10/0	铅	kʼæ³²/tɕʼiɪ³²	15/5	7/3	8/2	9/1
碱	kæ³¹²/tɕiɪ³¹²	4/5	10/0	10/0	10/0	跪	kʼuei↘/kuei↗	0/20	5/5	5/5	8/2

续表

调查字	不同读音	青少年组	青年组	中年组	中老年组	调查字	不同读音	青少年组	青年组	中年组	中老年组
家	ka³²/tɕia³²	20/0	9/1	9/1	10/0	秘	pi⁵⁵/miɿ³¹/mi⁵⁵	0/17/3	0/8/2	0/2/8	9/0/1
嫁	ka⁵⁵/tɕia⁵⁵	13/7	7/3	3/7	9/1	鼠	tsʻuei³¹²/tsʻʯ³¹²/tsʻu³¹²/su³¹²	2/0/6/8	2/0/5/1	1/1/5/0	1/6/1/1
教	kɔ³²/tɕiɔ³²	17/3	5/5	6/4	8/2	车	tɕʻiɿ³²/tsʻei³²	5/15	3/7	3/8	3/7

二 声母变项与声母变式的确认

社会语言学家把一项一项的语言变异看作语言结构单位，它与其他结构（如音素、音位、语素等）一样，成为语言结构的有机组成部分。[①] 在语言变异中如果某一个语言形式在不同的语境中有不同的表现形式，那么这一抽象的语言形式就是语言变项（linguistic variable）；其不同的表现形式就是组成语言变项的语言变式（linguistic variant）。[②]

从严格意义来讲，"语言结构中的每一个范畴和单位都可以是一个变项，因为在每一次实现的时候，它总是体现为一个绝对意义上的不同形式"[③]。可见，溧水"街上话"一字多读的 46 组调查字的字音实际上就是 46 个语音变项，而每一个变项中的不同读音就是其不同的变式。

拉波夫曾把同一语言变项中的不同变式区分为两类：一类是"旧形式"（the older form），即语言或方言的原有形式；一类是"新形式"（the newer form），即语言或方言新出现的形式。他指出，新旧两种形式对立存在，其演变过程是新形式最后战胜旧形式。[④] 笔者曾从受访者的年龄差异、方言间的对应关系、受访者的主观判断、已有的文献资料、

① Chambers, J. K. and Trudgill, P., *Dialectology*, Cambridge：Cambridge University Press, 北京大学出版社，2002，第 128 页。
② 徐大明、陶红印、谢天蔚《当代社会语言学》，中国社会科学出版社，1997，第 100 页。
③ 徐大明主编《语言变异与变化》，上海教育出版社，2006，第 341 页。
④ Labov, W., *Principle of Language Change, Volume 1：Internal Factors*, Oxford and Cambridge: Blackwell, 北京大学出版社，2007，第 66、300~301 页。

语音的演变规律等五个方面就整体音节层面详细论证了街上话语音变项中存在着旧式、过渡式和新式等三种不同变式类型，并在此基础上从音节构成层面对声母变项、韵母变项和声调变项及其变式类型进行了具体的确认。[①] 经确认，涉及声母变异的 46 组调查字的字音共有 10 个声母变项，每个变项均存有旧式、新式两种变式类型，无过渡式，详见表 3。

声母变项的确认，采用的是社会语言学的分析方法，即根据同一调查字中不同声母的交替出现来确定其声母变项。如"铅"，$kʻæ^{32}/tɕʻiɿ^{32}$，$kʻ$、$tɕʻ$ 交替出现，构成声母变项：$kʻ/tɕʻ$。又如"虾、苋、咸、巷"，$ha^{32}/ɕia^{32}$、$hæ^{55}/ɕiɿ^{55}$、$hæ^{24}/ɕiɿ^{24}$、$haŋ^{55}/ɕiɛ^{55}/ɕiaŋ^{55}$，$h$、$ɕ$ 交替出现，构成声母变项：$h/ɕ$。

声母变式的确认，是在整体音节中的旧式、过渡式、新式等三种变式类型确认的基础上进行的。如"车"，从整体音节层面已确认 $tɕʻiɿ^{32}$ 为旧式、$tsʻei^{32}$ 为新式，那么从声母上看则 $tɕʻ$ 为旧式、$tsʻ$ 为新式；又如"跪"，已确认 $kʻuei^{312}$ 为旧式、$kuei^{55}$ 为新式，那么从声母上看则 $kʻ$ 为旧式、k 为新式；再如"角"，已确认 $kəʔ^{31}$ 为旧式、$tɕiaʔ^{31}$ 为过渡式、$tɕiɔ^{312}$ 为新式，从声母上看则 k 为旧式、$tɕ$ 为新式。

表 3 声母变项与声母变式分析

组别	变项	变式		调查字	组别	变项	变式		调查字
		旧式	新式				旧式	新式	
1	ŋ/ø	ŋ	ø	牙、哑、挜、矮、癌、安、淹、眼、颜、袄、咬、藕、怄、恩、硬、昂、机、额	6	$kʻ/tɕʻ$	$kʻ$	$tɕʻ$	敲、铅
2	k/tɕ	k	tɕ	间、碱、家、嫁、教、觉、角、跤、街、戒	7	$kʻ/k$	$kʻ$	k	跪
3	s、l、ø/z	s、l、ø	z	芮、热、日、软、染	8	p/m	p	m	秘
4	h/ɕ	h	ɕ	苋、咸、虾、巷	9	$tsʻ/s$	$tsʻ$	s	鼠
5	ɕ/s	ɕ	s	蛇、扇、鳝	10	$tɕʻ/tsʻ$	$tɕʻ$	$tsʻ$	车

———————

① 郭骏：《语言变项中不同变式的确认》，《南京社会科学》2008 年第 10 期，第 134~138 页。

三　变异特征分析

（一）社会分布特征分析

声母变异可能会因受访者的年龄、性别、社会阶层等社会因素的不同而采用不同的变式，呈现出不同的社会分布。因此需要对声母变异与年龄、性别、社会阶层等社会因素的相关性做简要分析。

1. 年龄与声母变异

不同年龄的人说话存在着差异，这是一个不容争辩的事实。社会语言学正是利用这种年龄上的共时差异来研究语言的历时变化。有鉴于此，我们对所调查的四个年龄组出现的"新式"数据做对比统计，观察声母变异在年龄上的分布情况，以分析年龄与声母变异之间的相关性。

从表4可清楚地看出：年龄与采用"新式"数成反比，年龄越大数据越小，年龄越小数据越大。说明"新式"增加的趋势与年龄的趋势有关，年轻人中"新式"的出现率高。

表4　年龄与声母变异中采用"新式"的数据对比统计（n=50）

单位：个

年龄组	青少年组	青年组	中年组	中老年组
采用"新式"数	490	265	238	95
人均数	24.50	26.50	23.80	9.50
百分比	45.04	24.36	21.88	8.73

2. 性别与声母变异

拉波夫早期对马萨葡萄园岛和纽约市的调查是社会语言学具有性别特征（gender-specific）的语言变异研究的起点，他最早将性别因素作为一个重要的社会语言学自变量来研究。米尔罗伊夫妇也曾经指出：性别差异在解释社会语言学变异的时候常常先于社会阶层因素对语言变异产生作用。[①]

---

① Milroy, J. and Milroy, L., "Mechanisms of Change in Urban Dialects: The Role of Class, Social Network and Gender", *International Journal of Applied Linguistics*, 1993(1), pp.57-58.

有鉴于此，我们对所调查的四个年龄组中不同性别出现的"新式"数据做对比统计，观察声母变异在性别上的分布情况，以分析性别与声母变异之间的相关性。由于老年组只有一位女性，不便于分析，所以只就前三组男女性与采用"新式"的人数做对比统计。前三组的男女人数比为：10∶10，5∶5，4∶6。

从表5可清楚地看出：从总体上来看，女性明显领先于男性；学生阶段性别差异不大；中青年女性与中青年男性差异明显，尤其是中年女性与中年男性存在着极大的差异。由此可得出：中青年女性采用"新式"比例高。

表5　性别与声母变异中采用"新式"的数据对比统计（n=40）

单位：个

年龄组	男性/百分比	女性/百分比
青少年组	228（46.53）	262（53.47）
青年组	112（42.26）	153（57.74）
中年组	69（28.99）	169（71.01）
总计	409（41.18）	584（58.81）

3. 社会阶层与声母变异

2002年，中国社会科学院公布了一项研究报告，该报告将当代中国社会阶层结构划分为十大社会阶层。[①] 由于本次调查只涉及其中的经理人员阶层、私营企业主阶层、专业技术人员阶层、个体工商户阶层、商业服务业员工阶层、产业工人阶层等六个阶层，同时考虑到阶层之间的职业上的相似性和受访人数，故将其合并为"经营管理人员阶层、专业技术人员阶层、商业服务业员工阶层、产业工人阶层"等四个阶层来加以分析。学生的社会阶层难以确定，暂不做分析。退休人员依据退休前的职业来确定。统计人数为30人。

从表6可清楚地看出社会阶层之间差异显著：商业服务业员工阶层

———

① 陆学艺主编《当代中国社会阶层研究报告》，社会科学文献出版社，2002，第8~9页。

演变最快，专业技术人员阶层其次，经营管理人员阶层再次，产业工人阶层最慢。由此可见声母变异具有层化特征，对社会阶层有一定的标记作用：社会中间阶层的人演变得快，社会阶层低的人演变得慢。

表6　社会阶层与声母变异中采用"新式"的数据对比统计（n=30）

单位：人，个

社会阶层	经营管理人员	专业技术人员	商业服务业员工	产业工人
人数	7	9	7	7
采用"新式"数	103	222	211	61
人均数	14.71	24.67	30.14	8.71

通过以上对声母变异的分布状况与年龄、性别、社会阶层等社会因素之间相关性分析可看出：声母变异因年龄、性别、社会阶层等的不同而采用不同的变式，呈现出不同的社会分布；已形成一个明显的趋势，"新式"增加的趋势与年龄的趋势有关，年轻人中"新式"的出现率高；商业服务业员工阶层的中青年女性采用"新式"率高。这正说明街上话的声母变异是一个"进行中的变化"（change in progress），在共时变异中反映了街上话声母50多年来的历时发展。

（二）阶段性特征分析

徐通锵、王洪君曾以山西闻喜话为例分析文白读音竞争过程所出现的三个阶段，即文弱白强、文白相持、文强白弱。[①]从街上话各声母变项中新旧式竞争的过程所呈现出的状态来看，新旧式在竞争中也同样具有这样的阶段性特征。

我们设各变项中的旧式为1，则可以统计出新旧式的总数之比，详见表7。由此我们可清楚地看出各声母变项中新式与旧式的总数之比呈现出较大的差异性，体现出变异的不均衡性。而这种差异性与不均衡性正说明各声母变项处于初期、中期和后期三个不同的竞争阶段。

（1）初期：新式弱，旧式强，体现在"h/ɕ""k/tɕ""kʻ/tɕʻ""tsʻ/s""ɕ/

---

①　参见王福堂《汉语方言语音的演变和层次》（修订本），语文出版社，2005，第45页。

s"等 5 个变项中，其新式的出现数少或较少。如"h/ɕ"变项中的"苋、咸"发新式 ɕ 的只有 2 人，且均为青少年组；又如 k/tɕ 变项中"间、碱、家、角、跤、街"新式出现数均较少。

（2）中期：新式、旧式相持，体现在"ŋ/ø""kʻ/k"等 2 个变项中，其新旧式的出现数大致相当，新式略占优势。如"ŋ/ø"变项新式出现数为 589 个，旧式出现数为 310 个，新式占优势，其中"恩、额、袄"等字在青年组已完成了 ŋ→ø 的替换。又如"kʻ/k"变项新式略强，其中青少年组已完成了 kʻ→k 的替换。

（3）后期：新式强、旧式弱，体现在"tɕʻ/tsʻ""s、l、ø/z""p/m"等 3 个变项中，其新式的出现数占绝对优势。如"s、l、ø/z"变项新式出现数为 188 个，旧式出现数为 65 个，新式占绝对优势，其中"芮、染"在青少年组已完成了 s、ø→z 的替换，"软"在中年组已完成了 ø→z 的替换。又如"p/m"变项，除中老年组外，其他年龄组均已完成了 p→m 的替换。

表 7　声母变项中旧式和新式的总数之比（n=50）

单位：个

声母变项	h/ɕ		k/tɕ		kʻ/tɕʻ		tsʻ/s		ɕ/s	
声母变式	h	ɕ	k	tɕ	kʻ	tɕʻ	tsʻ	s	ɕ	s
出现总数	318	31	783	153	82	19	41	22	86	73
总数之比	1：0.10		1：0.20		1：0.23		1：0.54		1：0.85	
声母变项	kʻ/k		ŋ/ø		tɕʻ/tsʻ		s、l、ø/z		p/m	
声母变式	kʻ	k	ŋ	ø	tɕʻ	tsʻ	s、l、ø	z	p	m
出现总数	18	32	310	589	14	37	65	188	9	41
总数之比	1：1.78		1：1.90		1：2.64		1：2.89		1：4.56	

（三）方向性特征分析

从表 3 可以看出新式的出现始终围绕着普通话的声母来进行，新旧式交替所呈现出的总体方向是不断向普通话靠拢（见表 8）：旧式中为 ŋ、k、kʻ、h 声母，而普通话为 ø、tɕ、tɕʻ、ɕ 声母，则新式中出现 ø、tɕ、tɕʻ、ɕ 声母，如 ŋɔ³¹² → ɔ³¹²（袄）、kæ³² → tɕiɪ³²（间）、

k'ɔ^{32} → tɕ'iɔ^{32}（敲）、hæ^{24} → ɕir^{24}（咸）；旧式中为 s、l、ø 声母，而普通话为 ʐ 声母，则新式中出现与 ʐ 相近的 z 声母，如 suei^{55} → zuei^{55}（芮）、lirʔ^{31} → zəʔ^{31}（热）、irʔ^{312} → zæ^{312}（染）。这充分体现出声母变异的方向性特征，与"各地方言的自创性演变（自我演变）逐渐停止下来，而改以普通话或强势方言为方向的演变"[①]的汉语方言发展的基本趋势相一致。

声母变异中新旧式替换是一次性完成的，但伴随着韵母和声调替换（涉及旧式、过渡式和新式三种变式类型）以达到整个音节与普通话相同（调类相同，调值不同）或相近的过程有所不同。①仅声母替换：如 ŋən^{32} 旧式 → ən^{32} 新式（恩）、ŋaŋ^{24} 旧式 → aŋ^{24} 新式（昂）、ŋæ^{32} 旧式 → æ^{32} 新式（安）。②声韵母同时替换：如 kɔ^{32} 旧式 → tɕiɔ^{32} 新式（教）、ha^{32} 旧式 → ɕia^{32} 新式（虾）。③声母、声调同时替换：如 k'uei^{312} 旧式 → kuei^{55} 新式（跪）。④声母替换后韵母再替换：如 ŋa^{24} 旧式 → a^{24} 过渡式 → ia^{24} 新式（牙）、ŋən^{55} 旧式 → ən^{55} 过渡式 → in^{55} 新式（硬）、ŋæ^{32} 旧式 → æ^{32} 过渡式 → ir^{32} 新式（淹）。⑤声韵母或声韵调同时替换，再韵母、声调同时替换：如 kəʔ^{31} 旧式 → tɕiaʔ^{31} 过渡式 → tɕiɔ^{312} 新式（角）、pi^{55} 旧式 → mirʔ^{31} 过渡式 → mi^{55} 新式（秘）。

表 8　新旧形式替换所呈现出的方向、"新式"与普通话声母的接近情况

例字	旧式	替换所呈现出的方向	普通话	接近情况
牙、哑、挜、矮、癌、安、淹、眼、颜、袄、咬、藕、怄、恩、硬、昂、杌、额	ŋ	ŋ → ø	ø	相同
间、碱、教、觉、戒、嫁、角、家、跤、街	k	k → tɕ	tɕ	相同
芮、热、日、软、染	s、l、ø	s、l、ø → z	ʐ	相近
苋、咸、虾、巷	h	h → ɕ	ɕ	相同
蛇、扇、鳝	ɕ	ɕ → s	ʂ	相近
敲、铅	k'	k' → tɕ'	tɕ'	相同
跪	k'	k' → k	k	相同

① 曹志耘：《汉语方言：一体化还是多样化?》,《语言教学与研究》2006 年第 1 期,第 1~2 页。

续表

例字	旧式	替换所呈现出的方向	普通话	接近情况
秘	p	p→m	m	相同
鼠	tsʻ	tsʻ→s	ʂ	相近
车	tɕʻ	tɕʻ→tsʻ	tʂʻ	相近

四 声母变异对声母系统的影响

（一）声母系统对声母变异的制约

对照溧水"街上话"的声母系统可发现，所有"新式"都是系统中原有的声母。可见，"新式"的出现必须以原有的最接近普通话的声母形式为唯一选择形式。有与普通话相同的声母则直接作为"新式"出现，如：ŋ→ø、k→tɕ、kʻ→tɕʻ、h→ɕ。没有与普通话相同的则以相近的声母作为"新式"出现，如：s、l、ø→z（z与ʐ相近）、ɕ→s（s与ʂ相近）、tɕʻ→tsʻ（ts与tʂ相近）。街上话没有tʂ组声母，只有ts组声母，故只能以相近的ts组声母出现。这说明声母变异要受原有语音系统的制约（也要受到词汇系统的制约，本文暂不做分析），不能脱离原有形式而产生一个全新的语音形式，即声母变异要靠声母系统自身的调节来进行。正如刘勋宁所说，方言向标准语靠拢，"也不是直接靠拢，而要受到自己原有的系统的制约"[①]，这可能也是语言演变初始状态所具有的特征。

（二）声母变异对声母系统的影响

虽然声母系统对声母变异有制约作用，但这10个声母变项中所出现的声母已涉及街上话19个声母中的14个声母（除pʻ、f、t、tʻ、ts），约占全部声母的74%，范围大、数量多，因此不可能不对声母系统产生影响。

1. 声母变异使声韵组合发生变化

我们将声母变项中所涉及的14个声母与相拼合的23个韵母的组

---

① 刘勋宁：《"多元一极"模式与中国的语言社会》，《中国社会语言学》2004年第2期，第21页。

合情况归纳成一张表（见表 9），以便看清新旧式在与韵母组合上的具体改变情况。通过此表我们可以发现，原有的声韵组合规律出现了三大改变。

（1）失去组合，出现拼合空格。ŋ 原与 a、ɛ、æ、ɔ、ei、aŋ、ən、əʔ 拼合，变异后则因不相拼合而出现空格。变异对原有组合的改变情况如下。①填补 ø 的拼合空格，出现 5 种新组合，也即增添新音节 5 个：ɔ^{312}（袄）、æ^{32}（安）、aŋ^{24}（昂）、ən^{32}（恩）、əʔ^{31}（额、杌）。②填补 ø 的拼合空格，出现 5 种新组合，也即增添新音节 5 个：æ（淹）、æ（颜）、æ（眼）、ɔ（咬）、ən（硬）。同时，增添同音音节 5 个：iɪ^{32}（淹）、iɪ^{24}（颜）、iɪ^{312}（眼）、iɔ^{312}（咬）、in^{55}（硬）。③增添新音节 2 个：ɛ^{24}（癌）、ɛ^{312}（矮）。④增添同音音节、新音节各 1 个：a^{32}（掗）、ia^{32}（掗）。⑤增添同音音节 6 个：ei^{312}（藕）、ei^{55}（怄）、a^{24}/ia^{24}（牙）、a^{312}/ia^{312}（哑）。

（2）出现新组合，填补拼合空格。z 原不与 ʊ、uæ 拼合，变异后相拼合，填补拼合空格，出现 2 种新组合，也即增添新音节 2 个：zʊ^{312}/zuæ^{312}（软）。

（3）添加新音节和同音音节。①增添同音音节 27 个：tɕiɪ^{32}（间）、tɕiɪ^{312}（碱）、tɕiɔ^{32}˧（教）、tɕiɔ^{55}（觉）、tɕiɪ^{55}/tɕiɛ^{55}（戒）、tɕia^{32}（家）、tɕia^{55}（嫁）、tɕiɔ（跤）、tɕiɪ^{32}/tɕiɛ^{32}（街）、tɕyəʔ^{31}/tɕiaʔ^{31}/tɕiɔ^{312}（角）、tɕ‘iɔ^{32}（敲）、tɕ‘iɪ^{32}（铅）、ɕiɪ^{55}（苋）、ɕiɪ^{24}（咸）、ɕiɛ^{55}/ɕiaŋ^{55}（巷）、zuei^{55}（芮）、zəʔ^{31}（热、日）、zæ^{312}（染）、sæ^{55}（扇）、kuei^{55}（跪）、ts‘ei^{32}（车）、su^{312}（鼠）。②增添新音节 2 个：ɕia^{32}（虾）、sei^{32}（蛇）。③增添同音音节、新音节各 1 个：miɪʔ^{31}（秘）、mi^{55}（秘）。

表 9　声母变项中的新旧式与韵母组合情况分布

	p	m	l	ts‘	s	z	tɕ	tɕ‘	ɕ	k	k‘	ŋ	h	ø
ɥ														
a										–		√ / ×	–	+
ɛ										–		√ / ×		+
æ					+	+				–	–	√ / ×	+	× / √

续表

	p	m	l	ts'	s	z	tɕ	tɕ'	ɕ	k	k'	ŋ	h	∅
ʊ						×/√								
ɔ										–	–	√/×		×/√
ei				+	+							√/×		+
ən												√/×		×/√
aŋ												√/×	–	×/√
əʔ						+					–	√/×		×/√
i	–	+												
ia							+		+					+
iɛ							+		+					
iɔ							+	+						+
iɪ							+–	+–	+					–+
in														+
iaŋ									+					
iɪʔ		+	–											
iaʔ							+							
u				–	+									
uæ						×/√								
uei				–	–	+				+	–			
yɪ														–

注："√"表示拼合，"×"表示不拼合；"+"表示变异后在原来拼合的基础上增加新音节或同音音节，"–"表示变异后在原来拼合的基础上减少音节或同音音节；"√/×"表示变异前拼合、变异后不拼合，"×/√"表示变异前不拼合、变异后拼合。

2. 声母变异对声母系统的影响

声母变异使原有的声韵组合规律发生了改变，这对街上话原有声母系统产生重大影响。

（1）声母的归并：ŋ 在新式中因不与韵母组合而出现空格后，由 ∅

代替 ŋ 而出现，这样就填补了 ø 的拼合空格，自然也就出现声母的归并，意味着 ŋ 声母在新式中消失。ŋ 声母的消失即可视为与 ø 的合流[①]，即属中古疑母字的"牙、眼、颜、咬、藕、硬、昂、机、额"和影母字的"哑、矮、安、淹、袄、怄、恩"等，旧式为 ŋ，新式成系统地归并为 ø。

（2）声母的腭化：属中古见系开口二等字的"间、碱、家、嫁、教、觉、角、跤、街、戒、敲、铅、苋、咸、巷、虾"等，旧式为 k、k'、h，新式为 tɕ、tɕ'、ɕ，声母腭化。

（3）声母的调整：少数字声母做调整。如"蛇、扇、鳝、鼠"调整为 s，"跪"调整为 k，"秘"调整为 m，"车"调整为 ts'。

声母的归并、腭化与调整，尤其是 ŋ 声母在新式中的消失，改变了原有声母系统的格局，打破了原有语音系统，同时也说明溧水街上话的声母系统是一种动态系统。

五　结语

溧水"街上话"声母变异有 10 个变项，每个变项均有新旧两种变式。变异与年龄、性别和社会阶层等社会因素存在着相关性，呈现出不均匀的社会分布，"新式"增加趋势与年龄的趋势有关，说明声母变异是一种正在进行中的语音变化，在共时变异中反映了街上话声母 50 多年来的历时发展。在新旧式竞争中，不同声母变项之间呈现出较大的差异性，体现出变异的不均衡性，这种差异性与不均衡性正说明声母变异具有阶段性特征，分别处于初期、中期和后期三个不同的竞争阶段。新旧式替换所呈现出的总体方向是不断向普通话靠拢，充分体现出声母变异的方向性特征。变异一方面要受原有声母系统的制约，另一方面又在改变原有声韵组合规律的同时改变了原有声母系统的格局，打破了原有语音系统，同时也说明溧水"街上话"的声母系统是一种动态系统。

（原载《南京晓庄学院学报》2010 年第 2 期）

---

① 王福堂:《汉语方言语音的演变和层次》(修订本)，语文出版社，2005，第 11 页。

词汇类型对语音变异的制约 [*]

——以江苏溧水"街上话"为例

一 引言

汉语方言已有研究表明，从方言与共同语（普通话）比较的角度来看，现代汉语方言词汇主要由三种类型构成。[①]

（1）方言特有的词语，即方言固有词语（简称"固有词"）。如南京话的特有词：板牙（槽牙）、苞芦（玉米）、刀螂（螳螂）、拐角拉（角落）、泡汤（落空）、刷刮（快，利索）等。[②]

（2）方言与普通话共有词语（简称"方普词"）。从共时视角来看，作为现代汉语地域变体的方言与作为现代汉语标准变体的普通话，两者之间理应存在大量的共有词语。事实亦如此，如在《汉语方言词汇》（第二版）[③]中列有普通话词目（包括词和词组）1230条，笔

---

[*] 本文曾在第七届中国社会语言学国际学术会议（西宁，2010）上宣读，此次做了较大修改。本文为教育部人文社科规划基金项目（10YJA740031）、江苏省社科基金项目（10YYB005）和江苏省高校哲学社会科学研究项目（2010SJD740019）的阶段性研究成果。

[①] 李如龙：《汉语方言学》，高等教育出版社，2001。这只是一种划分方法，还有另外两种划分方法：一是从词汇自身的属性和研究的角度可以分为常用词、核心词和特征词（参见刘俐李、王洪钟、柏莹编著《现代汉语方言核心词·特征词集》，凤凰出版社，2007，"前言"）；二是从词汇来源的角度可以分为古代汉语的传承词、现代创造的新词语、外族语言的借词（参见邢福义《现代汉语》，高等教育出版社，1991，第244~246页）。

[②] 刘俐李、王洪钟、柏莹编著《现代汉语方言核心词·特征词集》，凤凰出版社，2007，第186~188页。

[③] 北京大学中国语言文学系语言学教研室编《汉语方言词汇》（第二版），语文出版社，1995。

者选择了几个点做了统计，发现均有不低的相同率，如武汉话（属官话）达 39.12%（481 条相同），苏州话（属吴语）达 31.22%（384 条相同），长沙话（属湘语）达 37.80%（465 条相同），南昌话（属赣语）达 43.50%（535 条相同）。在方言与普通话共有词语中，既包括由古代汉语直接传承下来的与普通话相同的词语，也包括不同时期从共同语借入并融入方言口语中与普通话相同的词语，还包括 20 世纪 50 年代以后从普通话借入的词语（此类被划入第三种类型）。

（3）从普通话转借过来的词语（简称"普入词"）。主要指 20 世纪 50 年代之后尤其是改革开放以来方言从普通话书面语中转借的词语。这又分两种情况：一种是原来方言词所没有的（如政治、时事、教育、科技等方面）而从普通话借入的概念，如 20 世纪 50 年代借入的"解放、土改、合作社、公社、丰产、大跃进"等新词语[1]，改革开放以来新出现并迅速借入的，如"步行街、极品、内退、天价、房改、外教、BB 机、DVD、IC 卡、T 恤、VCD"等新词语[2]；另一种是方言中已有固有的说法而借入的与方言固有词语并行并用的普通话的说法，如南京话的"梳子肉 / 扣肉、虎爪 / 鬃脚、平顶（头）/ 平头、火萤虫虫 / 萤火虫"等。[3]

汉语方言中常有这样一种语音变读情况，某字在方言固有词语中是一种读音，而在普通话进入的词语（大多是原方言中所没有的概念）中又是另一种近似普通话的读音。如南京话中的"今"在方言固有词语"今个（儿）、今年子"中读 kən^{31}，在普通话进入的词语"当今、如今、今非昔比"中则读 tɕin^{31}；"明"在方言固有词语"明儿（个）、明年子"中读 mən^{24}，在普通话进入的词语"明天、明年"中则读 min^{24}。[4] 又如福建泉州话中的"前、空、气"在方言固有词语"前次、空房、傻里傻气"中多读 tsuĩ^{24}、kʻaŋ^{33}、kʻui^{21}，在普通话进入的词语"前方、空间、

① 李如龙：《汉语方言学》，高等教育出版社，2001，第 105 页。
② 陈章太：《略论我国新时期的语言变异》，《语言教学与研究》2002 年第 6 期，第 28 页。
③ 刘丹青编纂《南京方言词典》，江苏教育出版社，1995，第 176~200 页。
④ 刘丹青编纂《南京方言词典》，江苏教育出版社，1995，第 270、258~259 页。

生气"中则多读 tsian^{24}、k'ɔŋ^{33}、k'ʮ^{21}。[①]方言学界将此类语音变读现象归为文白分读。[②]笔者以为这种一个字在不同类型的词语中有不同读音的现象应属于语音变异现象，此现象的出现应该与词汇类型有关，即词的不同类型与语音变异可能存在相关性。是否存在相关性需要进行调查研究与科学论证，而方言学界未见有此方面的分析研究。

社会语言学有关语言变异与变化的研究已关注到词汇系统与语言变异之间相关性问题，如王士元、沈钟伟通过对上海市区 /ã/ 和 /ɑ̃/ 两个鼻化元音合并这一个案研究，发现词的使用频率与语音变异存在着相关性[③]；徐通锵通过对现代宁波方言声调变异的调查，得出相同的结论。[④]此两项研究均表明词的使用频率与语音变异之间存在相关性，即词的使用频率对语音变异具有制约作用。而对于词汇类型与语音变异之间是否存有相关性问题，社会语言学界也缺乏深入具体的调查研究。

有鉴于此，本文拟以江苏溧水"街上话"语音变异为例，主要采用定量分析的方法，就词汇类型对语音变异是否存在着制约性问题做分析论证，并对其原因做出初步解释。

二 语音变异的调查与词汇类型的确认

（一）调查情况的说明

溧水是南京市的一个郊县，县城为在城镇（近年改名"永阳镇"）。其方言在城话属于江淮方言，居民称之为"街上话"。为调查溧水街上话的语音变异情况，2004 年 4 月，笔者编制了 100 组涉及语音变异的词语或习惯说法作为调查词表，采用"定额抽样"的方法，按 1‰的比例（县城居民有 5 万多人）抽取 50 人作为当地不同街道、年龄、职业、

---

① 李如龙：《汉语方言学》，高等教育出版社，2001，第 63 页。原文只标出了调类，现依据侯精一《现代汉语方言概论》（上海教育出版社，2002，第 230 页）标出具体调值。
② 李如龙：《汉语方言学》，高等教育出版社，2001，第 63 页；刘勋宁：《文白异读与语音层次》，《语言教学与研究》2003 年第 4 期，第 1 页；王福堂：《汉语方言语音的演变和层次》（修订本），语文出版社，2005，第 38 页。
③ 王士元、沈钟伟：《词汇扩散的动态描写》，《语言研究》1991 年第 1 期。
④ 徐通锵：《历史语言学》，商务印书馆，1991。

性别居民的代表。要求每个被调查人必须是在县城长大的，以街上话为日常用语。按年龄段分四个年龄组：青少年组（10~20岁）、青年组（21~40岁）、中年组（41~50岁）、中老年组（51~65岁），每组调查10人，青少年组多调查10人。注意男女性别比。被调查人涉及当代中国社会十大社会阶层[①]中的"经理人员阶层、私营企业主阶层、专业技术人员阶层、个体工商户阶层、商业服务业员工阶层、产业工人阶层"等六个阶层，我们将其中的"经理人员阶层、私营企业主阶层、个体工商户阶层"合并为"经营管理人员阶层"，这样就涉及"经营管理人员阶层、专业技术人员阶层、商业服务业员工阶层、产业工人阶层"等四个社会阶层。

（二）词汇类型的确认

100组词语或习惯说法中包括含同一调查字的成对词语20组。其中"苋菜/马齿苋、挖土/用锹挖、嫁人/出嫁、心满意足/满意、俗气/风俗习惯、正月初一/初中"等6组成对词语，依据前文方言词汇类型的划分，内部属于同一类型词语（即"方普词"），其他14组各自分属不同的词汇类型。鉴于本文着重探讨词汇的不同类型是否对语音变异产生制约作用，因此属于同一类型词语的6组成对词语不在本文研究之列，而分属不同类型的14组成对词语属于研究分析的重点。下面具体确认这14组成对词语中的28个词语（见表1）各自所属的词汇类型。

在"通济街_{地名}/街上、庙巷_{地名}/巷子、西坛新村_{地名}/醋坛子、染脏_{布、衣服等沾染灰尘等时易显现出}/传染"4组成对词语中，"通济街、庙巷、西坛新村"为溧水县城地名，属方言固有词，"染脏"为方言说法，也应属于方言固有词；而"街上、巷子、醋坛子、传染[②]"则既是普通话常见的词语，也是街上话中常用的词语，应属于方言与普通话共有的词语，即"方普词"。这4组成对词语构成"固有词"与"方普词"两种词汇类型的对比。

---

① 陆学艺主编《当代中国社会阶层研究报告》，社会科学文献出版社，2002，第8~9页。
② "传染"可能较早就从共同语（普通话）中借入，现已成为溧水"街上话"中的常用词，而且居民已不觉得它是普通话词语。

在"发酸／酸菜鱼、换一件／替换、得罪／犯罪、牛角／角度"4组成对词语中，"发酸、换一件、得罪、牛角"属于方言与普通话共有的词语，即"方普词"；而"酸菜鱼、替换、犯罪、角度"属于街上话所没有的概念而从普通话进入的词语，即"普入词"。应该说有的进入的时间还并不长，属于新近进入的词语，如"酸菜鱼"[①]。这4组成对词语构成"方普词"与"普入词"两种词汇类型的对比。

"家去／回家、睏觉／睡觉、掼了一跤／摔了一跤、鳗鳝／鳗鱼、老鼠子／老鼠、绿佬／绿颜色"6组成对词语与其他8组成对词语不同，"家去、睏觉、掼了一跤、鳗鳝、老鼠子、绿佬"是街上话中的固有词语，而"回家、睡觉、摔了一跤、鳗鱼、老鼠、绿颜色"则"由于普通话的说法更具普遍性，方言区的人接纳了共同语的说法"[②]，属于同义词语并行并用。这6组成对词语构成"固有词"与"普入词"两种词汇类型的对比。

这样我们依据词语所属的词汇类型，将14组成对词语根据其词汇类型的不同划分为三个对比组："固有词／方普词""方普词／普入词"、"固有词／普入词"。具体见表1。

表1 新式在不同类型词语中的分布状况（n=50）

单位：个

固有词	方普词	普入词	语音变式			新式数	新式比
			旧式	过渡式	新式		
1. 通济街	街上		$k\varepsilon^{32}$	$t\varepsilon i\imath^{32}$	$t\varepsilon i\varepsilon^{32}$	3/3	
2. 庙巷	巷子		han^{55}	εian^{55}	εian^{55}	4/4	22.5：19
3. 西坛新村	醋坛子		$t'\upsilon^{24}$		$t'\ae^{24}$	48/31	
4. 染脏	传染		$i\imath^{312}$		$z\ae^{312}$	35/38	

————————————

[①] "酸菜鱼"本是川菜中的一种菜肴，为四川方言词。我们通过检索北京大学汉语语言学研究中心CCL语料库发现，"酸菜鱼"1994年才出现在现代汉语书面语中（1994年出现于《市场报》《报刊精选》，1996年出现于《人民日报》），随着菜肴的流行，从20世纪90年代中期开始在全国通行并作为新词语进入各地方言。

[②] 李如龙：《汉语方言学》，高等教育出版社，2001，第105页。

续表

固有词	方普词	普入词	语音变式			新式数	新式比
			旧式	过渡式	新式		
	5. 发酸	酸菜鱼	su^{32}		suæ^{32}	25/44	
	6. 换一件	替换	hu^{55}		huæ^{55}	30/35	18.8:30.3
	7. 得罪	犯罪	tsei^{55}		tsuei^{55}	13/22	
	8. 牛角	角度	kəʔ^{31}	tyəʔ^{31}/tiəʔ^{31}	ti^{312}	7/20	
9. 家去		回家	ka^{32}		tɕia^{32}	0/9	
10. 瞌觉		睡觉	k^{55}		tɕiɔ^{55}	0/7	
11. 掼了一跤		摔了一跤	kɔ^{32}		tɕiɔ^{32}	2/5	11.3:17.5
12. 鳗鳝		鳗鱼	mʊ^{24}		mæ^{24}	11/19	
13. 老鼠子		老鼠	tsʻuei^{312}	tsʻʮ^{312}/tsʻu^{312}	su^{312}	27/22	
14. 绿佬		绿颜色	ləʔ^{31}		ly^{55}	5/8	
135	151	191	新式总数				
13.5	18.9	19.1	新式的平均数				

三　词汇类型与语音变异的相关性分析

（一）调查数据的统计

社会语言学变异理论指出，在语言变异中，如果某一个语言形式在不同的语境中有不同的表现形式，那么这一抽象的语言形式就是语言变项（linguistic variable）；其不同的表现形式就是组成语言变项的语言变式（linguistic variant）。[①]语言变式又可以分为"旧式"（原有形式）、"新式"（新出现的形式）和"过渡式"（原有形式与新出现的形式之间的中间状态）等三种类型。[②]

拉波夫（Labov）曾指出，在语言演变的过程中，新旧式两种形式

---

① 徐大明、陶红印、谢天蔚：《当代社会语言学》，中国社会科学出版社，1997，第100页。
② 郭骏：《语言变项中不同变式的确认》，《南京社会科学》2008年第10期。

对立存在，新式最后要战胜旧式。[①] 可见新式代表语言发展的方向，因此语音变异中的新式在不同词汇类型中的出现情况就成为我们研究词汇类型与语音变异的相关性之关键。依据调查材料，我们可统计出涉及多个语音变项的不同新式在"固有词"、"方普词"和"普入词"等不同类型词语中的出现数据，具体见表1。

依据表1，我们从对比组中内部的新式比来看，新式在"固有词/方普词""方普词/普入词""固有词/普入词"三个对比组中的分布存在着不均衡性，如"方普词/普入词"的新式比为18.8∶30.3，"固有词/普入词"对比组的新式比为11.3∶17.5；从新式在"固有词"、"方普词"和"普入词"三种不同类型词语中所出现的平均数来看，新式在三种不同类型词语中的分布存在着差异性，即固有词＜方普词/普入词（13.5 ＜ 18.9/19.1）。由此可见，新式在三类词语中的出现数已初步表明新式的分布状况与词汇类型存在着一定的相关性。

（二）相关性的定量分析

鉴于语言变异研究是以概率论为基础的定量研究，调查所得到的大量资料只有通过定量分析才能说明问题。[②] 在此我们采用专门分析变异的一种定量分析方法——变项规则分析法（Variable Rule Analysis），以有效地分析语音变异与词汇类型之间的相关性问题。此分析法是社会语言学关于语言变异研究中的一种标准化技术，其任务是分析特定变式与环境条件中哪些因素具有显著性的同现关系。变项规则分析法是将同一种因素在许多不同环境中的影响力综合起来考虑，在此基础上，每一个因素的影响力被赋予一个确定的概率，称为"作用值"[③]。作用值都介于0~1.000，如果介于0.500~1.000，则说明这个因素相对于因素组中的其

———————————

① Labov, W., *Principle of Language Change, Volume 1: Internal Factors*, Oxford and Cambridge: Blackwell, 北京大学出版社，2007，第 66、300~301 页。

② 陈章太：《中国社会语言学在发展中的问题》，《世界汉语教学》2002 年第 2 期，第 110 页；游汝杰、邹嘉彦：《社会语言学教程》，复旦大学出版社，2004，第 15 页。

③ 徐大明：《新加坡华社双语调查——变项规则分析法在宏观社会语言学中的应用》，《当代语言学》1999 年第 3 期，第 26 页。

他因素而言更有利于变式的出现。[①]

下面，我们采用变项规则分析法对词汇类型与语音变异的相关性做定量分析，即对词汇类型与新式同现概率进行估算。采用的分析软件是 Goldvarb 2001。其中"固有词""方普词""普入词"三种词汇类型为自变量，新式的选用为因变量，分析结果见表 2。

表 2　词汇类型影响新式选用的作用值分析

变量组	变量	作用值	百分比
词汇类型	固有词	0.417	25
	普入词	0.536	35
	方普词	0.560	37

表 2 显示：（1）在三种词汇类型中，"普入词"和"方普词"这两种词汇类型的作用值介于 0.500~1.000，表明词汇类型对新式的选用存在着显著的相关性，也即证明词汇类型对语音变异具有制约作用。（2）不同类型的词语在对新式选用的作用值上存在着显著差异，其作用值呈递增模式："固有词"的作用值为 0.417（＜0.500），不利于新式发音的选用；"普入词""方普词"的作用值分别为 0.536、0.560（＞0.500）[②]，有利于新式发音的选用。由此，我们可以得出：在词汇系统对语音变异的制约过程中，除了词的使用频率对语音变异存有制约作用外，词汇类型对语音变异也具有制约性，而且不同类型词汇对语音变异的制约存在着差异性。

社会语言学定量分析的"定量模型原则"（principle of quantitative modeling）要求在研究语言变异时应关注变式出现时的语境特征（contextual feature），即既要关注变式出现的语言环境，也要关注变式出现的社会现象。[③]大量的事实已经证明，语言表现是由语言内部和语

① 徐大明主编《语言变异与变化》，上海教育出版社，2006，第 36 页。
② 暂时还不能区分出方普词与普入词对语音变异的制约力的大小，可能与样本数较小有关。
③ 徐大明主编《语言变异与变化》，上海教育出版社，2006，第 30 页。

言外部的诸多因素共同决定的。因此，我们在分析研究语音变异时，需要对新式选用的语言环境和社会现象同时做定量分析。这样，既可检验在与社会因素做综合分析的情况下词汇类型是否仍显现出与语音变异具有显著的相关性，又可检验语音变异是否为语言因素与社会因素共同作用的结果。

我们将"词汇类型"（"固有词""普入词""方普词"）和"社会因素"（"年龄""性别""社会阶层"）同时作为自变量输入变项规则分析法的统计程序，统计结果显示，"词汇类型"成为有效地解释新式选用的环境变项，而"社会因素"中只有"年龄因素"为有效的解释因素，排除了"性别""社会阶层"两个没有解释力的环境变项，分析结果见表3。

表3　词汇类型、社会因素影响新式选用的作用值分析

变量组	变量	作用值	百分比
词汇类型	固有词	0.414	25
	普入词	0.537	35
	方普词	0.562	37
社会因素（年龄）	青少年	0.594	39
	青年	0.568	37
	中年	0.465	28
	中老年	0.291	15

表3显示：（1）"词汇类型"对新式发音选用的作用值，无论是单独分析还是与社会因素同时分析，其结果是一致的，再一次证明"词汇类型"对新式的选择存在着相关性；（2）"语言因素"（词汇类型）与"社会因素"（年龄）同时对新式发音的选用产生制约作用，再一次印证，语言变异是语言结构系统内部因素和语言结构系统外部的社会因素共同作用的结果，而不仅仅是语言内部某一因素单独制约的结果；（3）年龄因素是制约语音变异的一个非常重要的社会因素，青年、青少年采用新

式率高，印证了加拿大著名的社会语言学家钱伯斯曾提出的语言变式与年龄相关性的标准模型：新出现的某一变式在最年长一代人的话语中少量出现，在中间一代人的话语中有所增加，在最年轻一代人的话语中出现频率最高。[①]

（三）相关性的原因试释

已有研究表明，就街上话的整体而言，其演变方向是普通话而不是中心城市方言南京话。[②] 就具体调查字而言，我们可以通过分析其旧式、新式[③] 与普通话的接近情况来确认其演变方向：就旧式而言，声母相同6字，韵母均不同，调类相同12字；就新式而言，声母相同13字、相近1字，韵母相同6字、相近8字，调类全部相同。这就表明由旧式到新式呈现出向普通话靠拢的演变方向。正如陈章太所指出的，"因为受普通话的强大影响，各地大小方言都发生较大的变异，总趋势是向普通话靠拢"[④]。

既然同时受普通话影响，同样呈现出向普通话靠拢的方向性，那么为何同一字在不同类型的词语中新式的出现率会不同？为何"固有词"不利于新式的出现而"普入词"和"方普词"有利于新式的出现呢？这是由不同类型词语所呈现出的不同特性所决定的。现简要分析如下。

"固有词"为普通话无而方言特有的词语，为居民日常交际中的常用词语。溧水县城居民虽然对普通话的认同度比街上话高，但街上话仍是居民的主体语言。[⑤] 这就意味着"固有词"有着很高的使用率，而高

① Chambers, J. K., "Patterns of Variation Including Change", in J. K. Chambers, P. Trudgill and N. Schilling-Estes (eds.), *The Handbook of Language Variation and Change*, Oxford: Blackwell, 2003, pp. 349–372.

② 郭骏：《语言态度与方言变异——溧水县城居民语言态度与语言使用情况的简要调查》，《南京社会科学》2007年第8期，第135~136页。

③ 所调查字中只有少数字出现过渡式，故暂不做比较分析。

④ 陈章太：《略论我国新时期的语言变异》，《语言教学与研究》2002年第6期，第32页。

⑤ 郭骏：《语言态度与方言变异——溧水县城居民语言态度与语言使用情况的简要调查》，《南京社会科学》2007年第8期，第140页。这与上海市和南京市居民的语言态度与语言使用情况相类似 [范德博：《活力、认同和语言传播：以上海话为例》，《中国社会语言学》2005年第2期；付义荣：《南京市语言使用情况调查及思考》，《南京航空航天大学学报》（社会科学版）2004年第3期]。

使用率有利于街上话原有读音的保持，这样受普通话语音的影响自然要小，所以新式的出现率就不高。据表1，固有词中的"家去、睏觉"没有出现新式，"通济街、庙巷、掼了一跤、鳗鳝、绿佬"等词新式的出现率都不高。只有属于地名词的"西坛新村"中"坛"较为特别，其新式的出现率极高。从某种意义上讲，地名是方言变化的"见证人"，是语言的活化石，更易保留方言中的原有读音，这从"通济街""庙巷"两个地名词新式的低出现率中可看出。为何"西坛新村"中"坛"的新式出现率极高？这可能与该地名出现的时间有关。"西坛新村"是一个居民新村，是20世纪70年代后期新建和命名的，属于一个新地名，而"通济街""庙巷"则沿用了历史街名和历史巷名。[①] 由此可见，原有地名的读音易采用旧式，新近命名的地名其读音易采用新式。

而"普入词"和"方普词"则不同。"普入词"是从普通话转借来的词语，由于方言中原本没有这样的词语，因此，在转借时自然极易受到普通话语音的影响。所以无论是方言中无固定说法而从普通话中借入的词语（如"酸菜鱼、替换、犯罪、角度"），还是方言中虽有固定说法但因普通话说法更为普遍从而借入的词语（如"回家、睡觉、摔了一跤、鳗鱼、老鼠、绿颜色"），这些词语在折合成方言语音时自然要比其他类型的词语更容易受到普通话读音的影响，更易采用接近普通话读音的新式，即"把普通话的某类音值转换为方言中的近似音"[②]。就"方普词"而言，"街上、巷子、醋坛子、发酸、换一件、得罪、牛角"等词语既是街上话中的常用词语（也是溧水全县各乡镇方言中的常用词语），同时也是普通话中的常用词语，因此在普通话的巨大影响下，在对普通话具有较高认同度的情况下，对于这些与普通话相同的词语，居民尤其是年轻人（见表3）更易采用接近普通话读音的新式。不过仍有个别词（如"街上、巷子"）新式的出现率不高，大多采用过渡式（见表1）。

---

① 参见溧水县地名委员会编《江苏省溧水县地名录》，内部出版，1982。

② 张树铮：《试论普通话对方言语音的影响》，《语言文字应用》1995年第4期，第96页。

四 结语

我们通过对溧水"街上话"中不同词汇类型对语音变异制约情况进行定量分析发现：词汇类型对语言变异具有制约作用，不同类型词汇对语音变异的制约存在着差异性，"普入词"和"方普词"有利于新式发音的选用，"固有词"不利于新式发音的选用。这表明语音变异除受到词汇系统中词的使用频率制约外，也要受到词汇类型的制约，词汇类型也是词汇系统中一个重要的制约因素。

我们通过对"语言因素"（词汇类型）与"社会因素"（年龄、性别、社会阶层）对语音变异制约情况进行定量分析，再一次证明词汇类型与语音变异存在着相关性，同时也表明"语言因素"与"社会因素"共同对新式发音的选用产生制约作用。

上述研究结果表明：（1）普通话词语的借入是普通话对方言语音产生影响的一条重要途径；（2）普通话对方言语音的影响由"普入词/方普词"到"固有词"，以分类渐进的方式推进，在不断渗透中使方言语音产生渐变；（3）普通话影响方言与方言接受普通话的影响是一个渐进的动态过程，不是一个突变的过程，正如普通话的普及是"一种渐变的过程，不可能是一种突变的过程"[①]一样。

（原载《语言文字应用》2011 年第 3 期）

---

① 吕叔湘:《普通话与方言问题学术讨论会上的发言》,《语文建设》1990 年第 4 期,第 6 页。

语言态度与方言变异

——溧水县城居民语言态度与语言使用情况的简要调查

一　调查的缘起

（一）在城镇与在城话

溧水县位于江苏省西南部，为南京市的一个郊县。其县城原名"在城镇"。1994 年原城郊乡并入①，2000 年原东庐乡并入且同时更名为"永阳镇"②。这样，现在的"永阳镇"包括城区（原"在城镇"）、原"城郊乡"和"东庐乡"两个乡。根据《溧水年鉴（1986-1995）》和《溧水年鉴（1996-2000）》所提供的人口数据推算，城区（原"在城镇"）现有注册人口在 5 万左右。鉴于本文所调查的只是城区居民的语言态度与语言使用情况，故县城仍称"在城镇"。其方言在城话③属于江淮方言，当地居民称之为"街上话"。

（二）语言态度与语言使用情况调查的缘起

1. 语言变异情况的调查

20 世纪 80 年代笔者调查在城话时就发现存在着大量的一字两读或多读的现象，而且成系统、有规律。如"哀、癌、矮、爱"等字声

---

① 溧水县地方志编纂委员会办公室编《溧水年鉴（1986-1995）》，溧水年鉴编辑部，1996，第 1 页。

② 溧水县地方志编纂委员会办公室编《溧水年鉴（1996-2000）》，溧水年鉴编辑部，2001，第 27 页。

③ 在城话有新老之分。老在城话为吴方言，现已基本消失，只保留在极少部分老年人口中，且一般限于在家庭中使用。故这里所说的"在城话"为"新在城话"。

母成系统地 [ŋ] 和 [ø] 两读，"江、墙、香、样"等字韵母成系统地 [iɛ] 和 [iaŋ] 两读；又如"淹、颜、眼"字 [ŋæ³²]/[æ³²]/[iɪ³²]、[ŋæ²⁴]/[æ²⁴]/[iɪ²⁴]、[ŋæ³¹²]/[æ³¹²]/[iɪ³¹²] 成系统地三读。[①] 笔者还发现，这种一字多读与说话人的年龄有关，不同年龄层次说不同的音，并且说话人自己也能清楚地意识到这种差异的客观存在。

这种一字两读或多读现象属于不同群体之间的语言差异，显然属于社会语言学所研究的变异现象。一字两读或多读是不同的声韵调在不同的语境中的不同形式，这种不同的声韵调就是一个个"语音变项"（phonetic variable），而每一个"语音变项"中的两读或多读就是它的"语音变式"（phonetic variant）[②]。2004 年，笔者在原方言调查的基础上选择了 100 组涉及声母、韵母和声调变异的词语或习惯说法作为调查词表，对在城话的语音变异情况做了具体调查。[③]

2. 语音变异情况的分析

（1）语音变异情况。调查发现 100 组中有 92 组被调查字的字音存有两读或多读现象，可见在城话中的语音变异现象普遍存在。其中涉及声母变异的有 46 组，涉及韵母变异的有 82 组，涉及声调变异的有 6 组。从声母变异、韵母变异和声调变异三方面来分析，同一词语存有交叉情况。涉及声母变异的 46 组词语共存有 10 个声母变项，涉及韵母变异的 82 组词语共存有 32 个变项，涉及声调变项的 6 组词语共存有 6 个变项。[④] 每一个变项都存有 2 个或 2 个以上的变式。我们将这些语音变式分为"旧式"（方言原有形式）、"新式"（新的形式）和"过渡式"（处于新式与旧式之间的形式）。[⑤]

（2）语音变异方向。1）呈现出向普通话靠拢的方向性。笔者依据语音变异调查材料就在城话 [u] 元音变异情况做过详细分析。分析发现 [u] 元音在新式中的出现始终围绕着普通话 [u] 元音及其组成的韵母

---

① 郭骏：《溧水方言探索集》，科学技术文献出版社，2004，第 238~256 页。
② 徐大明、陶红印、谢天蔚：《当代社会语言学》，中国社会科学出版社，1997，第 100 页。
③ 郭骏：《溧水"街上话"语音变异研究》，南京大学博士学位论文，2006，第 9~13 页。
④ 郭骏：《溧水"街上话"语音变异研究》，南京大学博士学位论文，2006，第 32~33 页。
⑤ 郭骏：《溧水"街上话" [u] 元音变异分析》，《中国社会语言学》2005 年第 1 期，第 74 页。

来进行，新旧形式交替所呈现出的方向是不断向标准普通话靠拢：旧式中没有 [u] 介母而普通话中有，新式中就出现 [u] 介母，如 ei → uei，ən → uən、əʔ → uəʔ；旧式中有 [u] 介母而普通话中没有，新式中则 [u] 介母消失，如 uən → ən；旧式中以 [u] 为单韵母而普通话中是以 [y] 为单韵母，新式中就出现单韵母 [y]。只是交替过程略有不同：有的是新式直接代替旧式，如 ʊ → uæ、ei → uei、ən → uən、əʔ → uəʔ、yn → uən、uən → ən；有的是过渡式代替旧式，新式再代替过渡式，如 ʊ → yɪ → uæ、yɪ → ʊ → uæ、uei → ʅ → u。具体情况见表 1。①

表 1　新旧形式替换所呈现出的过程与方向、"新式"与普通话韵母的接近度

例字	旧式	新旧形式替换所呈现出的过程与方向	普通话	接近度
团端暖乱蒜酸佘换唤豌	ʊ	ʊ → uæ	uan	相似
嘴催岁罪，村寸孙笋	ei、ən	ei → uei，ən → uən	uei、uən	一致
俗	əʔ	əʔ → uəʔ	u	相似
砖穿船	ʊ	ʊ → yɪ → uæ	uan	相似
唇	yn	yn → uən	uən	一致
软	yɪ	yɪ → ʊ → uæ	uan	相似
横	uən	uən → ən	ən	一致
鼠	uei	uei → ʅ → u	u	一致
驴盂	u	u → y	y	一致

　　2）没有向中心城市方言——南京话靠拢。溧水隶属于南京市，南京是溧水最临近的大都市。就方言的地区地位来看，南京话为强势方言，在城话为弱势方言；从强势方言对弱势方言的影响来看，南京话极容易成为在城话仿效的对象，并且两者又同属江淮方言，本身就存在一些共同的语音特征。

　　刘丹青在《南京方言词典》中把南京方言分为最老、老、新和最新四派，将前两派称为"老南京话"，后两派称为"新南京话"，并提出了

———————

① 郭骏：《溧水"街上话"[u] 元音变异分析》，《中国社会语言学》2005 年第 1 期，第 76 页。

南京话的八大语音特点（前三项是新老各派所具有，后五项是老南京话所具有）[①]，同时还分 14 项来说明南京话四派之间的语音差异。[②] 这样我们将在城话语音变异材料与南京方言的语音特点进行比较即可得出在城话是否向南京话靠拢的结论。

[1] 在城话与老南京话语音特点比较

南京话八大语音特点（略加概括）：① "风／分" 同韵；② 有 "ɤʔ" 韵；③ 有 "iʔ/uʔ/yʔ" 韵；④ "ts+i" 组合；⑤ "ts/tʂ" 系统区分；⑥ "官／碗" 不分；⑦ "三／桑" 不分；⑧ "袋／包" 为复韵母。而在城话语音变式中无论是旧式、过渡式还是新式都没有一项与之相同。

[2] 在城话的新式与新南京话语音特点比较

新南京话的 14 项语音特点（略加概括）：① 不分尖团；② "ie/ien/ieʔ" 有介音 i；③ 仍区分 ts/tʂ；④ "车／蛇" 韵母为 ə/ɔ；⑤ 有 ie（街）无 iɛ；⑥ "菜／刀" 韵母为 ɛ/ɔ；⑦ "百／墨／责" 韵母为 əʔ；⑧ "板／绑、官／光" 韵母 an/aŋ、uan /uaŋ 分读；⑨ "荣／涌、辱／育" zoŋ²⁴/ioŋ¹¹、zuʔ⁵/ yʔ⁵ 分读；⑩ "家" 韵母为 ia；⑪ "绿" 读 luʔ⁵~lyʔ⁵（新派）/lyʔ⁵~ly⁴⁴（最新派）；⑫ "去" 读 tɕʰy⁴⁴；⑬ 阴平调念 41；⑭ 有个别儿化词。在 14 项语音特点中，除第 12 项在城话的 "去" 读音因未调查而无法比较外，在城话的新式除第 1、6、7 项与新南京话相同，第 4 项（"蛇" 韵同）、第 8 项（"绑、光" 韵同）、第 9 项（"涌" 韵同）、第 11 项（"绿" 与 ly⁴⁴ 声韵相同）等项个别与新南京话相同外，其他均不相同。

通过比较反映出在城话与有较多方言特色的老南京话、在城话的新式与新南京话之间所存在的共同点极少，表明在城话并没向强势方言南京话靠拢。这同时也说明城镇方言有其自身发展的规律，是否都 "向大中城市靠拢或中心城市的方言靠拢"[③] 要具体问题具体分析。

3. 语言态度与语言使用情况调查的缘起

依据语音变异调查材料，我们发现在城话中的语音变异现象普遍

───────────

① 刘丹青编纂《南京方言词典》，江苏教育出版社，1995，"引论"，第 24~25 页。

② 刘丹青编纂《南京方言词典》，江苏教育出版社，1995，"引论"，第 5~9 页。

③ 陈章太：《论语言生活的双语制》，载《语言规划研究》，商务印书馆，2005，第 51 页。

存在，而且变异呈现出的演变方向是普通话而不是南京话。那么为什么会出现这样的演变方向呢？这是否与居民的语言态度有关？这是我们首先要考虑的问题。因为语言态度是人们对不同的语言、方言、口音和其讲话者的态度①，对语言发展、消亡乃至人们的语言行为都具有重要的影响，②所以很有必要对在城镇居民的语言态度与语言使用情况进行一番调查。

二　调查情况

（一）调查问卷的设计

鉴于语言态度是人们对某种语言或方言的评价，包括对其地位、功能以及发展前途的评价等内容③，所以拟就"街上话"名称的确定、居民语言使用情况、在城话的可懂度、在城话与其他话的接近情况、在城话的情感价值评价、在城话的发展变化情况、家长对子女日常用语和教育用语的选择等 7 个方面来开展调查。

此次主要采用封闭式的问题，在答案的设计上采用选择式（只能选择其中的一个选项）。针对以上 7 个方面共设计了 9 个问题（见附录），回答者一般在 20 分钟内就能完成。针对"街上话"名称的确认从两个方面来设计：一是直接调查是否称在城话为"街上话"，二是在城镇人是否把各乡镇人所说的话统称为"乡下话"。这样来看"街上话"与"乡下话"是否形成一组相对概念。对居民语言使用情况的调查也是从两个方面来设计的：一是与不同的人（家人、乡下人、外地人或讲普通话的人）交谈所使用的语言，二是自己熟练掌握的语言。居民对在城话的情感价值判断是通过与乡下话、南京话和普通话三个方面的比较来设计的。可懂度调查是从外地人能否听懂的角度来进行的。在城话与其他话的接近情况是通过与普通话、南京话、乡下话及其他话（如镇江话④）的比较

---

① Trudgill, P., *A Glossary of Socioliguistics*, Edinburgh : Edinburgh University Press, 2003, p.73.

② 徐大明主编《语言变异与变化》，上海教育出版社，2006，第 80 页。

③ 谢俊英：《中国不同民族群体对普通话的态度差异分析》，《语言文字应用》2006 年第 3 期，第 21 页。

④ 溧水在 20 世纪 80 年代之前曾属于镇江地区。

来进行的。在城话的发展变化调查是采用封闭式问题与开放式问题相结合的方式：既调查是否正在发生变化，又调查变化的速度，同时透过回答者的举例来看具体的发展变化情况。家长对子女的日常用语和教育用语的态度从家庭和学校两个方面来进行调查。

（二）调查情况的说明

调查采用当面访问法，按照调查问卷的格式和要求记录被调查者的各种回答，这样调查的回答率和成功率比较高，同时也提高了调查结果的真实性。采用"定额抽样"的方法，按 1‰的比例抽取 54 人，作为当地不同街道、年龄、性别、职业、阶层的居民的代表。要求祖籍虽不必全是本地，但必须是在县城长大的，日常用语为在城话。调查时间：2005 年 4 月。

这 54 位受访者中有女性 25 名（46.3%）、男性 29 名（53.7%）。年龄分布为 11~71 岁，跨度 60 岁。受访者的受教育程度涉及大学本科、大学专科、中专 / 高中、初中、小学 5 个层次。职业分布也较为广泛，有公务员、专业技术人员、企业管理人员、私营企业主、个体工商户、服务员、营业员、修理工、企业职工等等。除学生外，共涉及经理人员阶层、私营企业主阶层、专业技术人员阶层、个体工商户阶层、商业服务业员工阶层、产业工人阶层等六个社会阶层。[①]同时还调查了受访者父母的籍贯，分在城、乡镇和外地三种情况，因为父母的语言会对受访者的语言态度与语言使用情况产生一定的影响。

三 调查数据分析

（一）"街上话"与"乡下话"名称的确认

调查问卷的第一题（现在的在城话是不是也称为"街上话"？）回答"是"的有 54 人（100%），由此可见在城镇人把自己所说的在城话称为"街上话"是确凿无疑的。另据几位六十几岁的受访者称，他们的爷爷辈就这样称呼，可见"街上话"这个名称由来已久。

---

① 陆学艺主编《当代中国社会阶层研究报告》，社会科学文献出版社，2002，第 8~9 页。

调查问卷第二题（在城镇人是否把各乡镇人所说的话统称为"乡下话"？）回答"是"的有51人（94.44%），即确认在城镇人把各乡镇人所说的话统称为"乡下话"。

（二）居民语言的使用情况

从调查问卷的第三题的调查数据来看：平时与家人交谈一般用在城话的有46人（85.19%），用乡下话的有3人（5.56%）；与各乡镇人员交谈一般用在城话的有40人（74.07%），用乡下话的有3人（5.56%）；与外地人或操普通话的人交谈用普通话的有45人（83.33%），用在城话的有9人（16.67%），没有人用乡下话或其他话。可见居民与本地人交谈主要使用在城话，与外地人或操普通话的人交谈主要使用普通话。

从调查问卷的第四题（您除会说在城话，还会较为熟练地说哪一种话：①普通话；②南京话；③镇江话；④乡下话；⑤其他话）所得到的回答来看：除在城话外还会说普通话的有44人（81.48%），还会说乡下话的有7人（12.96%），只会说在城话的有3人（5.56%）。这些调查数据说明，居民除会说在城话外绝大多数会说普通话，至于乡下话和其他话，会说者甚少，可见他们都是在城话与普通话的双语者。

（三）在城话可懂度与接近度的主观评判

根据调查问卷第五题（凭您的经验，外地人能听懂在城话吗？）调查，认为完全听得懂的有4人（7.41%），认为基本听得懂的有43人（79.63%），认为听不懂的有7人（12.96%）。"完全听得懂"与"基本听得懂"两项合起来为47人（87.04%），说明县城居民对在城话的可懂度的主观评价是比较高的。

根据调查问卷第六题（凭您的感觉，现在的在城话与哪种话相对来说较为接近：①普通话；②南京话；③镇江话；④乡下话；⑤其他话）调查，认为与普通话较为接近的有34人（62.96%），认为与南京话较为接近的有11人（20.37%），认为与镇江话较为接近的有7人（12.96%），认为与乡下话较为接近的有2人（3.70%），认为与其他话较为接近的无。在城话、南京话、镇江话都属于江淮方言，本来就存在着一定的接近度，这是不争的事实，但通过受访者对接近情况比较所做出的差异判断可以看出在城居民的语言态度。大多数人认为在城话与普通话较为接近，反映出居民一种普遍的认同：普通话对在城话影响大，在城话在向普通话靠拢。

（四）在城话的情感价值评价

从调查问卷的第七题（调查时有 1 人未选择）关于在城话与普通话、乡下话、南京话的情感价值评价比较来看：认为普通话比在城话更好听的有 42 人（79.25%），认为在城话比乡下话更好听的有 46 人（86.79%），认为在城话比南京话更好听的有 41 人（77.36%）。溧水县城居民对在城话与普通话、乡下话和南京话的情感价值评价上存在着认同差异：普通话＞在城话＞南京话＞乡下话。

（五）在城话的发展变化情况

1. 对在城话正发生变化的认同

从调查问卷的第八题（凭您的感觉，您认为在城话是否正发生着变化？从总体上来说，变化速度如何？）来看：有 52 人（96.30%）认为在城话正在发生变化，2 人（3.70%）认为没有变化；认为变化速度为"一般"和"较快"的有 46 人（85.19%），认为变化速度"较慢"的有 6 人（11.11%）。可见人们对在城话正在发生变化存在着普遍认同，说明在城话正处于一个发展变化的过程中。

2. 例证分析

调查问卷第八题提出，如果认为在城话正在发生变化，请举出一例。调查显示，在认为正在发生变化的 52 人中，有 41 人谈了自己的主观印象或举出具体例证。

受访者对在城话正在发生变化的主观印象主要包括这样四个方面：（1）从在城话的特色来看，"随着普通话的普及与推广，在城话大多数已成为普通话的变音变腔，而那些老土话正趋于消亡"，"现在正宗的在城话已听不到"；（2）从在城话的家庭使用情况来看，"在家也不时冒出几句普通话"，"人们在家都开始说普通话了"；（3）从在城话的使用者来看，"小孩都已不说纯在城话"，"侄儿、侄女不讲在城话，讲普通话"，"自己说在城话，孙子辈说普通话"，"孙子辈对自己说的街上话觉得难听";(4)从在城话的发展趋势来看,"有向普通话转变的趋势","向普通话发展"。

受访者举出的反映在城话正在发生变化的例证涉及语音、词汇和语法三个方面,现分项做简要分析。

(1)语音变化。涉及过去与现在读音不同的例子共有 6 个:"鸡" [tsɿ^{32}] → [tɕi^{32}],"颜色"的"颜" [æ^{24}] → [iɪ^{24}],"家去"中的"家" [ka^{32}] → "回家"中的"家" [tɕia^{32}],"大麦"中的"大" [tɛ^{55}] → [ta^{55}],你到哪里去 [kʻi^{55}]?→ 去 [tɕʻy^{55}] 哪里?,中觉 [ko^{55}] → 午觉 [tɕiɔ^{55}]。6 例中涉及声韵母替换 1 例([tsɿ^{32}] → [tɕi^{32}])、韵母替换 2 例([æ^{24}] → [iɪ^{24}]、[tɛ^{55}[→ ta^{55}])、声母腭化 3 例([ka^{32}] → [tɕia^{32}]、[kʻi^{55}] → [tɕʻy^{55}]、[ko^{55}] → [tɕiɔ^{55}]),未涉及声调变化。此次调查并非语音变异调查,但从 6 例的变化情况也可大致看出在城话现在的读音与普通话语音较为接近,与居民对在城话接近度的主观判断相吻合,隐约地呈现出向普通话靠拢的演变方向。同时还反映出一个问题:语音变化有时还不仅仅与语音本身有关,还与词汇、语法等有关。如"家""觉""去"所发生的语音变化还与"家去 / 回家""中觉 / 午觉"等词汇变化、"你到哪里去 / 去哪里"这样的句法结构有一定的关系。

(2)词汇变化。调查收集到新旧词语的替换 20 例和社会时尚词语 2 例(年轻人的语言中有"帅哥、酷"等词)。按照中国社会科学院语言研究所方言研究室资料室《汉语方言词语调查条目表》①的分类,这新旧词语替换 20 例涉及 13 个意义类:落水、下水→下雨(天文),乡下→农村(地理),昨格→昨天(时令、时间),洋山芋→马铃薯(植物),开花子→猪肝(动物),簟子→凉席、洋机→缝纫机、洋油→煤油、箩窠→摇窝(器具用品),家婆→婆婆外婆(亲属),肚胱→肚子(身体),家去→回家、中觉→午觉(日常生活),对不起→谢谢(交际),剃头→理发、裁缝店→服装店、老虎灶→茶水炉子、脚踏车→自行车(商业、交通),玩把戏→玩杂技(文体活动),沙亮→雪亮(形容词)。虽是受访者随口举出的例子,却具有较大的词汇覆盖面。词汇的变化反

---

① 中国社会科学院语言研究所方言研究室资料室:《汉语方言词语调查条目表》,《方言》2003 年第 1 期。

映出两个方面的问题：其一，这些日常生活中极常用的词语的变化说明在城话的词语正在发生较大范围的新旧词语替换；其二，原有具备较浓方言色彩的词语退出，替换出现的新词语除极个别（婆婆_{外婆}）外都是普通话词语，从词汇的角度呈现出向普通话靠拢的演变方向。

（3）语法变化。调查收集到涉及语法变化的例子只有 3 例，涉及三个方面。①体现方言特色的疑问副词"阿"的消失：阿吃啦？→吃过啦？②量词"挂"与"辆"的替换：一挂车子→一辆车子。③不能带宾语的"去"可以带宾语：你到哪里去？→去哪里？例子虽然不多，却也粗略地反映出方言语法特征的消失而代之以普通话的语法特征。这也从语法的角度呈现出向普通话靠拢的演变方向。

（六）日常用语和教育用语的选择

调查问卷第九题是"如果您是家长（或是学生），您要求您的孩子（或家长要求您）在家说：①普通话，②在城话，③其他话"。调查发现有 29 人（53.70%）要求子女在家说普通话，24 人（44.44%）要求子女在家说在城话，1 人（1.85%）没有要求。有 53 人（98.15%）要求子女在学校说普通话，1 人（1.85%）没有要求，也无人要求说其他话。这反映了县城居民对子女的日常用语和教育用语的态度，几乎所有受访者都认为教育用语应用普通话，一半以上的人认为子女在日常用语中也要用普通话。

四　基本结论

（一）"街上话"与"乡下话"二元对立

从调查数据的分析中可以看出在城镇居民把全县方言划分为两种——"街上话"与"乡下话"，即依据城镇与乡村这种行政上的二元对立把溧水方言划分出城镇方言与乡村方言这种方言上的二元对立。这种划分是由在城镇居民对在城话的使用与情感认同决定的：在城话使用率高、认同度高。这种对立彰显出"街上话"作为城镇方言的权威地位，意味着"街上话"不可能受到乡镇方言的影响。事实也正是如此：在城话的使用范围正逐渐扩大，乡镇入城人员对其的认同和作为交际用语的选择，使其完全成为强势语，成为溧水当地通行的交际语言。有的居民甚至直接将其称为"溧水普通话"。

（二）例证呈现出方言的演变方向

居民对在城话正在发生变化有着普遍的认同，这说明在城话正处于一个吸收普通话并逐渐受其影响而不断向普通话靠拢的发展进程当中。从受访者对在城话发展变化的主观印象，可以清楚地说明在城话方言特色逐渐淡化，从小孩起开始有让位于普通话的倾向，正逐渐向普通话靠拢。从受访者所举例证中，也能看出在语音、词汇、语法三个方面都呈现出向普通话靠拢的发展趋势。在城话语音变异调查所得出的向普通话靠拢的演变方向的结论在此得到印证。

（三）双语制决定了方言的演变方向

1. 在城话与普通话的同时使用

从居民语言使用情况的调查来看，居民与本地人交流主要使用"街上话"，与外地人或操普通话的人交谈主要用普通话。除会说在城话之外，绝大多数居民能较为熟练地说普通话，而对"乡下话"和其他话会说者甚少，可见他们都是在城话与普通话的双语者。他们都具有熟练的双语能力和双语行为：与家人和乡下人交谈用街上话，与外地人或操普通话的人交谈用普通话。

2. 在城话与普通话的双向认同

从县城居民对在城话与普通话、乡下话和南京话的情感价值评价上的认同差异来看，居民对普通话和在城话的情感价值评价最高，这说明县城居民对普通话和在城话存在着双向认同，并且对普通话的认同度要高于在城话。

从居民对在城话可懂度的较高评价来看，反映出居民对在城话的交际功能的一种认同：不局限于本地人之间的交流，还可用于与外地人之间的交流。从对接近度的判断来看，居民认为在城话与普通话较为接近的观点反映出居民对普通话的认同。这两方面同样也反映出居民对在城话与普通话存在着双向认同。

从日常用语和教育用语的选择来看，几乎所有受访者都认为教育用语应用普通话，一半以上的人认为子女在日常用语中也要用普通话，近一半的人认为子女在家要用在城话。或说普通话，或说在城话，没有人要求子女说其他话。这也说明居民对在城话与普通话存在着双向认同，从主张说普通话的人数来看，居民对普通话的认同度高于在城话。

3. 双语制决定了方言的演变方向

从在城话与普通话的同时使用（使用的场合不同）与双向认同，可见在城话作为一种地域方言与普通话作为民族共同语在在城镇这个言语社区（speech community）①内并存共用。这说明县城居民的语言生活是一种"地域方言和民族共同语在言语共同体（言语社区）内并存并用"②的双语制③，这与我国汉语语言生活的基本特征相吻合。所不同的是，我国汉语语言生活是地域方言与民族共同语并存共用、民族共同语起主导作用的双语制④，而溧水县城居民的语言生活是地域方言与民族共同语并存共用、以地域方言为主导的双语制。虽然从认同度来看，普通话要高于在城话，但从实际使用情况来看，普通话（民族共同语）仍只限于与外地人或操普通话的人交际时使用，在城话（地域方言）使用率高。

由于语言演变是在语言使用过程中发生与进行的，而这种双语制使在城话与普通话有直接接触的机会，再加上居民对普通话的权威地位有着极高的认同度，自然就会有意或无意地将自己所说的在城话向普通话靠拢。这属于社会语言学的交际适应理论（communication accommodation theory）中的靠拢（convergence）现象。⑤就语音而言

---

① 关于"言语社区"理论的研究，参见徐大明《言语社区理论》，《中国社会语言学》2004年第1期，第18~28页。

② 陈章太：《论语言生活的双语制》，载《语言规划研究》，商务印书馆，2005，第48页。

③ 这种现象，美国语言学家弗格森（C. A. Ferguson）称为"双言现象"（diglossia）。不过，他在《双言现象》一文中解释说，diglossia是仿造迄今为止用于此种情况的法语词diglossie造出来的，而且欧洲其他国家也用这个词来表示"双语现象"（bilingualism）这一特殊含义。有鉴于此，陈恩泉先生认为，至少对于中国来说，引入"双言现象"这一术语没多大必要，可以把这种现象也叫作双语制，这是一种广义上的双语制（参见陈恩泉《中国施行双语制度刍议》，载陈恩泉主编《双语双方言与现代中国》，北京语言文化大学出版社，1999，第10页）。

④ 陈章太：《论语言生活的双语制》，载《语言规划研究》，商务印书馆，2005，第50页。

⑤ 徐大明、陶红印、谢天蔚：《当代社会语言学》，中国社会科学出版社，1997，第243页。

表现为调整自己的语音以便更接近普通话语音，就词汇而言表现为方言词语与普通话词语的替换，就语法而言表现为方言语法特征的消失和普通话语法特征的出现。而在城话与南京话则缺少这样直接接触的机会，同时，南京虽然是溧水最邻近的中心城市，但居民对南京话的认同度却不高，这种较低的认同度自然会影响到居民对南京话的接受度。由此可见，在城话与普通话并存共用的双语制决定了在城话的演变方向只能是普通话而不可能是南京话。

（原载《南京社会科学》2007 年第 8 期）

主导与主体：普通话和城市方言的
语言地位辨析[*]

一　引言

中国快速推进的城市化加速了人口流动与普通话的普及^①，使城市语言的使用由单语（言）到多语（言），城市语言生活由单一化到多元化。在城市语言生活中，普通话的使用频率大幅提高，"大中城市居民中约有80%的人能说普通话"^②。这意味着普通话与原有城市方言在城市语言生活中同时使用，自然也就存在一个语言地位问题。那么普通话与城市方言在城市语言使用中各自处于何种地位？这是城市语言研究必须要关注的问题，也是城市语言规划乃至整个国家语言规划必须要弄清的问题。

关于普通话与城市方言的语言地位，学界存有"主导"与"主体"两说。关于普通话的语言地位，有学者认为处于"主导地位"，属于"主导性语言"："无论城镇还是乡村，……普通话在各领域的使用有了明显的进步，在语言生活中居于主导地位"^③，"我国城市的主导性语言文字应当是国家通用语言文字"^④。也有学者认为普通话处于"主体地位"：

---

*　本文曾在第八届全国社会语言学学术研讨会（北京，2015）、第三届国家语言战略高峰论坛（南京，2015）上宣读，此次做了较大修改。

①　张璟玮、徐大明：《人口流动与普通话普及》，《语言文字应用》2008 年第 3 期。

②　陈章太：《对普通话及其相关问题的再思考》，载《语言规划研究》，商务印书馆，2005，第 255 页。

③　普通话普及情况调查项目组（执笔人：孙曼均）：《河北省普通话普及情况调查分析》，《语言文字应用》2011 年第 4 期，第 10 页。

④　李宇明：《中国语言生活的时代特征》，《中国语文》2012 年第 4 期，第 371 页。

如上海在语言使用方面，"已形成了以普通话为主体的多语并存的格局"①；在城市方言演变的过程中，"普通话的主体地位不断得到巩固和提高，影响力也日益凸显"②。

关于城市方言的语言地位，有学者认为处于"主导地位"，如在上海，从小学生到中学生到大学生，上海话"在家庭生活用语中占主导地位"③。也有学者认为处于"主体地位"，属于"主体性语言"（或称"主体语言"）：如在上海和苏州，上海话与苏州话在当地学生的母语习得上"仍处于主体地位"④；在南京，"南京话依然是南京市的主体语言"⑤。

普通话与城市方言在城市语言使用中到底谁为"主导"？谁为"主体"？要回答清楚这一问题就必须做一番认真细致的辨析工作。

二 三组概念的厘清

这里有"主导"与"主体"、"主导地位"与"主体地位"、"主导性语言"与"主体性语言"等三组概念需要厘清。其中"主导"与"主体"为核心概念。

《现代汉语词典》的解释为："主导"有"决定并且引导事物向某方面发展"和"起主导作用的事物"两个义项。"主体"有"事物的主要部分""哲学上指有认识和实践能力的人""法律上指依法享有权利和承担义务的自然人、法人或国家"等三个义项。⑥

就《现代汉语词典》的释义来看，这里所论及的"主导"应该涵盖所释的两个义项；"主体"应该为"事物的主要部分"，指在事物构成部分

---

① 孙晓先、蒋冰冰、王颐嘉、乔丽华：《上海市学生普通话和上海话使用情况调查》，《长江学术》2007 年第 3 期，第 1 页。
② 焦成名：《上海土著学生语言行为报告》，《语言文字应用》2009 年第 1 期，第 36 页。
③ 齐沪扬、朱琴琴：《上海市徐汇区大中小学生称谓语使用情况调查》，《语言文字应用》2001 年第 2 期，第 83 页。
④ 俞玮奇：《普通话的推广与苏州方言的保持——苏州市中小学生语言生活状况调查》，《语言文字应用》2010 年第 3 期，第 62、69 页。
⑤ 付义荣：《南京市语言使用情况调查及其思考》，《南京航空航天大学学报》（社会科学版）2004 年第 3 期，第 53 页。
⑥ 中国社会科学院语言研究所词典编辑室编《现代汉语词典》（第 6 版），商务印书馆，2012，第 1699、1701 页。

中所占比重大的部分，而非哲学和法律层面上的意义。"主导"是就其所起作用而言的，起决定性作用的事物方可称之为"主导"；而"主体"是就其所占比重而言的，占据事物构成的主要部分的才能称之为"主体"。可见，"主导"与"主体"是有区别的。"主导地位"与"主体地位"、"主导性语言"与"主体性语言"自然也应该有区别。

"主导地位"，是指某一语言在多语（言）使用中具有起决定并且引导其他语言发展方向作用的地位。"主导性语言"则指在多语（言）使用中属于起决定并且引导其他语言发展方向作用的语言。如果说普通话在城市语言使用中具有"主导地位"，那么普通话应该在城市语言使用中具有起决定并且引导城市方言或其他语言发展方向作用的地位。如果说普通话在城市语言使用中为"主导性语言"，那么普通话应该是在城市语言使用中属于起决定并且引导城市方言或其他语言发展方向作用的语言。

"主体地位"，是指某一语言在多语（言）使用中所占比重大于其他语言。如果说普通话具有"主体地位"，那么普通话就应该在城市语言使用中占据主要部分，超过城市方言或其他语言。"主体性语言"则指在多语（言）使用中占主要部分的语言或为主要使用的语言，表现为使用领域广、使用频率高。如果说普通话是"主体性语言"，那么普通话就应该是在城市语言使用中占主要部分的语言，城市方言或其他语言则为占次要部分的语言。

这样就有两个问题需要进行细细辨析。其一，在城市语言使用中，普通话与城市方言谁起决定并且引导其他语言发展方向的作用？谁起决定并引导其他语言发展方向的作用，谁就具有"主导"作用，就处于"主导地位"，为"主导性语言"。其二，在城市语言使用中，普通话与城市方言谁所占比重大？谁所占比重大，谁就是使用"主体"，就处于"主体地位"，为"主体性语言"。

三　普通话与城市方言：谁为主导？

徐大明等在分析世界不同地区语言与政体对应关系时指出：从语言情形来看，世界的语言区域具有六大类型，其中第一种类型就是"一个特定的语言一直在一个国家内占主导地位"，如大多数欧洲国家，中国、日本、朝鲜、蒙古等。①普通话作为国家通用语言理应在我国社会语言生活中起着主导作用，具有主导地位，为我国的主导性语言。客观事实也是如此，当今的中国，"从国家领导到平民百姓，从大众传播到学校教学，从单位办公到私下交际，普通话的使用已渐成风气"，"普通话在我国已成为社会生活中的主导性语言"。②

这是就全国而言的，那么就城市而言，普通话是否也起主导作用，处于主导地位，为主导性语言呢？我们认为普通话在城市语言使用中与全国总体状况相同，也是起主导作用，具有主导地位，为主导性语言。具体理由有以下三条。

第一，普通话的法定地位确立其在城市语言使用中的主导地位。

国家颁布的《通用语言文字法》首次规定普通话为"国家通用语言"，确立了普通话的法律地位和使用范围。其中第二章规定国家机关公务用语、教育教学用语、汉语文出版物用语、播音用语应当使用普通话，公共服务用语提倡使用普通话。城市语言使用事实表明，普通话在法定的使用范围内使用频率都很高，尤其是汉语文出版物用语、播音用语、教育教学用语，充分体现出普通话的主导地位。

第二，普通话的高认同度确保其在城市语言使用中的主导地位。

一种语言或方言的社会影响大、有用程度高则正说明该语言或方言的地位高、作用大，是一种具有主导地位的语言或方言。普通话的主导性也正是体现在其地位和作用上。我们可以从城市人口构成的不同类型来看其对普通话的地位和作用的认同情况。

（1）从城市居民③对普通话的地位和作用的认同情况来看，普通话

---

① 徐大明、陶红印、谢天蔚：《当代社会语言学》，中国社会科学出版社，1997，第218页。

② 付义荣：《言语社区和语言变化研究：基于安徽傅村的社会语言学调查》，北京大学出版社，2011，第63页。

③ 已有研究（参见郭骏《关于城市语言调查的几点思考》，《语言文字应用》2013年第4期）表明，在"城市居民"中"本地居民"与"外来移民"在语言掌握、语言选择、语言使用和语言态度等方面存在着一定的差异性，但鉴于本文为综合论证城市语言地位问题，故不再细分"本地居民"与"外来移民"。

的地位和作用均高于城市方言。常州市区居民语言态度调查显示：常州人对普通话的交际价值和社会声望有着高度的认同，远远超过了常州话，具体见表 1。[①] 这是因为普通话的显性威望（overt prestige）和社会功能远远大于常州话。

表 1 常州市区居民对常州话和普通话重要性的看法

单位：人，%

	人数	占比
常州话更重要	17	4.5
普通话更重要	205	54.5
两者都重要	154	41.0

资料来源：依据陈立平《常州市民语言态度调查》（《解放军外国语学院学报》2011 年第 4 期）第 11 页表 10 整理。

（2）从本地学生[②]对普通话的地位和作用的认同情况来看，普通话的地位和作用均高于城市方言。南京、苏州和常州三地本地学生语言态度调查显示：本地学生在"好听程度""亲切程度"两项上评价略有差异，而在"社会影响"和"有用程度"两项上保持高度一致：普通话＞城市方言。[③]具体见表 2。

表 2 本地学生对普通话与城市方言的评价

	南京	苏州	常州
好听程度	普通话＞南京话	普通话＜苏州话	普通话＞常州话
亲切程度	普通话＜南京话	普通话＜苏州话	普通话＞常州话

---

① 陈立平：《常州市民语言态度调查》，《解放军外国语学院学报》2011 年第 4 期。

② "本地学生"一般指父母为本地人、在本地出生的大中小学生，比焦成名文章（参见焦成名《上海土著学生语言行为报告》，《语言文字应用》2009 年第 1 期，第 28 页）中的"土著学生"范围要宽一些。需要做几点说明：（1）"本地学生"与"城市居民"的划分只是侧重点不同，严格来说，前者隶属于后者；（2）后文出现的"城市居民"如不与"本地学生"对列，则为统称，包含"本地学生"；（3）在后文援引的"城市居民"语言使用状况调查案例中，有一些也包含"本地学生"的语言使用，只是研究者未做说明。

③ 俞玮奇：《普通话和方言的关系：南京、苏州和常州的城市语言状况研究》，南京大学博士学位论文，2011。

续表

	南京	苏州	常州
社会影响	普通话＞南京话	普通话＞苏州话	普通话＞常州话
有用程度	普通话＞南京话	普通话＞苏州话	普通话＞常州话

资料来源：依据俞玮奇《普通话和方言的关系：南京、苏州和常州的城市语言状况研究》（南京大学博士学位论文，2011）第 89 页表 6.12 整理。

（3）从城市农民工对普通话的地位和作用的认同情况来看，普通话的地位和作用均高于家乡话。夏历从"情感"、"功能"和"地位"三方面来调查城市农民工对普通话与家乡话的语言态度①，具体见表 3。调查数据显示：从"功能""地位"等理智态度来看，普通话明显要高于家乡话；从情感态度来看，在"友好""亲切"程度上，普通话仍高于家乡话。

表 3　城市农民工对普通话与家乡话在情感、功能、地位等方面的评价

单位：%

	情感			功能	地位		
	好听	友好	亲切	用处	礼貌和修养程度	受教育程度	受尊敬程度
普通话	63.5	62.1	57.4	94.5	66.8	53.5	53.2
家乡话	73.6	48.0	49.6	21.8	21.5	19.7	20.1

资料来源：依据夏历《城市农民工语言态度调查研究》（《社会科学战线》2012 年第 1 期）第 145~146 页表 1 和表 3 整理，保留小数点后 1 位，下同。

第三，普通话的高影响力确认其在城市语言使用中的主导地位。

有学者研究指出，就一般情况来说，文化的发达程度、人口的流动频度与普通话的影响是成正比的。②而城市正是文化发达程度高、人口流动频度高的地方，所以城市方言受普通话的影响大那是自然的。

事实上，普通话正影响着城市方言的演变与发展，使其"自身系统发生了变化，逐渐向普通话靠拢"③。早在 20 世纪 80 年代初已有学者

---

① 夏历：《城市农民工语言态度调查研究》，《社会科学战线》2012 年第 1 期。

② 张树铮：《试论普通话对方言语音的影响》，《语言文字应用》1995 年第 4 期，第 95 页；张璟玮、徐大明：《人口流动与普通话普及》，《语言文字应用》2008 年第 3 期，第 48 页。

③ 陈章太：《论语言生活的双语制》，载《语言规划研究》，商务印书馆，2005，第 50 页。

关注到城市方言向普通话靠拢的演变方向问题。鲍明炜调查发现，"建国以来，由于大力推广普通话，南京话向普通话靠拢的速度是很快的"，南京方言"经过几十年的发展演变，沿着向普通话靠拢的道路，在老南京话的基础上形成了新南京话"。①

此现象不只是南京方言具有。如合肥方言的浊擦音 [z] 和 [ʐ] 正朝着普通话的方向快速演变。② 又如上海话无论是语音、词汇还是语法，都在快速向普通话靠近。③ 再如福州方言，"解放以来，福州方言词汇发展快、变化大，它大量借用普通话词语"④。普通话的这种对城市方言的演变与发展所产生的高影响力正说明其具有决定并引导城市方言发展方向的作用，即具有主导作用。

四　普通话与城市方言：谁为主体？

就全国语言使用情况而言，普通话的使用人数应远远超过任何一种方言或少数民族语言的使用人数。普通话业已成为使用主体。那么在城市语言使用中，普通话与城市方言究竟谁为主体？这需要做一番辨析工作。

互动社会语言学（interactional sociolinguistics）理论指出，语言的本质是具有交际功能的言语互动，只有通过言语互动产生交际效果的语言形式才是语言事实。⑤ 语言使用一般分为"内部交际用语"（指受访者与其熟人交谈时所使用的语言）与"外部交际用语"（指受访者与陌生人交谈时所使用的语言）两部分。⑥ 城市居民在语言交际的过程中，由于外部交际对象大都是陌生的、偶遇的，又大都在公共场所或较为正式的场合，为契合交际对象与交际场合的需要，外部交际用语一般需要在

---

① 鲍明炜：《六十年来南京方音向普通话靠拢情况的考察》，《中国语文》1980年第4期，第241、244页。
② 孔慧芳：《合肥方言声母变化的研究》，《合肥学院学报》2011年第6期。
③ 江明镜：《从上海话的变化看普通话对方言的影响》，《昌吉学院学报》2007年第4期。
④ 梁玉璋：《福州方言词汇里普通话词儿替换现象》，《语文建设》1990年第6期，第14页。
⑤ 徐大明主编《社会语言学实验教程》，北京大学出版社，2010，第53页。
⑥ 徐大明、付义荣：《南京"问路"调查》，《中国社会语言学》2005年第2期。

本地方言与普通话中做出选择，这样就有一部分人尤其是年轻人选择普通话作为其外部交际用语。可见外部交际用语的运用体现出的是城市居民面对陌生的交际对象与公共的交际场合而做出的一种语言选择，这种选择大都是可变的、临时的、随机的，而非城市居民语言使用之本真与常态。而内部交际则不同，其对象大都是家人、朋友、熟人，虽然也会在公共场所或正式场合相遇，但大都在非公共场所或非正式场合相见，这就决定其交际用语选择本地方言。可见内部交际用语的使用大都是稳定的、一贯的、非随机的，为城市居民语言使用之本真与常态。

城市居民的内部交际用语也正是其日常生活用语，而"日常生活用语是最常用的语言"，"日常生活中使用的语言越集中，说明那种语言越流行、越有用"。① 因此，要揭示城市语言使用的实态，要确认城市语言的使用主体，城市居民内部交际用语的使用状况是最为真实的反映与最为核心的证据。具体而言，普通话与城市方言如果谁在城市居民内部交际用语中占据主体，谁就为城市语言使用的主体，谁就具有城市语言的主体地位。

为此，我们仍结合城市人口的构成，选择城市居民、本地学生与城市农民工三类人员，就其普通话与城市方言的使用情况分别做具体分析。因为，城市居民的语言使用能够真实地反映城市语言使用的实际状况，本地学生的语言使用能代表城市语言使用的发展趋势，城市农民工的语言使用也是城市语言使用的一个组成部分。

下面以三类人员为经，以使用领域为纬，结合已有研究案例，具体分析普通话与城市方言的实际使用状况，以期弄清普通话与城市方言谁为主体的问题。

（一）城市居民的普通话与城市方言使用

《通用语言文字法》规定了普通话的使用范围，实际上也给语言使用划分了领域，主要有"政府公务""学校教育""新闻出版""广播电视""公共服务"等五大领域。但就城市居民的语言生活而言，还有一个"日常生活领域"。

---

① 刘夏阳:《中国普及普通话现状分析》,《中国人民大学学报》1999 年第 6 期, 第 105 页。

已有研究显示，在城市语言使用中，"政府公务""新闻出版""广播电视"等领域都使用普通话，而且大多是标准普通话。这也充分体现出普通话在城市语言使用中的主导地位。其实，这几个领域与城市居民的语言生活关系并不是很大。倒是日常生活、公共服务、学校教育等领域与城市居民的语言生活密切相关，尤其是日常生活领域（包括家庭生活和日常工作两个方面）。现简要分析普通话与城市方言在这三个领域中的使用情况。

（1）日常生活领域。城市语言调查案例均显示，城市居民在日常生活领域主要使用城市方言，普通话使用率很低。就家庭生活而言，城市方言牢牢地占据着城市语言使用的主体，因为"家庭是一种语言或方言最牢固也是最传统的使用场所"[1]。孙晓先等指出："目前在由上海人组成的家庭中，约15%左右的家庭基本使用普通话，约40%的家庭在家中使用'双言'（即上海话和普通话），其余45%左右的家庭还是以讲上海话为主。"[2] 这说明，"汉语方言仍然是家庭的首要交际用语"[3]。就日常工作而言，城市方言也依然占据着城市语言使用的主体。上海居民家庭生活和日常工作中普通话与上海话使用数据之比足以说明上海话在日常生活领域中具有主体地位，详见表4。

表4　上海居民在家庭生活、日常工作中普通话与上海话的使用情况

单位：%

	家庭生活		日常工作
	在家里跟父母交谈	在家里跟子女交谈	在工作单位跟同事交谈
普通话	9.3	17.6	35.4
上海话	63.7	60.4	52.9

---

[1] 俞玮奇：《普通话的推广与苏州方言的保持——苏州市中小学生语言生活状况调查》，《语言文字应用》2010年第3期，第62页。

[2] 孙晓先、蒋冰冰、王颐嘉、乔丽华：《上海市学生普通话和上海话使用情况调查》，《长江学术》2007年第3期，第2页。

[3] 普通话普及情况调查项目组（执笔人：谢俊英）：《普通话普及情况调查分析》，《语言文字应用》2011年第3期，第8页。

续表

	家庭生活		日常工作
	在家里跟父母交谈	在家里跟子女交谈	在工作单位跟同事交谈
两者之比	1∶6.8	1∶3.4	1∶1.5

资料来源：依据薛才德《上海市民语言生活状况调查》(《语言文字应用》2009 年第 2 期)第 78~79 页表 6~9 整理。

（2）公共服务领域。"公共服务领域"一般指商场、银行、市场、公共交通、餐饮、农贸市场等从事公共服务的场所。目前对此领域语言使用状况的专项研究案例并不是很多，仅见俞玮奇有关南京、苏州、常州、上海四地的调查材料①，另有几份上海城市语言使用状况调查②有所涉及。不过，这四座城市都在长三角地区，城市化率高，也都是超大城市、特大城市或大城市，其公共服务领域语言使用状况确实也具有较强的代表性。

由于俞玮奇的研究采用了"非介入式观察法"（non-participant observation），能有效避免"观察者悖论"，因此，调查所获得的数据科学性强，可信度高。有鉴于此，我们依据他的调查数据来观察普通话与城市方言在四座城市公共服务领域（农贸市场、公共交通、商场、银行）中的使用情况，现整理成表 5。

---

① 俞玮奇:《普通话和方言的关系：南京、苏州和常州的城市语言状况研究》，南京大学博士学位论文，2011；俞玮奇:《市场领域的语言生活状况——在南京、苏州和常州农贸市场的非介入式观察》，《语言文字应用》2011 年第 4 期；俞玮奇:《城市公共领域语言使用状况的社会差异——在南京和苏州百货公司的匿名观察》，《语言教学与研究》2012 年第 1 期；俞玮奇:《上海城区公共领域语言生活状况调查——兼与长三角地区其他城市比较》，《语言文字应用》2014 年第 4 期。

② 浦东新区语言政策和语文生活研究课题组（执笔人：张谊生、齐沪扬）:《上海浦东新区普通话使用状况和语言观念的调查》，《语言文字应用》1996 年第 3 期；薛才德:《上海市民语言生活状况调查》，《语言文字应用》2009 年第 2 期；孙晓先、蒋冰冰、王颐嘉、乔丽华:《上海市学生普通话和上海话使用情况调查》，《长江学术》2007 年第 3 期；焦成名:《上海土著学生语言行为报告》，《语言文字应用》2009 年第 1 期。

表 5　普通话与城市方言在公共服务领域中的使用情况

单位：%

	上海		苏州		南京		常州	
	普通话	上海话	普通话	苏州话	普通话	南京话	普通话	常州话
农贸市场	34.0	60.1	25.0	70.6	22.3	63.3	33.1	57.9
公共交通	33.4	58.8	—	—	—	—	—	—
商场	56.2	37.7	56.5	41.6	50.6	43.1	38.2	61.2
银行	52.7	36.7	—	—	71.9	23.8	42.3	46.5

注：公共交通仅有上海的数据；"—"表数据缺失，下同。

资料来源：依据俞玮奇《普通话和方言的关系：南京、苏州和常州的城市语言状况研究》（南京大学博士学位论文，2011）第 47~65 页表 5.1、表 5.9、表 5.17，俞玮奇《上海城区公共领域语言生活状况调查——兼与长三角地区其他城市比较》（《语言文字应用》2014 年第 4 期）第 13 页表 3 整理。

　　表 5 显示，在农贸市场与公共交通这两个场所，城市方言在城市语言使用中以其高使用率占据使用主体。另外，上海浦东新区公交公司司售人员主要说上海话[①]的调查材料可作旁证。

　　表 5 同时也显示，在商场[②]与银行，除常州话的使用率高于普通话，其他城市方言的使用率均低于普通话。似乎可以得出：普通话在这个两场所的语言使用中已占据主体。但若从熟识度与年龄层两个角度对具体调查数据再做更为细致的分析比较，则可能会有新的发现，会得出不尽相同的结论。就熟识度而言，商场售货员之间、银行员工之间其熟识程度应该最高，顾客之间其次，顾客与售货员、顾客与银行员工之间最低。就年龄层而言，调查者将调查对象的年龄层划分为老年、中年和青年。现将具体调查数据分析整理成表 6。

---

① 浦东新区语言政策和语文生活研究课题组（执笔人：张谊生、齐沪扬）：《上海浦东新区普通话使用状况和语言观念的调查》，《语言文字应用》1996 年第 3 期，第 107 页。

② 薛才德调查发现：上海商店购物顾客与售货员交谈，上海话的使用率为 57.0%，普通话的使用率为 33.3%（参见薛才德《上海市民语言生活状况调查》，《语言文字应用》2009 年第 2 期，第 79 页）。这与俞玮奇的调查结果存有差异。

表6 公共服务领域中商场与银行的普通话与城市方言使用情况分析

单位：%

| | | 上海 | | | | 苏州 | | 南京 | | | | 常州 | | | |
| | | 商场 | | 银行 | | 商场 | | 商场 | | 银行 | | 商场 | | 银行 | |
		普通话	上海话	普通话	上海话	普通话	苏州话	普通话	南京话	普通话	南京话	普通话	常州话	普通话	常州话
熟识度 低	顾→售/工	64.3	33.1	54.5	35.3	67.8	31.3	63.8	31.5	71.9	21.3	39.3	59.9	45.5	42.4
	售/工→顾	65.6	30.5	59.1	24.5	73.1	25.8	72.0	27.4	92.3	4.4	42.7	55.3	54.8	25.8
	均数1	65.0	31.8	56.8	29.9	70.5	28.6	67.9	29.5	82.1	12.9	41.0	57.6	50.2	34.1
熟识度 中高	顾→顾	42.3	47.6	42.3	53.8	44.0	52.8	45.1	42.4	38.9	61.1	40.3	59.7	25.0	75.0
	售/工→售/工	36.5	52.4	32.6	67.4	40.3	57.8	20.0	79.1	68.4	21.1	25.3	74.7	41.7	41.7
	均数2	39.4	50.0	37.5	60.6	42.2	55.3	32.6	60.8	53.7	41.1	32.8	67.2	33.4	58.0
	平均数	52.2	40.9	47.2	45.3	56.4	42.0	50.3	45.2	67.9	27.0	36.9	62.4	41.8	46.1
年龄层	老年	20.7	74.1	14.3	80.0	22.8	71.9	24.0	56.0	—	—	8.8	91.2	—	—
	中年	36.9	56.2	36.5	51.9	45.5	51.7	43.4	45.6	—	—	32.7	66.8	—	—
	青年	68.9	25.5	68.6	23.1	68.0	30.9	64.4	27.4	—	—	58.4	41.6	—	—
	平均数	42.2	51.9	39.8	51.7	33.1	51.5	43.9	43.0	—	—	33.3	66.5	—	—

注："顾"代表"顾客"，"售"代表"售货员"，"工"代表"银行工作人员"。

资料来源：依据俞玮奇《普通话和方言的城市语言状况研究》（南京大学博士学位论文，2011）第57~66页表5.10、表5.12、表5.18，俞玮奇《上海城区公共领域语言生活状况调查——兼与长三角地区其他城市比较》（《语言文字应用》2014年第4期）第14~15页表4、表5整理。

从熟识度的平均数看，虽然普通话与城市方言的使用率比较接近，但普通话的使用率整体上确实要高于城市方言。而从单项上来看又呈现出差异性：熟识度低的交际对象（见均数1），其城市方言的使用率低于普通话（除常州的一组数据）；熟识度中高等的交际对象（见均数2），其城市方言的使用率高于普通话（除南京的一组数据）。这说明，商场与银行作为公共场所也是区分内外部交际用语的：内部交际用语主要使用城市方言，外部交际用语主要使用普通话。

从年龄层的平均数看，五组数据中有四组数值均显示城市方言的使用率高于普通话，而且差距较大；只有南京商场这一组数值略低于普通话（43.0∶43.9）。但存在内部差异：中老年人城市方言的使用率超过普通话，青年人低于普通话。

鉴于内部交际用语为城市居民语言使用之本真与常态，再加上中老年人在言语行为观察人次中占比高于青年人（如商场，依据俞玮奇的观察数据，中老年人所占比重为：上海54.5%，苏州56.9%，南京63.9%，常州64.7%），我们认为在商场和银行两场所城市方言仍为使用主体。综合农贸市场与公共交通、商场与银行两类公共服务场所的语言使用，我们认为，从总体上来看，城市方言的使用率仍要高于普通话。这说明，公共服务领域虽然人口的流动频度高并为法律倡导的普通话使用领域，但城市方言仍占据着很大的比重，仍为使用主体。

（3）学校教育领域。学校教育用语一般分为教学语言与非教学语言。"教学语言"包括课堂教学语言和与教学有关的活动的语言，可称之为"课堂语言"；"非教学语言"是指师生员工课下自由交谈时使用的语言，可称之为"课余语言"。[1]

依据广州[2]、南京[3]、上海[4]、武汉[5]与河北、江苏、广西三省

---

① 王立：《城市语言生活与语言变异研究》，中国社会科学出版社，2009，第102~103页。

② 许光烈：《广州市普通话现状思考》，《学术研究》2003年第7期。

③ 俞玮奇：《城市青少年语言使用与语言认同的年龄变化——南京市中小学生语言生活状况调查》，《语言文字应用》2012年第3期。

④ 孙晓先、蒋冰冰、王颐嘉、乔丽华：《上海市学生普通话和上海话使用情况调查》，《长江学术》2007年第3期。

⑤ 王立：《城市语言生活与语言变异研究》，中国社会科学出版社，2009。

（区）①等学校教育领域语言使用情况的调查，教师"课堂语言"绝大部分使用普通话，城市方言的使用率极低，这也正体现出国家通用语言的主导地位。

"课余语言"则主要使用城市方言。如广州珠海区 50 位语文教师中仅有 18 人使用普通话，占 36%。②在武汉，在课余语言中普通话约占 15%，武汉方言则约占 85%③。在南京和上海，学生的课余语言最常用的是普通话，不过，普通话与南京话、上海话的使用率会因年龄的增长而出现变化：南京的学生，10 岁时普通话的使用率达到 90.7%，到 18 岁时南京话的使用率上升到 62.2%，普通话则下降到 30.5%，变化幅度非常之大④；上海的学生，五年级普通话的使用率为 44%，高中生和大学生则下降到 25%~27%⑤。

由此可见，在学校教育领域已经形成了"课堂语言"以普通话为主、"课余语言"以城市方言为主的使用格局。需要说明的是，超大城市（如上海）与特大城市（如南京）学生的"课余语言"虽然以普通话为主，但会随年龄的增长而逐渐下降。因此，综合起来看，目前还很难确认谁为主体。所以说，虽然普通话是法定的学校教育用语，但"普通话要成为校园语言，还有很长的一段路要走"⑥。

（二）本地学生的普通话与城市方言使用

本地学生在学校的语言使用情况上文已有分析，这里仅就其在家庭生活与公共服务领域中的语言使用情况做具体分析。目前所见研究案例

---

① 普通话普及情况调查项目组（执笔人：郭龙生）：《教育领域普通话普及情况调查分析》，《语言文字应用》2012 年第 3 期。

② 许光烈：《广州市普通话现状思考》，《学术研究》2003 年第 7 期，第 141 页。

③ 王立：《城市语言生活与语言变异研究》，中国社会科学出版社，2009，第 111 页。

④ 俞玮奇：《城市青少年语言使用与语言认同的年龄变化——南京市中小学生语言生活状况调查》，《语言文字应用》2012 年第 3 期，第 93 页。

⑤ 孙晓先、蒋冰冰、王颐嘉、乔丽华：《上海市学生普通话和上海话使用情况调查》，《长江学术》2007 年第 3 期，第 4~5 页。

⑥ 普通话普及情况调查项目组（执笔人：郭龙生）：《教育领域普通话普及情况调查分析》，《语言文字应用》2012 年第 3 期，第 88 页。

也不多，现据已有的上海①、南京②、苏州③、常州④等城市的本地学生语言使用状况调查材料，从语言习得与语言使用（包括使用领域与年龄差异）两方面来具体分析普通话与城市方言的实际使用状况。具体见表7（年龄差异是指家庭生活领域，选择的是本地学生对父亲最常使用的语言的数据）。

从语言习得看：在上海和苏州，本地方言的习得比例要高于普通话；在常州，常州话与普通话习得的比例相当；在南京，普通话的习得比例要高于南京话。这表明，上海话与苏州话在本地学生的母语习得上仍占有相当明显的优势。

从语言使用看：在家庭生活中，除常州的本地学生对父母说话采用普通话的比例要略高于常州话之外，上海、苏州、南京本地学生使用最多的还是本地方言。同时，随着年龄的增长，普通话的使用率逐步降低，城市方言的使用率逐步提升，提升的年龄起点是14~15岁。如南京的本地学生，10岁时普通话的使用率为74.1%、南京话仅为24.1%，14岁时南京话的使用率开始超过普通话达52.2%，到18岁时南京话的使用率上升至68.7%，而普通话的使用率则下降至21.7%。本地学生在普通话与南京话的使用上出现了大逆转。在公共服务领域，普通话的使用率要远远高于本地方言，普通话已经成为本地学生在公共服务领域最主要的交际用语。

依据表7，从内部交际用语与外部交际用语来看，我们仍然可以发现本地学生与城市居民一样，也是内部交际用语采用城市方言，外部交际用语采用普通话。同时，还存在着一个年龄增长与语言使用变化的问题。这也是本地学生在普通话与城市方言的使用中普遍存在的一个

---

① 焦成名：《上海土著学生语言行为报告》，《语言文字应用》2009年第1期。
② 俞玮奇：《普通话和方言的关系：南京、苏州和常州的城市语言状况研究》，南京大学博士学位论文，2011；俞玮奇：《城市青少年语言使用与语言认同的年龄变化——南京市中小学生语言生活状况调查》，《语言文字应用》2012年第3期。
③ 俞玮奇：《普通话的推广与苏州方言的保持——苏州市中小学生语言生活状况调查》，《语言文字应用》2010年第3期；俞玮奇：《普通话和方言的关系：南京、苏州和常州的城市语言状况研究》，南京大学博士学位论文，2011。
④ 俞玮奇：《普通话和方言的关系：南京、苏州和常州的城市语言状况研究》，南京大学博士学位论文，2011。

问题。即年龄越小越倾向于使用普通话，年龄越大越倾向于使用城市方言，变化的年龄起点在14~15岁。这个变化的年龄起点正属于拉波夫所划分的习得全方位口语过程中的第三阶段和第四阶段的年龄起点。学生从14岁或15岁起，受到成人语言交际的影响，发展社会知觉（social consciousness），对语言的主观反应会变得与父母更相似，开始调整自己在特定社会语境中使用某些特定变式的频率。[①]这实际上就是语言社会化（language socialization）的问题，因为语言从本质上来说是一种社会现象。[②]学生随着年龄的增长，参与社会活动的机会增多，这促使其语言逐渐社会化，即逐渐接受并使用本地方言。这是融入社会的需要，也是提高社会接受度的需要。

表7　本地学生普通话与城市方言的使用情况

单位：%

			上海		苏州		南京		常州	
			普通话	上海话	普通话	苏州话	普通话	南京话	普通话	常州话
语言习得			17.3	44.4	25.0	56.1	52.0	33.5	42.2	38.7
使用领域	家庭生活	父亲	8.2	39.5	35.1	58.4	44.9	49.3	53.3	41.8
		母亲	11.1	38.3	35.5	57.0	46.9	47.3	55.1	40.8
		祖辈	11.0	57.7	21.0	76.1	40.3	55.5	30.2	65.4
	公共服务	商场和超市	42.8	9.5	80.6	5.1	77.5	19.5	—	—
		邮局和银行	—	—	81.0	2.4	87.6	10.4	—	—
		集贸市场	—	—	52.1	22.1	50.9	45.5	—	—
年龄	10 岁		—	—	57.9	31.6	74.1	24.1	64.9	28.1
	13 岁		—	—	38.7	49.3	58.6	36.2	67.9	30.9
	14 岁		—	—	31.0	60.7	36.7	52.2	53.8	39.8
	15 岁		—	—	30.4	66.7	32.9	58.9	36.7	55.6

---

① Chambers, J., *Sociolinguistic Theory: Linguistic Variation and Its Social Significance*, Oxford and Cambridge: Blackwell, 1995, p.153.

② 徐大明、陶红印、谢天蔚：《当代社会语言学》，中国社会科学出版社，1997，第55页。

续表

		上海		苏州		南京		常州	
		普通话	上海话	普通话	苏州话	普通话	南京话	普通话	常州话
年龄	17 岁	—	—	19.3	74.7	28.0	67.6	44.6	51.8
	18 岁	—	—	27.7	66.0	21.7	68.7	—	—

（三）城市农民工的普通话与家乡话使用

综合考虑城市类型、地域分布与农民工数量[①]等因素，我们选择北京[②]、南京[③]、广州[④]、杭州[⑤]、沈阳[⑥]、义乌[⑦]、西宁[⑧]等城市农民工语言使用状况的调查案例，分析城市农民工面对不同的交际对象与交际场合时其普通话与家乡话的使用状况。具体见表8（沈阳、义乌"家人"栏中数据为原表中的均数，西宁未区分"同乡同事"与"非同乡同事"）。表8数据显示，农民工使用两种语言变体——普通话和家乡话，语言使用区分对象与场合：内部交际用语（主要与家人和朋友）使用家乡话，外部交际用语（与同乡同事、非同乡同事、顾客，在公共场所）使用普通话（沈阳有点特别，家乡话未显现出成为内部交际用语的趋势）。可见，家乡话为其语言使用的主体。

---

① 义乌市有160多万人口，其中本地户籍人口有68万，外来务工人员达100万（参见刘玉屏《义乌市农民工称谓语使用情况调查》，《新疆师范大学学报》（哲学社会科学版）2008年第1期，第120页）。

② 夏历：《在京农民工语言状况研究》，中国传媒大学博士学位论文，2008。

③ 力量、夏历：《城市农民工用语现状与发展趋势》，《河北学刊》2008年第4期。

④ 胡伟：《在穗农民工语言使用与语言态度调查研究》，《广州番禺职业技术学院学报》2009年第3期。

⑤ 莫红霞：《城市化进程中农民工语言接触与语言认同研究——以杭州市农民工为调查样本》，《文教资料》2010年第5期。

⑥ 夏历：《东北地区农民工语言状况调查研究》，《北华大学学报》（社会科学版）2010年第3期。

⑦ 刘玉屏：《农民工语言再社会化实证研究——以浙江省义乌市为个案》，《语言文字应用》2010年第2期。

⑧ 王欣：《文化大发展中农民工语言变迁研究——以青海省西宁市为例》，《青海社会科学》2012年第2期。

表 8 农民工在北京、南京等城市中的语言使用情况

单位：%

	北京		南京		广州		杭州		沈阳		义乌		西宁	
	普通话	家乡话	普通话	家乡话	普通话	家乡话	普通话	家乡话	普通话	家乡话	普通话	家乡话	普通话	家乡话
家人	15.5	75.4	7.6	83.8	4.2	62.5	26.3	82.0	39.4	35.9	37.9	93.4	3.5	80.8
朋友	19.4	61.0	20.2	61.1	14.2	47.9	22.0	88.0	43.4	45.3	40.9	92.4	8.5	76.5
同乡同事	64.9	20.5	52.0	31.8	33.7	28.0	—	—	58.1	31.4	—	—	70.5	10.8
非同乡同事	90.6	3.9	84.3	7.6	54.0	6.5	95.0	10.0	70.8	18.9	96.5	5.6		
顾客	91.1	2.3	92.4	3.0	48.7	7.7	—	—	70.5	21.9	96.0	3.5	—	—
公共场所	92.4	2.1	91.9	2.0	51.0	4.2	—	—	67.0	20.8	96.2	3.5	87.8	6.5

　　其他研究案例进一步显示：农民工虽然在公共场所倾向于使用普通话，但水平仍然很低，方言成分很重；对于普通话，虽然几乎都具备"听"的能力，但"说"的能力弱，约有 35% 的农民工根本就不会说；普通话发音的标准程度虽然比打工前有所提高，但提高得不多。家乡话存在着逆增长趋势：打工时间在 10 年之内，其普通话使用率逐渐增加；在 10 年以上，则家乡话的使用率逐渐提高。[①]

　　另外，新老两代农民工（如上海的农民工）语言使用调查显示：两代农民工的语言使用都为普通话与家乡话，家乡话的水平要高于普通话；未出现"年少者普通话水平更高，年长者老家话水平更高"的情况，倒是老一代农民工在城里普通话的使用比例要略高于新生代。[②] 农民工子女（如广东东莞的农民工子女）的语言使用调查显示：农民工子女也

---

① 谢晓明:《关注农民工的语言生活状况》,《江汉大学学报》(人文科学版) 2006 年第 4 期;夏历:《城市农民工的语言资源和语言问题》,《云南师范大学学报》(哲学社会科学版) 2009 年第 4 期;付义荣:《也谈人口流动与普通话普及——以安徽无为县傅村进城农民工为例》,《语言文字应用》2010 年第 2 期;谢俊英:《城市化进程中的农民工语言问题》,《云南师范大学学报》(哲学社会科学版) 2011 年第 3 期。

② 付义荣:《新生代农民工的语言使用与社会认同——兼与老一代农民工的比较分析》,《语言文字应用》2015 年第 2 期。

同时使用普通话与家乡话，家乡话的最先习得率（34.6%）要高于普通话（28.5%）；在公共服务、学校教育领域中普通话使用率极高（97%），在家庭生活中家乡话的使用率（47%）比普通话（41.8%）略高些，并且也存在着家乡话的使用率随年龄的增长而增长的趋势。[①]

（四）小结

综合上文，我们可以将城市居民、本地学生与城市农民工在日常生活、公共服务与学校教育等领域中的语言使用情况概括成表9。表9语言使用率分布状况显示：从城市居民与本地学生来看，城市方言的使用率在日常生活领域高于普通话，在公共服务与学校教育领域与普通话持平；从城市农民工来看，家乡话的使用率在日常生活领域高于普通话，在公共服务与学校教育领域低于普通话。可见，城市居民与本地学生的日常生活用语为城市方言，城市农民工的日常生活用语为家乡话。

鉴于城市方言为城市居民与本地学生的日常生活用语，而日常生活用语为城市语言使用之本真与常态，我们可以确认城市方言为城市语言使用的主体。同时，本地学生还存在着城市方言的使用随年龄增长而发生逆转的情况，从发展趋势看，无疑会不断提升城市方言的使用率。农民工子女也存在着家乡话随年龄增长而发生逆转的情况，这在一定程度上会降低普通话的使用率。另外，城市农民工的数量虽然不少，但与整个城市人口相比仍然是个小数字（极个别城市除外）。因此，家乡话虽为其语言使用主体，但在整个城市语言使用中所占份额仍然很小，丝毫不会影响到城市方言所占据的主体地位。

总之，从现有研究案例来看，在城市语言使用中，普通话虽然已拥有了一定的使用率，但城市方言仍为使用主体。[②]

---

① 张斌华、张媛媛：《外来务工人员子女语言使用状况研究——以东莞民办小学为例》，《语言文字应用》2015 年第 2 期。

② 随着城市化进程的不断推进和城市语言生活的不断变化，普通话与城市方言的使用状况或许会出现新的变化。如最新调查发现，上海青少年的语言使用习惯发生了明显的改变，方言能力已呈明显下降的趋势（参见俞玮奇、杨璟琰《近十五年来上海青少年方言使用与能力的变化态势及影响因素》，《语言文字应用》2016 年第 4 期）。

表 9 城市居民、本地学生与城市农民工在不同领域中的语言使用率分布

	日常生活			公共服务			学校教育		
	普通话	城市方言	家乡话	普通话	城市方言	家乡话	普通话	城市方言	家乡话
城市居民	−	+		−	+		±	±	
本地学生	−	+		+					
城市农民工	−		+	+		−	+		−

注："+"表使用率高，"−"表使用率低，"±"表使用率相当；城市农民工学校教育领域的语言使用仅限于其子女。

五 结语

综上所述，普通话与城市方言的语言地位是：普通话在城市语言生活中起主导作用，具有主导地位，属于主导性语言；城市方言在城市语言生活中为使用主体，具有主体地位，属于主体性语言。普通话在城市语言生活中所具有的主导性，充分体现出国家通用语的权威性和通用性；城市方言在城市语言生活中所具有的主体性，充分表明城市方言虽有变异却正有序传承，城市方言所承载的地域文化正得到有效传承。普通话与城市方言在城市语言生活中的地位与作用各不相同，这恰好反映出我国城市语言的多元与城市文化的多元。

由上文分析可知，目前普通话与城市方言在城市语言生活中的使用实态是：以普通话为主导，以城市方言为主体；正式场合以普通话为主、城市方言为辅，非正式场合以城市方言为主、普通话为辅；熟人间交际以城市方言为主、普通话为辅，陌生人间交际以普通话为主、城市方言为辅。两者处于既有使用领域的大致划分，界限又不是十分清晰这样一种柔性的状态。

我们认为这种柔性状态正是普通话与城市方言关系和谐的表现。普通话与城市方言功能与定位基本明确，各就其位，各司其职，共同构建起和谐的城市语言生活。这种和谐关系的构建绝非政府利用其强大的行政力量干预而促成的，而是在社会语言生活中逐渐形成的，具有很强的自然性。这首要推动力是快速推进的城市化带来的人口流动。

（原载《南京晓庄学院学报》2018 年第 1 期）

从城市特征观察普通话的使用 [*]

中国快速推进的城市化使城市语言的使用由单语（言）到多语（言），城市语言生活由单一化到多元化。普通话在城市语言生活中的使用频率快速提升。进入 21 世纪后，城镇居民普通话使用率与 2000 年"中国语言文字使用情况调查"数据相比又提高了 10%~20%，但不同省区的城镇之间仍存在着 15% 左右的差距。不同城镇之间差距的存在，除与普通话普及政策的落实与实施等因素有关之外，还与城市特征密切相关。城市特征已成为观察城市普通话使用的一个新视角。

依据交际对象与交际场合的不同，普通话使用可分为"内部交际用语"（指受访者与其熟人交谈时使用）与"外部交际用语"（指受访者与陌生人交谈时使用）两类。内部交际涉及家庭生活和日常工作领域，外部交际涉及政府公务、广播电视、公共服务和学校教育等领域。依据普通话在两类交际用语中的使用数据，我们从城市特征这一新视角，选择城市的规模特征、地域特征、历史特征和方言特征等四个观察点来观察城市普通话的使用。

1. 规模。从外部交际用语看，普通话在超大城市（64.3%）、特大城市（62.6%）、大城市（68.5%）、中等城市（59.9%）和小城市（60.8%）等各类型城市中的使用率都很高，平均值已经达到 63.2%，远远超出 20 世纪末的 53.06%，且无明显的类型差异，充分反映出普通话的高普及率。

---

[*] 本文数据系作者依据文献分析整理得出，不再详标其出处。

从内部交际用语看，普通话的使用率总体上还是不够高。除特大城市（30.7%）外，城市规模与普通话使用存在着正相关：超大城市（41.6%）＞大城市（38.1%）＞中等城市（31.9%）＞小城市（22.5%）。

因此，从规模特征观察，城市普通话普及既要关注中小城市，又要关注普通话在内部交际用语中的使用。

2. 地域。从外部交际用语看，东部城市（65.2%）、中部城市（73.4%）和西部城市（51.9%）普通话的使用率都很高，但也呈现差异性：中部城市最高，东部城市处于中间，西部城市偏低。从内部交际用语看，中部城市（40.1%）与东部城市（36.6%）较为接近，西部城市使用率极低（20.9%）。总之，中东部城市的使用率明显高于西部城市。这表明城市地域特征与普通话使用也存在着相关性。

可见，从地域特征观察，城市普通话普及既要重点关注西部城市，也不能忽视东部城市。

3. 历史。从城市历史特征来看，无论是外部交际用语还是内部交际用语，普通话的使用数据均显示：新兴城市（89.8%/82.1%）＞历史古城（61.2%/29.2%）。这说明城市历史特征与普通话使用存在着反相关。因此，从历史特征观察，城市普通话普及要重点关注历史城市。

4. 方言。城市方言特征是指该城市使用着的方言在语言地位、使用状况、发展趋势等方面所呈现出的主要特征。这里仅以广州话为例。

广州作为经济发展水平较高的城市，吸引了来自全国各地的流动人口。相关数据显示，1990~2000 年这 10 年间，流动人口年增长率最高值达 27.27%，最低值也达 11.07%。已有研究表明，人口流动是推动普通话普及的重要因素，能直接、快速地促进普通话的推广。但是，我们依据普通话在内外部交际用语中的使用数据，将广州（61.7%/25.0%）与不同规模城市（63.2%/33.0%）、不同地域城市（63.5%/32.5%）、粤语城市（80.0%/51.9%）和非粤语城市（72.3%/39.2%）进行比较发现，普通话使用率仅略高于小城市（60.8%/22.5%）；作为东部城市，普通话使用率仅稍高于西部城市（51.9%/20.9%）。

一个城市化率极高、流动人口极多、处于东部沿海的城市，为什么普通话的使用率不高？这主要取决于广州话的强势语言地位。广州话为本地区的共同语，属于高层语言；广州市民仍然偏爱粤方言。语言地位决定了语言态度，语言态度又强化了语言地位。两者的共同作用稳定着广州话的使用率，影响着普通话的使用率。另外，广州虽有大量的流动人口进入，但他们主要集中于近郊区、城市外围和城中村，处于边缘化地位。调查数据同时显示，广州流动人口中仅有21%的人与本地人交往，72%的人与外地人交往，自然也就难以对广州的语言使用产生影响。

这一实例说明城市方言地位与普通话使用存在着反相关，即城市方言地位升高，普通话使用率就会降低。因此，从方言特征观察，城市普通话普及要重点关注城市方言具有强势语言地位的城市。

综上，我们发现，城市要普及普通话必须关注中小城市，关注西部城市，关注历史城市，关注城市方言具有强势语言地位的城市；既要关注普通话在外部交际用语中的使用，也要关注普通话在内部交际用语中的使用；依据不同特征制定具有针对性的普及策略，做到一类型一策略，一城市一策略。

（原载《光明日报》2019 年 1 月 26 日，第 12 版）

大学生语言素质的现状分析与培养对策

现代社会所要求培养的人才必须具备良好的人文素养和科学素养，具备自主创新的精神，具备合作的意识和开放的视野，具备包括阅读理解与表达交流在内的多方面的基本技能，以及运用现代技术搜集和处理信息的能力。而在这些要求中，最基础的知识与素养，就是在母语方面所具有的语言素质。正如著名的语言学家吕叔湘先生所说，学好语文是学好一切的根本。著名数学家苏步青教授也说过，如果说数学是学习自然科学的基础，那么语文则是这个基础的基础。[①]

语言素质是一个开放的、多维的综合系统，是人的认知、情感等方面的综合体现，表现在学习、交际、创造与自身发展等领域里显示出来的言语活动的质量，是一个人语言素养和语言能力的综合体现。语言素质主要包含三个方面的内容。（1）知识层面：语言单位、语言规则、语言策略。（2）能力层面：语言的理性实践能力，即语言交流能力和语言思维能力。（3）心理层面：语言态度、语言体验、语言经验。[②]

高等院校在着力实施素质教育、全面提高大学生的综合素质的过程中，不仅要注重大学生的政治素质教育、心理素质教育、文化素质教育，还应重视语言素质教育，有针对性地加强对学生的语言表达能力和应用能力的培养。因为语言素质的提高有利于综合能力的培养与提高，语言素质是一个复合型人才必备的重要素质。[③]

---

① 陆俭明：《语文教学之症结与出路》，《课程·教材·教法》2006年第3期，第35页。

② 陶本一、于龙：《"语文"的阐释》，《课程·教材·教法》2007年第11期，第27页。

③ 王红梅：《论大学生语言学习与语言素质培养》，《黑龙江高教研究》2007年第8期，第59页。

一 大学生语言素质的现状分析

（一）语言素质现状

1.专项调查

（1）中文专业学生调查

前几年，有人曾对某高校中文系学过现代汉语的二年级两个班的 94 位学生进行了一项调查 [①]（见表 1），调查结果不容乐观。调查发现以下问题。（1）语言规范意识淡薄。调查中列出 20 组 40 个词语，要求学生选出规范的写法，结果每人每词错误率达 19.6%，其中将"橘子"选为"桔子"的有 59 人，错误率高达 62.8%；考察正词法、数字用法、计量单位名称等运用情况，错误率高达 25.6%；标点符号的规范意识更是薄弱，在 500 字左右的自我介绍短文中，标点符号准确无误的只有 5 人，有 68% 的学生短文中很少有规范的标点符号。（2）基础知识不够扎实。调查中有 20 个常用成语，每词中有一个错字，但没有一人完全改正确，其中"大学肄业"一词有 79 人未改正确，错误率高达 84%；常用词语注音，"皴裂"一词错误率达 74.5%。（3）语言表达能力差。500 字左右的自我介绍，出现文句不通或错别字的人数占 58%，有的主旨表达不清晰，有的文句不通畅，有的用语啰唆。

表 1　大学生语言素养状况调查统计

题型	选择规范写法	选择正确读音	选择规范用法	改正错别字	改正标点符号	注音
错误率	19.6%	18.0%	25.6%	27.7%	2.8%	22.8%

（2）文理科学生对比调查

最近，有人曾对大学四年级文理两科毕业班学生语言学习和语言素质状况进行了调查。调查结果显示：文理两科学生的语言素质均不能令人满意，自我评价语言素质一般和较低的占 58.4%，文科学生明显高于理科学生，文理科学生心理素质与语言素质状况成正比，都显得不够

[①] 刘美娟:《论大学生语言素质的缺憾及对策》,《丽水学院学报》2005 年第 1 期,第 81~82 页。

理想。①

2. 专家观点

著名语言学家北京大学陆俭明教授曾在一次报告会上指出，"在高校不管大学生还是研究生，所写的东西，词汇贫乏，用词不当，文气不顺，语句不通，前言不搭后语，把握不住该先说什么，后说什么，这是一个比较普遍的现象"②。

3. 呈现特征

综合目前大学生语言学习和语言素质现状，当代大学生的母语修养普遍偏低，主要呈现出以下三个方面的特点。（1）当前在大学校园里，语言学习的热点集中在外语方面，学外语已成为高校的一种时尚，存在着轻汉语重外语现象。（2）大学生的语言素质从总体上来说呈现出下滑的趋势，而理工科学生尤为明显。（3）语言表达能力差，主要表现在口语表达能力差，书面语表达能力也不强。③

（二）影响因素分析

1. 政策导向因素

中国的学校现在从小学三年级开始就开设英语课程，甚至连一些幼儿园也开英语课。鉴于升学、就业等方面的外语要求，学外语已成为高校的一种时尚，直接导致重外语轻汉语现象的出现。一些高校对教师、学生的汉语语言素质也没有提出明确的要求。④在强调学习外语的同时，作为母语的汉语常常被冷落，致使学生作业、毕业论文中错字、病句屡见不鲜，思路零乱、文笔生涩也司空见惯了。

2. 基础教育因素

（1）中学"文理分科"，学校对选学理科的学生在汉语语言素质上没有硬性要求，势必会产生"重理轻文"现象。（2）片面追求升学率，

---

① 王红梅：《论大学生语言学习与语言素质培养》，《黑龙江高教研究》2007 年第 8 期。
② 陆俭明：《要重视中小学语文教学的进一步改革》，南京大学中国语言战略研究中心挂牌仪式暨 2007 国家语言战略高峰论坛会议论文，南京，2007 年 11 月 9 日。
③ 王红梅：《论大学生语言学习与语言素质培养》，《黑龙江高教研究》2007 年第 8 期，第 159 页。
④ 王红梅：《论大学生语言学习与语言素质培养》，《黑龙江高教研究》2007 年第 8 期，第 160 页。

造成中小学语文教学重死记硬背，重机械操练，偏重于读写，疏略于听说，母语语感差，缺乏语言素质的系统化培养。（3）新课标将语文教育定位为"工具性与人文性的统一"，这样的定位是不妥当的。"所谓'人文'是哲学、史学、法学、艺术学、政治学等人文学科的共有品质，并非语文一科所独有，更不是语文学科的本质属性。""把'工具人文'并置来谈论语文学科性质，这种表达方式和思维方式本身就值得怀疑。"①定位的不当严重地影响了语文教学质量的提高，影响了"逐步培养学生全面综合的语文能力"② 目标的实施。这样使学生在语言理解方面，无论是听还是读，都缺乏获取新的信息和知识的能力；在语言表达方面，无论是说还是写，都缺乏运用汉语、汉字完成在自己的工作、学习范围内传递信息、表达自己思想情感的能力；同时也缺乏实际的纠错能力。

3. 高校自身因素

不少高校没有把提高大学生语言素质作为高等教育改革和加强高校素质教育的一项紧迫任务来抓，语言文字工作机构不健全，监管不到位。高校普遍对汉语语言素质没有硬性要求，不与学位挂钩；而对外语水平却有明确要求，直接与学位挂钩。有的高校相关课程教学重知识传授，轻实际运用，没有做到因材施教，并缺乏必要的检查考核。高校普遍对学生的口语表达能力缺少系统训练，演讲、普通话等都不再是学生的必修课，直接制约大学生的口语表达能力的提高。

4. 语言环境因素

网络学习资源中提高语言素质的资料偏重英语，加重了大学生重外语轻汉语的现象。网络语言中一些不规范的用法也频繁出现在大学生的现实语言交际中，使大学生的语言素质总体上有下滑趋势。在现实的语言生活中，不规范的用法随处可见，这些也潜移默化地影响着大学生的语言素质。③

---

① 陶本一、于龙：《"语文"的阐释》，《课程·教材·教法》2007 年第 11 期，第 30 页。
② 王红梅：《论大学生语言学习与语言素质培养》，《黑龙江高教研究》2007 年第 8 期。
③ 王红梅：《论大学生语言学习与语言素质培养》，《黑龙江高教研究》2007 年第 8 期，第 160 页。

二 大学生语言素质的培养对策

根据大学生目前语言学习与语言素质现状，高校必须采取积极有效的针对性措施，努力提高大学生语言素质，培养出具有一定专业知识并有较高思想素质、语言交际能力与表达能力的复合型人才。现结合南京晓庄学院大学生语言素质培养的具体情况，从以下五个方面来谈谈大学生语言素质培养应采用的对策。

（一）转变观念：大学生语言素质培养的先导

高校领导、教师要转变观念，强化母语教育，"教育学生改变在语言学习上的不良倾向，改变重外语轻汉语的错误观点"[①]。学校上下统一认识，把大学生的汉语学习、语言素质的培养放在一个十分重要的位置，并作为学校一项长期的任务来抓，常抓不懈。目前国家尚未出台关于汉语语言素质测试的有关规定，各高校在总结"普通话水平测试"经验的基础上，可着手进行探索性研究，研制全面检测"汉语语言素质的综合水平测试"的方法与标准，并积极建议国家将大学生汉语语言素质的综合水平测试与升学、就业等挂钩。这样才能真正使提高大学生的语言素质落到实处，而不流于形式。

（二）规范制度：大学生语言素质培养的保障

1. 管理体系

高校要将大学生语言素质培养纳入到学校语言文字工作系统中，形成校语委制定方针，语委办具体部署，院（系）贯彻执行的一线管理、多点配合的管理网络，自上而下，层级负责，确保工作的长期开展，有效落实。

2. 制度建设

为培养大学生的语言素质，持续、更好地开展语言文字工作，必须制定"教学工作规程""教学管理规定""教学奖励办法""普通话水平测试管理工作的规定"等一系列规章，在制度层面上为大学生语言素质

---

① 王红梅：《论大学生语言学习与语言素质培养》，《黑龙江高教研究》2007年第8期，第160页。

培养提供制度保障。

3.配套保障

学校每学年划拨专项经费支持大学生语言素质培养工作，教务处、学工处、团委、宣传部门都须将此作为工作任务之一。每学期开展形式多样的语言文字活动，使得语言文字工作不但在总体计划中有所体现，而且还渗透在学校工作的方方面面。学生评优、教师考核等各项制度中都注重语言文字工作的制度化落实。

（三）提升师资：大学生语言素质培养的前提

教师是教学活动的组织者和引导者，其自身的语言素质直接影响并决定着学生的语言素质，提升教师的语言素质是提高大学生语言素质的重要前提和必要保障。

（1）严格考核教师教学基本技能。学校应依据相关规定，新进教师必须参加试讲，学校除了考查教学内容、教学组织等情况以外，还考核其板书和普通话等。新进教师及行政、教辅人员都要持二级乙等及以上的普通话等级证书方可上岗。将普通话是否达标作为教师年度评优的标准，实行一票否决制。

（2）鼓励教师参加语言素质培训。学校应选送教师参加各级普通话测试员的培训班，包括国家级测试员和省级测试员培训，同时提高专任教师普通话的合格率。培养出一批语言文字教学的主力军，使之在学生语言素质培养以及学校语言文字规范化工作中发挥重要作用。在浓厚的推普氛围中，教辅、行政、后勤人员也要积极参加到普通话考级工作中来，积极参加培训，认真练习，在力争普通话等级达标的同时，形成良好的学习普通话的氛围，使普通话真正成为校园语言。

（3）组织教师参加各类教学活动。根据学校教学研究室工作条例以及教学奖励暂行办法等有关规定，各个院（系）每学期组织教师分别开设公开课、汇报课与研究课，互听互评，交流经验，互助共进；每两年进行一次教学优秀奖及青年教师教学优秀奖的评选，通过优质课的示范作用强化与提高教师基本技能，并明确要求"课堂用语规范，普通话标准；板书设计合理，工整流畅"。

（四）改进教学：大学生语言素质培养的关键

改革现行教学计划，调整教学内容和课程结构，改变教学方式，增加必修课程及相应的教学安排，培养学生的语言表达和写作能力，努力提升大学生语言素质。

（1）语言文字课程纳入培养方案。高校要高度重视学生语言文字规范意识和语言文字应用能力培养，要充分发挥口语课、大学语文、现代汉语等课程的作用，使语言文字课程纳入学生培养方案。师范专业要结合专业建设和人才培养目标，将普通话和汉字书写作为师范生的必修课程，同时作为专业技能的考核项目，制定详尽细致的考核标准。

（2）把普通话水平达标列入培养计划。将师范专业学生普通话水平达到二级乙等，其中汉语言文学专业、小学教育文科方向及学前教育专业的学生要求达到二级甲等水平列入学生培养计划。其他专业，如广电新闻学、文秘、旅游管理、行政管理、音乐表演、现代音乐等专业的培养方案里，普通话课程也列入其中，并要求所有学生在毕业前通过普通话水平测试，取得相应的等级证书。

（3）相关课程的内容和形式多样化。除利用"普通话测试培训"专门为尚未开设普通话课程的部分非师范专业学生进行培训与辅导外，确保相关语言课程和形式的多样化，以满足不同专业不同层次学生提高语言素质的各种需求。既要开设"普通话""汉字文化与书写""汉字书法""播音主持""普通话训练"等师范专业和广播电视新闻学专业的必修课程，又要开设"普通话与教师语言""教师课堂话语分析""教师语言技能""汉字学""播音发声学""口语表达"等相关专业的专业选修课程，同时还可以专题讲座的形式开设"现代汉语词汇研究""现代汉语语法研究""现代汉语修辞研究""方言研究"等专题讲座。

（4）举办语言文字方面的学术报告。定期举办语言学、现代汉语、古代汉语、古典诗词等各类语言文字方面的学术报告，拓宽大学生语言学习面。

（五）开展活动：大学生语言素质培养的平台

良好的语言环境能激发人学习语言的积极性和主动性。因此，应开展丰富多彩的活动，营造健康和谐的语言环境，为大学生语言素质培养构建良好的发展平台。

（1）定期举办演讲、朗诵比赛。选择重要的纪念日，确定主题，如"纪念红军长征七十周年""庆祝改革开放三十周年"等，举办演讲、朗诵比赛。所有演讲稿、朗诵稿均由学生自行创作，既展示学生的语言组织与应用能力，又可以体现其普通话水平、演讲及朗诵技巧；既展示出学生的个人才华，又散发出语言文字的特殊魅力。

（2）定期举办"特色节"。各院系结合自身特点定期举办各类特色活动，如"读书文化节""师范生文化节"等，开展各类主题征文、特色征联、现场书画表演等多项特色活动，为丰富语言文字活动形式、营造更好的学习实践氛围、培养学生的基本职业技能搭建良好的平台。

（3）定期举办教学技能竞赛。教学技能竞赛是师范专业学生比拼技能的舞台，能充分调动学生的积极性。参与的过程就是培养与训练的过程，就是逐步规范与提高的过程。在技能竞赛中，将三笔字设为常规参赛项目，将普通话水平作为评价说课项目的重要指标，凸显出"三字一话"的特殊地位。

（4）定期举办文艺演出。学校可利用大学生艺术团等校内学生艺术团体组织，定期举办汇报演出、诗歌专场朗诵会、主题烛光晚会、专场文艺晚会等，不仅可以提高大学生的艺术品位，也可展示他们的语言才华。

（5）开展系列推普工作。学校是推普的基本阵地，以"推普周"活动为契机，加强院系语言文字规范情况的自查自纠工作，检查校园用字用语规范程度，义务开办普通话培训班，为贫困生免费测试普通话，制作宣传海报，普及相关知识，等等。

（6）配合上级要求组织相关竞赛。为提高学生参与语言文字规范化推广的主动性与积极性，积极组织学生参加由教育部语言文字应用管理司、教育部语言文字报刊社等举办的各种相关竞赛活动，激发大学生提高自身语言素质的积极性，营造良好的语言环境，提升学校语言教育的整体水平。

（原载《南京晓庄学院学报》2011 年第 4 期）

南京市小学生应用文学习状况调查

应用文是人们学习、工作、生活必不可少的工具性文体。教授应用文相关知识，培养应用文写作能力，是小学语文教学的一项重要任务。

为了解目前小学语文教学中应用文的教学状况，我们于 2013 年 12 月至 2014 年 1 月对南京市小学生应用文学习状况进行了抽样调查。

一　基本情况

（一）小学应用文教学目标与教材编排

《小学语文新课程标准》（2011 年版）在"课程总目标"中提出，"写作能力是语文素养的综合体现"，要"能具体明确、文从字顺地表述自己的意思"，"能根据日常生活需要，运用常见的表达方式写作"。"阶段目标"中提出第二学段（三、四年级）要"能用简短的书信便条进行书面交际"，第三学段（五、六年级）要"学写读书笔记和常见应用文"。这里的"常见应用文"是指日常应用文，不是公务应用文和专业应用文。

南京市的小学语文教材在应用文教学内容的编排上涉及留言、请假条、广告词、日记、书信、建议、推荐文章、新闻报道、演讲稿、启事等十类日常应用文，其中广告词、启事、演讲稿等三类未提具体写作要求，具体见表1。

表 1　小学语文教材应用文编排情况统计

应用文编排	涉及年级	应用文编排	涉及年级
留言、请假条、广告词、日记（一）	三年级	新闻报道、启事、演讲稿	五年级
日记（二）、书信（一）、建议、推荐文章	四年级	书信（二）	六年级

（二）调查说明

1.测试题目与访谈话题的设计

本调查分为对小学生进行应用文水平测试和对相关教师进行访谈两部分。

应用文测试，针对南京市语文教材与语文教学实际，选择了四、五、六三个年级的学生进行。具体为：四年级测试"请假条"，五年级测试"观察日记"，六年级测试"书信"。

教师访谈围绕四个话题进行：（1）目前小学应用文教学的总体现状；（2）小学应用文教学应注意的问题；（3）所用教材中应用文教学内容的编写情况；（4）对小学应用文教学改革的建议。

2.调查对象的抽样

调查学校的抽取：采取分层抽样的方法，根据地区（城区、郊区、原郊县）、学校类型（知名小学、一般省级实验小学、中心小学）的不同，从鼓楼区（城区）、玄武区（城区）、栖霞区（郊区）、江宁区（原郊县）、溧水区（原郊县）等五个区共抽取知名小学2所（下文称M1、M2）、一般省级实验小学3所（下文称S1、S2、S3）、中心小学2所（下文称Z1、Z2），共7所小学。

测试学生的抽取：采取简单随机抽样的方法，在每所学校四、五、六年级各抽取1个班级开展测试，共测试学生904人，其中四年级312人、五年级300人、六年级292人。

访谈教师的选择：对从事四、五、六年级语文教学的教师开展访谈，每所学校每个年级一般任选2名教师，共计访谈38人。

二 学生测试情况

（一）评测标准

对学生应用文测试的评判主要分为四个评测项。

1.格式要求

请假条分设"标题""称谓问候""祝颂语""落款"四个子项，每一子项又分别提出具体要求（见表2）；观察日记分设"月日""星期""天气""排序"等四个子项，书信分设"称谓问候""祝颂语""落款"三个子项，每一子项均提出具体要求（见表3）。

2. 内容要求

请假条分设请假的"缘由"、"时间"（起止时间）、"转交"（转交情况）、"电话"（电话联系情况）和"批准"（请求批准）等五个子项，观察日记分设"目的"（观察目的）、"全面"（观察全面）、"仔细"（观察仔细）、"线索"（观察线索）等四个子项，书信分设"学习"（学习状况）、"寒假"（寒假安排）、"雾霾"（南京雾霾）、"谢邀"（感谢奶奶的邀请）和"邀请"（邀请奶奶来宁）五个子项。

3. 语言要求

三类应用文均分设"遣词造句"与"语言表述"两个子项。"遣词造句"包括"用字"（不写错别字）、"用词"（用词正确）、"用句"（句法正确）和"标点"（标点正确）四项内容，"语言表述"包括"准确"（指表述事实要准确）、"得体"（指表述身份要恰当）、"简洁"（指表述语言要简明）三项内容。

4. 综合评价

用优、良、中、差四个等级来给学生的观察日记、书信做综合评价。鉴于请假条内容较为简单，故未做综合评价。

（二）数据统计

"格式要求"、"内容要求"和"语言要求"三项统计的是不符合评测要求的数据，而"综合评价"项统计的则是获得不同等级的数据。具体见表2~6。

表 2　请假条"格式要求"数据统计

单位：人

学校	人数	请假条										
		标题			称谓问候					祝颂语		落款
		标题	顶部	正中	称呼	职务	顶格	冒号	问候	有无	格式	署名	日期
M1	50	9	5	1	1	0	0	0	30	13	6	6	26
M2	45	1	0	0	0	0	1	0	18	3	21	2	15

学校	人数	请假条											
		标题			称谓问候					祝颂语		落款	
		标题	顶部	正中	称呼	职务	顶格	冒号	问候	有无	格式	署名	日期
S1	48	0	0	0	0	0	0	0	26	0	0	2	2
S2	35	0	0	0	0	0	0	0	31	35	0	0	1
S3	51	51	0	0	0	0	5	3	19	13	30	25	41
Z1	45	0	0	0	0	0	0	0	0	0	1	4	5
Z2	38	28	0	2	3	2	2	0	13	30	2	4	26
总计	312	89	5	3	4	2	8	3	137	94	60	43	116

表3 观察日记和书信"格式要求"数据统计

单位：人

学校	观察日记					书信									
	人数	具体要求				人数	称谓问候					祝颂语		落款	
		月日	星期	天气	排序		昵语	称呼	顶格	冒号	问候	敬礼	祝福	署名	日期
M1	48	0	2	0	1	48	9	0	1	1	27	39	7	2	0
M2	40	0	1	1	4	42	8	0	0	1	23	32	20	5	4
S1	43	0	0	0	0	39	0	0	0	1	8	33	2	1	0
S2	34	8	8	7	1	41	8	0	1	1	18	41	12	4	3
S3	53	9	10	11	0	51	0	0	0	0	25	51	9	0	2
Z1	43	42	42	42	0	40	0	0	1	10	9	40	0	0	0
Z2	39	27	27	26	1	31	0	0	0	0	15	26	7	3	6
总计	300	86	90	87	7	292	25	0	3	14	125	262	57	15	15

表4 "内容要求"数据统计

单位：人

学校	请假条						观察日记					书信					
	人数	请假内容					人数	观察要求				人数	书信内容				
		缘由	时间	转交	电话	批准		目的	全面	仔细	线索		学习	寒假	雾霾	谢邀	邀请
M1	50	0	14	40	35	5	48	8	9	11	7	48	2	9	0	28	5

续表

学校	请假条人数	请假内容					观察日记人数	观察要求				书信人数	书信内容				
		缘由	时间	转交	电话	批准		目的	全面	仔细	线索		学习	寒假	雾霾	谢邀	邀请
M2	45	0	35	5	8	6	40	4	14	14	8	42	2	12	2	26	2
S1	48	0	12	46	7	3	43	6	0	0	4	39	1	6	1	35	3
S2	35	0	0	35	32	1	34	2	14	8	6	41	8	12	9	35	5
S3	51	0	34	43	32	29	53	8	9	15	6	51	0	7	0	39	7
Z1	45	0	2	41	37	28	43	11	15	27	9	40	1	10	2	8	0
Z2	38	0	23	31	18	18	39	17	18	21	4	31	2	6	2	27	2
总计	312	0	120	241	169	90	300	56	79	96	44	292	16	62	16	198	24

表5 "语言要求"数据统计

单位：人，个

学校	请假条人数	遣词造句				语言表述			观察日记人数	遣词造句				语言表述			书信人数	遣词造句				语言表述		
		用字	用词	用句	标点	准确	得体	简洁		用字	用词	用句	标点	准确	得体	简洁		用字	用词	用句	标点	准确	得体	简洁
M1	50	6	4	0	20	6	4	24	48	95	17	23	114	12	0	5	48	31	16	22	124	10	5	13
M2	45	12	4	14	31	15	0	31	40	89	9	33	69	4	0	2	42	59	28	41	107	13	3	17
S1	48	12	5	17	23	19	3	43	43	51	20	48	102	12	0	8	39	57	16	44	149	7	0	24
S2	35	3	3	8	7	8	0	30	34	68	11	27	180	2	2	11	41	70	21	30	180	15	3	11
S3	51	15	2	6	50	25	11	44	53	128	27	52	171	12	5	6	51	77	29	40	110	9	0	10
Z1	45	4	11	12	32	26	1	34	43	90	30	52	160	12	0	8	40	49	20	51	235	14	0	30
Z2	38	12	7	18	30	23	5	30	39	92	15	24	183	10	2	6	31	57	13	26	92	17	2	14
总计	312	64	36	75	193	122	24	236	300	613	129	218	979	62	9	46	292	400	143	254	997	85	13	119

表 6 "综合评价"数据统计

单位：人

学校	观察日记					书信				
	人数	等级划分				人数	等级划分			
		优	良	中	差		优	良	中	差
M1	48	7	23	11	7	48	12	24	11	1
M2	40	12	12	12	4	42	9	20	7	6
S1	43	18	18	7	0	39	10	22	7	0
S2	34	5	14	9	6	41	4	11	19	7
S3	53	12	25	13	3	51	20	20	8	3
Z1	43	8	9	17	9	40	8	20	9	3
Z2	39	4	7	15	13	31	5	11	13	2
总计	300	66	108	84	42	292	68	128	74	22

（三）结果分析

调查结果显示，受访小学生通过课堂学习与平日训练，总体上对应用文的基本格式、表述方式等有了初步的认识并具有一定的应用文写作能力，但不同类型学校差距比较大。将同一项目上三类学校的成绩依次分为"高、中、低"三种，那么，在 11 个比较项中，知名小学获得"高" 6 项、"中" 4 项、"低" 1 项，一般省级实验小学获得"高" 2 项、"中" 6 项、"低" 3 项，中心小学获得"高" 3 项、"中" 1 项、"低" 7 项。总的来看，知名小学学生应用文的学习状况要明显好于一般省级实验小学和中心小学，一般省级实验小学则略好于中心小学。

表 7 不同类型学校的均分值与优良率比较

学校	格式要求			内容要求			语言要求			综合评价	
	请假条	观察日记	书信	请假条	观察日记	书信	请假条	观察日记	书信	观察日记	书信
M	中	高	低	高	中	中	高	高	高	中	高
S	低	中	中	低	高	高	中	中	中	高	中
Z	高	低	高	中	低	高	低	低	低	低	低

在应用文具体使用中，问题仍比较突出。

1. 格式多误

虽然在称谓的运用上较好，但标题、问候语等方面问题很严重。如请假条，开头问候语有近44%的学生缺乏，落款时间有37%的人没写或写错。有一所学校（S3）无一人书写"标题"，另一所学校（Z2）近74%的学生没有写。又如观察日记，"月日""星期""天气"未写或写错的学生分别占总人数的29%、30%、29%。有一所学校（Z1）43人中42人不符合要求。再如书信，有42.8%的学生开头未写问候语，有近90%的人没写"此致敬礼"。

2. 内容遗漏

测试结果显示，一些学生遗漏了重要内容。如请假条除说明缘由外还需要说明请假的起止时间、转交情况、电话联系情况与请求批准等内容，从统计数据（见表4）来看，分别有120人（占38.5%）、241人（占77.2%）、169人（占54.2%）和90人（占28.8%）遗漏。

3. 语言差错多

整体上看，语言运用中存在的问题严重。从"遣词造句"（表5）来看，其错字、错词、错句、标点用错，请假条分别达到人均0.21个、0.12个、0.24个和0.62个，观察日记分别达到人均2.04个、0.43个、0.73个和3.26个，书信分别达到人均1.37个、0.49个、0.87个和3.41个。"语言表述"的主要问题是表述不准确、不简洁。请假条有122人、观察日记有62人、书信有85人存在表述不准确问题，分别占总数的39.1%、20.7%和29.1%；请假条有236人、观察日记有46人、书信有119人存在表述不简洁问题，分别占总数的75.6%、15.3%和40.8%。

三　教师访谈情况

受访教师围绕小学应用文教学的总体现状、教学中应注意的问题、教材的编写情况与教学改革建议四方面谈了各自的看法。

1. 总体现状

受访教师普遍认为目前小学应用文教学的总体状况不是很乐观，主要体现在四方面。（1）思想认识不足。无论是一线教师还是教学管理者，对应用文教学的重要性认识不足，认为应用文写作难度不大，日常生活中使用率不高，学生学习起来不难。（2）教师素质欠缺。教师自身应用文知识缺乏，部分教师不会写应用文或写得不好，很难起到示范作用。（3）重视程度不够。应用文在写作教学中所占比重极小，写作训练少，考试与公开课中出现率极低；教师教学远没有像教课文那样做到精讲多练。（4）学习效果不佳。学生对应用文学习缺乏兴趣，应用文写作能力较弱，尤其是在格式上掌握得很不理想。

2. 注意问题

受访教师就应用文教学提出四个应注意的问题：（1）要从学生的生活实际出发，创设应用情境，激发学习兴趣；（2）要关注格式、文体分类与文体表达三大教学重点；（3）及时训练并加大练习量，鼓励学生在日常生活中运用，在运用中加以巩固；（4）要与语言表达能力的训练相结合。

3. 教材编写

受访教师提出，所用教材在应用文教学内容编写方面存在五大问题。（1）应用文在教材中占比过小，未作为一个类型来进行安排。（2）无论是文体知识介绍还是写作训练均缺乏系统性，只是安排在练习中，而且也并非每册都有，连续性不强，课文与练习脱节。（3）缺乏"协议""合同""说明书""研究报告"等实用性强的应用文，缺乏电子邮件、微博、电子贺卡等新出现的应用文类型。（4）比较重视书信，弱化了留言条、请假条、日记、倡议书、辩论稿等应用文类型的教学。（5）教材提供的范文数量少，学生学习无样本可借鉴；教材所提供的大都是低水平的样本，缺乏示范意义；范文与学生生活实际结合得不够紧密。

4. 改革建议

要提高对应用文重要性的认识；应用文教学要讲究系统性，不同年级要各有侧重；常用应用文要有选择地以课文的形式出现或融入课文中；应用文教学应与时代契合，适当增加新的应用文类型；强化实践，强化训练，学以致用，真正体现其技能性与应用性；教师要着力提高自身的应用文理论素养与写作能力。

四　问题与建议

从调查数据和教师访谈可以看出，目前南京市应用文教学的总体现状不容乐观，具体表现为：教学地位弱化、重视程度不高、教学效果欠佳、写作能力较弱。有鉴于此，特提出如下建议。

1. 提高思想认识

要提高全社会应用文使用水平，必须从娃娃抓起。要着力提高学校的管理者、教材编写者、教学实践者与研究者对应用文在小学语文教学中重要性的认识，形成共识，制定政策措施，确立应对机制，推动应用文教学改革。

2. 改进教材编排

要注意应用文文体本身编排的系统性与学习年段知识点编排的系统性，形成连贯的应用文学习体系，避免出现断裂；可将应用文的例文作为课文出现，以提升学生对应用文学习的关注度；要注意课文与练习之间的协调性，避免出现错位；要将应用文写作全部列入小学生写作训练序列并使其占有一定的份额；结合时代要求，适当增加"科学小报告""调查报告""协议""合同"等既有一定专业性又有很强实用性的应用文教学内容。

3. 强化教学改革

要强化应用文格式的教学与训练；注意教学情境的设置，注意与学生生活实际的结合；注重应用文内容的考核；关注网络时代应用文变体（如"书信"的变体"电子邮件"）的教学；要将应用文教学纳入公开课、研究课所关注的范围，并加大其教学研究的力度；关注学生语言知识的积累与语言能力的训练；努力提高教师自身的应用文写作水平。

（原载教育部语言文字信息管理司组编《中国语言生活状况报告
（2015）》，商务印书馆，2015）

小学生语言文字运用能力调查

一 引言

关于语文课程的目标，专家学者与国家标准都一致定位在"学习运用祖国的语言文字"。张志公指出，"语文课，它的特定任务无疑是培养和提高人们运用语言文字工具的能力"[1]。李宇明也指出："语言文字的运用是语文教育的基本内容"[2]。《义务教育语文课程标准》将"培养学生的语言文字运用能力"定为语文课程的核心目标。[3]教育部、国家语委 2012 年 12 月颁布的《国家中长期语言文字事业改革和发展规划纲要（2012—2020 年）》也将"提升学生语言文字应用能力"列为重点工作。

既然早已将培养和提高语言文字运用能力作为语文课程的核心，那么中小学生的语言文字运用能力理应是很强的。但有关中小学生语言文字运用能力滑坡的报道，近些年来却频频出现在报端。许多专家学者都呼吁要尽快提高广大中小学生的语言文字运用能力。[4]那么目前中小学生语言文字运用能力的实际状况到底如何？如有问题，到底表现在哪些方面？要明确地回答这些问题就需要开展调查研究。

2013 年 12 月至 2014 年 1 月，笔者针对小学生应用文学习状况，以

① 张志公：《掌握语文教学的客观规律》，《文汇报》1992 年 6 月 12 日。
② 李宇明：《语文现代化与语文教育》，《语言文字应用》2002 年第 1 期，第 39 页。
③ 中华人民共和国教育部：《义务教育语文课程标准》（2011 年版），北京师范大学出版社，2012。
④ 张志公：《全社会都来重视语文能力的培养》，《语文建设》1997 年第 4 期，第 29~30 页；陆俭明：《语文教学之症结与出路》，《课程·教材·教法》2006 年第 3 期，第 34~40 页。

南京市为例开展了专项调查。该调查针对南京市语文教材与语文教学实际，选择四、五、六三个年级的学生对"请假条"（四年级）、"观察日记"（五年级）和"书信"（六年级）等三类应用文进行测试。采用非概率抽样中的判断抽样的方法，即"根据研究的目标和自己主观的分析来选择和确定研究对象的方法"①。确定以"所处地域"（城区、郊区、原郊县）与"学校类型"（知名学校、一般省级实验小学、中心小学）为抽样标准，共抽取了 7 所小学：知名小学两所（M1、M2）、一般省级实验小学三所（S1、S2、S3）、中心小学两所（Z1、Z2）。每所学校三个年级各抽测 1 个班级。共计抽测学生 904 人（四年级 312 人、五年级 300 人、六年级 292 人）。依据调查结果，已专就应用文学习中的"格式要求""语言要求""内容要求""综合评价"等四方面做了概括性的总结并就应用文教学与学习提出了具体建议。② 这里依据此次调查所收集的相关数据，专就小学生语言文字运用能力的客观现状做具体分析，以揭示当下小学生语言文字运用能力的现实状况，并就存在的问题从不同角度进行分析与思考。

二 调查数据

语言文字运用能力可分为体现语文基本功的"遣词造句能力"和体现语言综合运用能力的"语言表述能力"两部分。具体而言，"遣词造句能力"体现在"用字"、"用词"、"用句"和"标点"等四方面；"语言表述能力"在应用文的写作中主要体现在语言表述的准确性、得体性与简洁性等三方面。"表述的准确性"体现在：表述事实要准确、表述概念要准确、表述语言要准确。"表述的得体性"体现在：表述身份要得体、表述角度要得体、表述语体要得体。"表述的简洁性"体现在：表述语言要简洁明了。

就遣词造句能力中"用字"、"用词"、"用句"和"标点"等四方面在使用时出现错误的个数加以统计并计算出人均数，详见表 1；就语言

---

① 风笑天：《社会学研究方法》，中国人民大学出版社，2005，第 144 页。

② 郭骏：《南京市小学生应用文学习状况调查》，载教育部语言文字信息管理司组编《中国语言生活状况报告（2015）》，商务印书馆，2015，第 123~129 页。

表述能力中"表述的准确性"、"表述的得体性"和"表述的简洁性"三方面在应用文写作过程中所出现问题的次数加以统计并计算出人均数，详见表2。

表1 遣词造句能力状况统计

单位：个

学校	请假条					观察日记					书信				
	人数	用字	用词	用句	标点	人数	用字	用词	用句	标点	人数	用字	用词	用句	标点
M1	50	0.12	0.08	0.00	0.40	48	1.98	0.35	0.48	2.38	48	0.65	0.33	0.46	2.58
M2	45	0.27	0.09	0.31	0.69	40	2.23	0.23	0.83	1.73	42	1.40	0.67	0.98	2.55
S1	48	0.25	0.10	0.35	0.48	43	1.19	0.47	1.12	2.37	39	1.46	0.41	1.13	3.82
S2	35	0.09	0.09	0.23	0.20	34	2.00	0.32	0.79	5.29	41	1.71	0.51	0.73	4.39
S3	51	0.29	0.04	0.12	0.98	53	2.42	0.51	0.66	3.23	51	1.51	0.57	0.78	2.16
Z1	45	0.09	0.24	0.27	0.71	43	2.09	0.70	0.65	3.72	40	1.23	0.50	1.28	5.88
Z2	38	0.32	0.18	0.47	0.79	39	2.36	0.38	0.62	4.69	31	1.84	0.42	0.84	2.97
总计	312	0.21	0.12	0.24	0.62	300	2.04	0.43	0.73	3.26	292	1.37	0.49	0.87	3.41

表2 语言表述能力状况统计

单位：个

学校	请假条				观察日记				书信			
	人数	准确	得体	简洁	人数	准确	得体	简洁	人数	准确	得体	简洁
M1	50	0.12	0.08	0.48	48	0.25	0.00	0.10	48	0.21	0.10	0.27
M2	45	0.33	0.00	0.69	40	0.10	0.00	0.05	42	0.31	0.07	0.40
S1	48	0.40	0.06	0.90	43	0.28	0.00	0.19	39	0.18	0.00	0.62
S2	35	0.23	0.00	0.86	34	0.32	0.06	0.32	41	0.37	0.07	0.27
S3	51	0.49	0.22	0.86	53	0.23	0.09	0.11	51	0.14	0.00	0.20
Z1	45	0.58	0.02	0.76	43	0.19	0.00	0.19	40	0.35	0.00	0.75
Z2	38	0.61	0.13	0.79	39	0.26	0.05	0.15	31	0.55	0.06	0.45
总计	312	0.39	0.08	0.76	300	0.21	0.03	0.15	292	0.29	0.04	0.41

三 问题分析

根据统计数据，南京市小学生在遣词造句能力和语言表述能力两方面均存在着许多问题与不足，整体状况不容乐观。

（一）遣词造句能力问题

调查显示，遣词造句方面存在问题较多的是"观察日记"和"书信"。"请假条"问题较少，可能与其行文较短有关。就"用字"、"用词"、"用句"和"标点"四项来看，"用字"和"标点"问题最多。"用字"在"观察日记"中最为严重，人均错误数达到 2.04 个；"标点"在"书信"中最为严重，人均错误数达到 3.41 个。当然，"观察日记"中"标点"的人均错误数也不低。现着重就观察日记中的"用字"和书信中的"标点"使用问题做具体分析。

1."用字"问题

笔者针对"别字"和"错字"两种情况分别做了统计（重复出现的只计算 1 次，同一字出现在不同错误类型中则分别统计），"别字"共出现 192 个，"错字"共出现 67 个。

（1）"别字"出现情况："别字"呈现出"音近字相混"（因两字语音相近而出现的别字）、"形近字相混"（因两字字形相近而出现的别字）、"音近形近字相混"（因两字音形均相近而出现的别字）和"其他情况"（主要有阿拉伯数字与汉字相混、名称理解有误或笔误）等四种类型。表 3（横线右为别字）显示："音近字相混""音近形近字相混"两类出错率最高，分别占 41.7% 和 26.6%，"形近字相混"占 14.1%，可见音形相混是出错的关键。

查阅《义务教育语文课程常用字表》（见《义务教育语文课程标准》，下同），属"字表一"的字有 170 个（88.5%），占绝大多数；属"字表二"的字有 18 个（9.4%），占比较小。非表内字只有 4 个（翱、盎、莓、邺），另有"坐、令、篇"3 字在不同类型中出现，故分别统计。依据《通用规范汉字字典》[①]附录中的《通用规范汉字表》（2013 年

---

① 王宁主编《通用规范汉字字典》，商务印书馆，2013。

6月国务院公布，下同），属字表一、字表二的 188 个字都属于一级字，非表内字的 4 字属于二级字。可见出现的别字都为常用字。

表 3 观察日记中"别字"出现情况

单位：个，%

类型	个数／占比	字表一	字表二	非表内字	举例
音近字相混	80（41.7）	72（90.0）	5（6.3）	3（3.8）	已经—以经，洋溢—杨溢，不仅—不紧，清澈—清彻，帷幕—围幕，吟诵—迎送
形近字相混	27（14.1）	24（88.9）	3（11.1）	—	继续—断续，休息—体息，海棠—海裳，愉快—偷快，欢快—观快，远处—远外
音近形近字相混	51（26.6）	41（80.4）	9（17.6）	1（2.0）	蜜蜂—密峰，芦苇—卢伟，捶背—锤背，杨柳—扬柳，俯视—府视，烦恼—烦脑
其他情况	34（17.7）	33（97.1）	1（2.9）	—	两根—2 根，实在—十在，花开—花花，明媚—阳媚，普通—简通，前方—前着
总计	192（100）	170（88.5）	18（9.4）	4（2.1）	

（2）"错字"出现情况："错字"呈现出"偏旁写错"（构成该字的某一偏旁写成别的偏旁）、"笔画增多"（字的某一偏旁增加了一个笔画）、"笔画减少"（字的某一偏旁减少了一个笔画）、"笔画写错"（字的某一偏旁中的某一构件写错，不含笔画增多和笔画减少）和"结构写错"（构成该字的两个偏旁错位或某一偏旁错位，包括左右错位和内外错位）等五种类型。表 4 显示："偏旁写错""笔画增多"两类出错率较高，分别占 44.8% 和 25.4%，因笔画而错的字约占 47.7%。可见笔画与偏旁是出错的关键。

查阅《义务教育语文课程常用字表》，属"字表一"的字有 54 个（80.6%），占绝大多数；属"字表二"的字只有 7 个（10.4%），占比很小。非表内字只有 6 个（扉、粼、曳、炯、婀、燮），另有 5 个字（瓣、游、奥、喝、座）与别字相同。依据《通用规范汉字字典》[①]附录中的《通用规范汉字表》，属字表一、字表二的 61 个字都属于一级字，非表内字的 6 个字中有 5 个字（扉、粼、炯、婀、燮）属于二级字。可见出现的错字也都为常用字。

表4 观察日记中"错字"出现情况

单位：个，%

类型	个数／占比	字表一	字表二	非表内字	举例
偏旁写错	30（44.8）	24（80.0）	5（16.7）	1（3.3）	馆："左偏旁写成"方"。 抓："右偏旁写成"瓜"。
笔画增多	17（25.4）	13（76.5）	1（5.9）	3（17.6）	武："右下加一撇。 曳："右上加一点。
笔画减少	5（7.5）	4（80.0）	—	1（20.0）	缠："头上少一点。 葱："中间少一点。
笔画写错	10（14.9）	8（80.0）	1（10.0）	1（10.0）	座："土"不出头。 兽："写成"曾"字头。
结构写错	5（7.5）	5（100）	—	—	旧："左右偏旁写反。 阔："三点水写在外面。
总计	67（100）	54（80.6）	7（10.4）	6（9.0）	—

2."标点"问题

《义务教育语文课程标准》在"学段目标"中明确：第一至第三学段应学会正确使用逗号、句号、问号、感叹号、冒号、引号、顿号和分号等 8 种标点符号，体会句号与逗号、顿号与逗号、分号与句号的不同用法。书信中"标点"的问题主要出在不同用法之间的区分上，主要有六组标点符号区分不清，详见表5。

---

① 王宁主编《通用规范汉字字典》，商务印书馆，2013。

表 5　书信中"标点"使用不当情况

组别	句号与逗号	顿号与逗号	分号与句号	句号与感叹号	分号与逗号	冒号与感叹号
具体表现	该用句号时大多用逗号，有的甚至一逗到底	语句内部的并列词语，该用顿号却用了逗号	非并列关系的两句话，该用句号却用了分号	祝颂语后该用感叹号却用句号；该用句号却用了感叹号	列举的并列短语该用逗号却用了分号	书信开头的称呼语后未加冒号，问候语后未加感叹号

　　除以上六组标点外，还有引号使用的问题：一是该用而未用，二是不该用却用了。破折号使用也有问题，不过课程标准未做要求。另外，有极少数同学整段话不加任何标点。

　　（二）语言表述能力问题

　　表 2 显示，语言表述存在问题较多的是"请假条"。现着重就请假条中语言表述的准确性、得体性和简洁性等三方面问题做具体分析。

　　1. 准确性问题

　　就请假条而言，在语言表述的准确性方面主要存在以下问题。

　　（1）在表述事实方面，时间表述不准确。一是事件时间表述不准确。共有 116 处（占 51.8%）。主要是混淆了"今天"与"第二天"两者在表述上的细微差异。测试题是："12 月 26 日，南京跨世纪小学三年级 2 班的王亮同学放学回家后觉得身体不适，晚上发烧咳嗽，第二天早上起来还有些发烧。……王亮只能写张请假条，请邻居张晓东同学带给戴老师。"测试题是以第三人称的口吻来陈述"第二天早上起来还有些发烧"这已发生的事情，而对于请假者王亮来说则必须采用第一人称的口吻来陈述"早上起来还有些发烧"这正在发生的事情。因此，从时间表述的确定性与叙说口吻的一致性来看，应该用"今天"而不能用"第二天"。二是落款时间表述不准确。共有 103 处（占 46.0%）。依题意，请假条应是 12 月 27 日早上写的。主要有四类错误：一是写成生病时间（12 月 26 日），占 57.28%；二是写成各自学校的测试时间，占 22.33%；三是任意写一个时间，占 17.48%；四是落款时间未写，占 2.91%。

　　（2）在表述概念方面，概念混淆。共有 3 处（占 1.3%）。主要是学生将"请假条"称为"字条"或"纸条"，混淆了二者的概念。《现代汉语词典》将"字条"释为"写上简单话语的纸条"①，可见"字条"与"纸条"词义相近，近似于"留言条"，不同于"请假条"。

（3）在表述语言方面，主要是夸大其词。共有2处（占0.9%）。如："我昨天放学回到家身体有些不适，结果晚上病情恶化，又是发烧，又是咳嗽，今天早上病情仍不见好转。"该请假条用了"病情"与"恶化"，显然有夸张之嫌，应该说是不准确的。

2. 得体性问题

请假条在语言表述的得体性上主要体现在：表述身份要得体、表述口吻要得体、表述语体要得体。测试反映出的问题恰恰就在这三个方面。

（1）表述身份不得体。依据测试题"请你替王亮同学写一张请假条"的要求，被测试者应以王亮的身份来向戴老师请假。存在两种情况：一是以王亮父母的身份来请假，落款是家长；二是以邻居张晓东的身份来请假，落款是张晓东。

（2）表述口吻不得体。主要是表述口吻与落款人不一致。有三种情况：一是表述口吻是王亮的父母，而落款却是王亮；二是表述口吻是张晓东，而落款却是王亮；三是落款是王亮，但表述口吻时而是王亮，时而又是其父母。

（3）表述语体不得体。存在两种情况。一是以日常口语代替习惯用语，与应用文语体风格不符。请假条有请求批准的习惯语，如"请批准""请予准假""特此请假，恳望批准"等，许多学生代之以日常口语。如"希望您能同意我上午不去""我可以请半天假吗""不能准时到校，请您原谅"等等。二是所用语句与语体不切合。如"您好，我是王亮呀!"，这是文艺语体所用的表述性语言，它与应用文事务语体特征不合。

3. 简洁性问题

存在的问题是：语言重复啰唆，表述不够简练。体现在两个方面。一是人称代词"我"反复出现。一张请假条少则三四个，多则五六个。

---

① 中国社会科学院语言研究所词典编辑室编《现代汉语词典》（第6版），商务印书馆，2012，第1730页。

如"因为我发烧，妈妈要带我去医院看病，所以不能来。我妈妈打电话打不通，所以我叫我的邻居张晓东带给您，请允许我请假"。这句话中"我"出现了6次。二是关联词语滥用。生病确实是请假的原因，但可直接表述，未必每处都需"因为""所以"。有的关联词语的使用从一般情况来看也没错，如"由于昨天放学回到家身体不适，然后又发烧咳嗽。今天妈妈要带我去医院看一看，所以请半天假，请批准"。但从应用文语言表述的简洁性来看，"由于""所以"完全可省略，或可将"所以"改成"需要"。因为即使应用文内部确实含有较强的逻辑关系（如因果关系），也未必都需要使用大量的关联词语。

四　讨论与思考

由上述分析可见，小学生在遣词造句能力方面，问题较为突出的是用字和标点；在语言表述能力方面，语言表述的准确性、得体性与简洁性等三方面都存在着问题。学生语言文字运用能力问题的出现，必然是诸多因素综合作用的结果，因而必须要多维度分析，多角度突破。现拟就语文技能训练、多种能力培养、经典样本积累、基础理论研究和评测标准研制等五个方面进行分析与思考。

（一）开展技能训练

学生在体现语文基本功的遣词造句方面出现的大量问题，恰好印证了张志公的话，"要想把语言文字这个工具运用得纯熟，不下大力量训练可不行"[①]。至于该如何开展训练，笔者建议从两个方面着手。（1）开展专项训练，提高训练的针对性。针对"用字"问题，在教学中开展"音近字""形近字""音近形近字"等专项训练，以强化对字音、字形的辨别；针对"标点"问题，既要让学生理解和掌握不同标点间的联系与区分，又要进行对比训练，并将之贯穿于课后练习、作文写作的全过程。（2）讲究训练方法，提高训练的有效性。在这方面有许多成功的经验值得借鉴。如在随苏教版小语课文《台湾的蝴蝶谷》教学"聚"字时，

[①] 　张志公：《掌握语文教学的客观规律》，《文汇报》1992年6月12日。

教师通过字形解析字义，着重对其偏旁"氺"做具体分析，帮助学生认清其来源："氺"←"𣲗"←"众"。通过教师对"众"字演变过程的分析，学生自然就能通过字形掌握字义，又能通过字义记住字形。

（二）培养多种能力

1. 培养语感能力

"语感是在长期大量使用一种语言的过程中获得的感性知识"[1]，而语文教学的首要任务"就是培养学生各方面的语感能力"[2]。其实，一个人是否具有语感能力在语言文字运用的各个方面都能体现出。如标点的使用就与语感能力紧密相关。人们在使用时大多凭借的是语感，是长停顿还是短停顿有了一定的语感能力自然就能做出判断。换言之，如果一个学生能正确使用常用标点，则意味着他已经具有了一定的语感能力；反之，则语感能力未能真正形成或正在形成中。

2. 培养思维能力

语言表述的得体性问题反映出学生在请假条的写作过程中未能弄清写者、接受者以及与事件之间的关系。表面上是事件之间关系的混乱与语言表述的不得体问题，实质上体现出的是学生逻辑思维能力的问题。因为理清人与人、人与事之间的关系恰恰体现的是一个清晰的逻辑思维过程。因此，我们在进行语言文字运用能力培养的同时，也要注重其背后的逻辑思维能力的培养。而逻辑思维能力的培养对提高学生发现问题、分析问题和解决问题的能力有着十分重要的意义。可见，语文课程标准将"在发展语言能力的同时，发展思维能力"作为"总体目标与内容"之一提出是极有见地的。

3. 培养学习能力

良好学习习惯的养成是学习能力培养的重要内容，而良好学习习惯的培养对语言文字运用能力的提高有着很好的促进作用。如养成完成作业后认真检查的习惯，在其过程中可发现语言运用问题并及时加以修正。这样既可提高其遣词造句的正确率，又可锤炼语言表达，使之达到准确、

---

[1] 胡明扬：《语言知识与语言能力》，《语言文字应用》2007年第3期，第8页。

[2] 吕叔湘：《学习语法与训练语感》，《语文学习》1985年第1期，第11~12页。

得体与简洁。事件时间与落款时间表述不准确反映出学生没有真正读懂题意，未能完全理清其中的时间关系，其实反映出的是学习习惯问题。以日常口语代替习惯用语问题，反映出学生未能完全掌握应用文的语体风格，这也涉及学习习惯问题，即未能对所学新知及时加以巩固。当然也可能存有一个教学训练问题，即训练的不及时和不到位。

（三）积累经典样本

要提高学生的语言表述能力，则意味着我们的语文教学不仅要关注课文的主题思想与艺术特色，更要关注作者的语言运用与语言表达。课文作为经典样本，对学生语言表述能力的提升有着十分重要的示范作用。通过大量经典样本的不断积累，学生自然也就积累了许多语言表达的好案例。当经典样本积累到一定量时，学生的语言表达能力自然就会有一个大的提升，甚至是质的飞跃，正所谓"读书破万卷，下笔如有神"。

教材中有许多经典例文，课文中常有精彩语句。例如苏教版小学语文课文《夹竹桃》中就有许多精彩的语句，如"在和煦的春风里，在盛夏的暴雨里，在深秋的清冷里，看不出有什么特别茂盛的时候，也看不出有什么特别衰败的时候，无日不迎风吐艳"。这里用排比句呈现出不同季节的特征，衬托出夹竹桃在不同的季节里"无日不迎风吐艳"的精神。

正如胡明扬所言，人们对母语的掌握，"绝对不是学理论和学语言知识而掌握的，而是他们从小只听说过一种正确的用法，从来没听说过另外一种用法，而没听说过的自己就永远不说，听了就觉得别扭，所以不会用错"[①]。"正确的用法"就蕴含在经典文本中，经典文本提供的大都是正确规范的用法。陆俭明指出，学生"听说读写"能力的获得，第一条也是最根本的一条，那就是"设法让学生大量阅读范文，并在老师的指导下模仿写作"[②]。

---

① 胡明扬：《语言知识与语言能力》，《语言文字应用》2007 年第 3 期，第 7 页。

② 陆俭明：《跨入新世纪后我国汉语应用研究的三个主要方面》，《中国语文》2000 年第 6 期，第 521 页；陆俭明：《语文教学之症结与出路》，《课程·教材·教法》2006 年第 3 期，第 37 页。

可见，语文学习之道在于：在经典文本学习的过程中感受语言规范，培养语言感知能力；在语言文字运用的实践中领悟语文应用规律，提高语言运用能力。二者相辅相成，缺一不可。

（四）研究基础理论

目前还有许多有关语文教育的基础性理论问题，尤其是一些核心概念，无论是语言学界还是语文教育界至今都尚未形成相对一致的结论。如对"语言能力"与"语言运用"概念的理解、对"语言能力"与"语文能力"之间关系的认识等问题，理论语言学与应用语言学界均开展过热烈的讨论①，虽达成一些共识，但"理论上尚未完全解决"②。又如"语文能力""语文素养"的内涵及其区分问题，目前语文教育界（包括新课标的研制者）虽进行过广泛的讨论③，但也未能形成相对一致的观点。

也正因为基础性理论问题的制约，以至于国家的教学指导性文件《义务语文教育课程标准》中也出现了不相协调的情况：有基本理念的陈述，无核心概念的阐释。可见，基础性理论问题已经成为语文教育发展的瓶颈，如果长期得不到突破，势必会使教学思想难以统一，教学理念难以实施，教学质量难以提升，严重制约语文教育的发展。

实践是理论的支撑，理论是实践的先导。为此，我们呼吁从事语言学、教育学、心理学、语文教学等学科研究的各级各类研究人员，在总结国内外母语教学实践的基础上，积极开展理论探索，着力解决语文教育中迫切需要解决的一些基础理论问题，为国家语文政策与语文教学指

---

① 戴曼纯：《语言学研究中"语言能力"的界定》，《语言教学与研究》1997 年第 2 期；王莲凤：《语言能力与语言运用的区别及其对外语教学的启示》，《经济与社会发展》2003 年第 9 期；胡明扬：《语言知识与语言能力》，《语言文字应用》2007 年第 3 期；张强、杨亦鸣：《语言能力及其提升问题》，《语言科学》2013 年第 6 期；蔡冰：《"语言能力"是什么？》，《语言科学》2013 年第 6 期。

② 张德鑫：《谈语言能力及能力测试》，《语言文字应用》1997 年第 4 期。

③ 祝新华：《语文能力结构研究》，《教育研究》1995 年第 11 期；李贞祥：《"语文能力"辨》，《湛江师范学院学报》（哲学社会科学版）1998 年第 4 期；雷实：《谈谈"语文素养"》，《课程·教材·教法》2004 年第 12 期；任桂平、倪文锦：《国外语文能力的新视点》，《全球教育展望》，2005 年第 12 期；胡根林：《"语文素养"研究述评》，《新课程研究》2006 年第 9 期；夏家顺：《"语文素养"的内涵分析、新解及其教育意义》，《语文建设》2008 年第 7~8 期；李宇明：《语文生活与语文教育》，《语文建设》2014 年第 2 期。

导性文件的制定做好充分的理论准备；同时关注教学实践研究，在充分利用国内外已有的成熟理论的基础上，不断探寻提升语言文字运用能力的方法，在探寻的过程中逐步形成有章法、可操作的语文教学体系。

（五）研制评测标准

"语言文字运用能力"如何评测？小学生、初中生、高中生的语言文字运用能力如何分级？这涉及评测标准的问题。而目前，无论是教育主管部门还是语文教育专家，均未发布或提出规范的可行性评测标准。《义务教育语文课程标准》作为国家标准，也只是提出了语言文字运用能力的培养目标与分项评价建议，未能提出具体评测标准。虽然我们早已把语言文字运用能力具体划分为"听、说、读、写"四大块，但未能像普通话水平测试那样每一块都有具体操作性评测标准，更何况语言文字运用能力是"根据交际需要、在一定的语言环境中妥当选用各种'语码'的能力，而不是简单的'听、说、读、写'"[①]。

评测标准的研制确实存在着相当大的难度，因为既要符合科学原理又要具有很强的可操作性。为此，外语教育界已有人开展探索并号召制定全国统一的语言能力等级量表。[②]语文教育界也有部分学者开展了一些探索性研究，如有人尝试就某项能力水平开展测试实证分析[③]，也有人借鉴国际性阅读评估策略与方法探究我国语文阅读测试问题并着力构建评测的指标体系[④]，还有人着手研究学生语文能力的等级标准。[⑤]虽然还只是个体性的零星研究，其成果也只是初步的，离国家层面评测标准的研制要求还有相当大的距离，但已是一个良好的开端，也是一个可喜的

---

① 李宇明：《语文现代化与语文教育》，《语言文字应用》2002 年第 1 期，第 39 页。

② 方绪军、杨惠中、朱正才：《制定全国统一的语言能力等级量表的原则与方法》，《现代外语》2008 年第 4 期。

③ 姚颖、石瑜：《小学低年级学生语言表达能力水平测试实证分析》，《语言文字应用》2013 年第 3 期。

④ 祝新华、廖先：《PISA 2009 阅读评估的最新发展：评价与借鉴》，《教育研究与试验》2010 年第 3 期；祝新华：《侧重评核选取与运用信息的能力——阅读测试文本的选用》，《课程·教材·教法》2012 年第 10 期；廖先、祝新华：《从国际阅读评估项目的最近发展探讨阅读评估策略》，《全球教育展望》2012 年第 12 期。

⑤ 祝新华：《教育质量标准体系中学生语文能力等级描述的研制策略》，《课程·教材·教法》2014 年第 3 期。

进步。

我们深知，评测标准的研制确实需要很长的一段时间，需要经历一个由专家研究成果最终变为政府指导性文件的过程。但如果科学的评测标准长期缺乏，那么我们对学生学习、教师教学、办学质量等所做出的评价依照的只能是模糊的、笼统的、主观的标准，这样带来的必然不是科学、客观、公正的评价。这无疑会降低语文教学的针对性与学生能力培养的科学性，严重制约学生语言文字运用能力的培养，严重影响语文教学核心目标的实现。

五　结语

陆俭明指出，"语言能力对个人、国家和整个人类意义重大，提升语言能力事关国家综合实力提升"[①]。而南京调查则显示，当下小学生在语言文字运用能力上存在着许多问题与不足，整体状况不容乐观。学生语言文字运用能力问题的出现，应该是诸多因素综合作用的结果，需要多维度分析，多角度突破。这就提醒我们的语文教育者既要强化语文技能训练，强化语言实践，让学生在语言文字运用的实践中领悟语文应用规律，提高语言运用能力；又要强化经典样本的积累，让学生在经典文本学习的过程中感受语言规范，培养语言感知能力；还要强化思维能力的训练与培养，培养良好学习习惯。同时，这也提醒从事语言学、教育学、心理学、语文教学等学科研究的各级各类研究人员，要积极开展理论探索，着力解决语文教育中迫切需要解决的一些基础理论问题；要积极借鉴国际上已有的较为成功的语言能力的评估策略与评估方法，充分结合我国语文教学实际和历史经验，尽快研制出既符合汉语学习实际、符合科学原理又具有很强的可操作性的语言文字运用能力的评测标准。

其实，学生的语言文字运用能力问题也不是当下语文教学中才出现的问题，它是我国近百年来的语文教育中一直存在的。[②]这是由于我国

---

① 陆俭明：《语言能力事关国家综合实力提升》，《人民日报》2016年2月17日，第7版。
② 李宇明：《语文现代化与语文教育》，《语言文字应用》2002年第1期，第38页。

语文教育改革长期以来存在着"轻视语言文字教学的倾向",语言文字运用虽是语文教育的核心内容,但"关于语言文字运用的成体系有章法的教学,几乎是空档"①。如何解决目前学生在语言文字运用方面所存在的问题,如何进一步提高学生语言文字运用能力,这仍然是摆在语文教育工作者面前的迫切需要解决的难题。

（原载《南京晓庄学院学报》2016 年第 4 期）

---

① 李宇明:《语文现代化与语文教育》,《语言文字应用》2002 年第 1 期,第 39 页。

后　记

本书收集的是我 2003~2019 年近 20 年间公开发表的有关城市语言研究的论文。此次结集出版也算是个人城市语言研究工作的一个阶段性总结。

本书所收论文主要集中在城市语言研究综论、城市方言现状调查、城市方言变异研究、城市语言生活研究、语言教育研究等几个方面。《溧水方言"佬"的考察》《溧水方言"VVVV"式的考察》《溧水"街上话"[u] 元音变异分析》等三篇论文发表于读博期间，其他论文均发表于博士毕业后在南京晓庄学院文学院工作期间。

回顾过往，在个人学术发展的每个阶段，我都得到了许许多多恩师的指导，特别是我的四位导师，四位学术引路人。没有他们的精心指导就没有我今天的学术进步，我也就不可能取得这些科研成果。

第一位，扬州大学文学院已故的王世华教授，我本科阶段的古汉语老师，是他引领我进入传统方言学领域，让我懂得关注田野调查，关注方言系统，关注古今对照。

第二位，南京大学文学院的李开教授，我的访学导师，是他引领我进入历史语言学领域，让我懂得关注历史文献，关注史学视角，关注多维论证。

第三位，原供职于南京大学文学院后调任暨南大学华文学院的郭熙教授，我的第一位博士生导师，是他引领我进入应用语言学领域，让我懂得关注社会发展，关注语言生活，关注语言问题。

第四位，南京大学文学院的徐大明教授，我的第二位博士生导师，是他引领我进入社会语言学领域，让我懂得关注语言变异，关注城市语言，关注实证研究。

在此谨向四位导师致以最崇高的敬意！

此外，感谢南京大学的各位业师：鲁国尧教授、柳士镇教授、滕志贤教授、王希杰教授、顾黔教授、盛林教授、风笑天教授等。

感谢不断给我帮助的各位同门：曹贤文教授、付义荣教授、孙金华教授、孙德平教授、方小兵教授、王玲博士、蔡冰博士、俞玮奇博士、徐晓晖博士等。

感谢不断给我关心的南京晓庄学院的领导和同事们。

感谢不断给我支持的家人们。

恩师郭熙教授，冒着酷暑为本书写序。序言既对本书给予肯定和鼓励，又对本人将来的学术发展提出殷切期望。此情此意，令我感动不已。

我深知，人生有涯而学无涯。虽届六旬，仍需努力，继续勇攀城市语言研究新高峰！

郭　骏

2022 年 8 月 8 日

于南京苏建寓所

图书在版编目（CIP）数据

城市语言研究论稿 / 郭骏著 . -- 北京：社会科学
文献出版社，2022.8
ISBN 978-7-5228-0493-4

Ⅰ.①城…　Ⅱ.①郭…　Ⅲ.①社会语言学－中国－文
集　Ⅳ.① H1-53

中国版本图书馆 CIP 数据核字（2022）第 137881 号

城市语言研究论稿

著　　者 / 郭　骏

出 版 人 / 王利民
责任编辑 / 杜文婕
文稿编辑 / 李月明
责任印制 / 王京美

出　　版 / 社会科学文献出版社·人文分社（010）59367215
　　　　　地址：北京市北三环中路甲 29 号院华龙大厦　邮编：100029
　　　　　网址：www.ssap.com.cn
发　　行 / 社会科学文献出版社（010）59367028
印　　装 / 三河市尚艺印装有限公司

规　　格 / 开本：787mm×1092mm　1/16
　　　　　印 张：16.25　字 数：240 千字
版　　次 / 2022 年 8 月第 1 版　2022 年 8 月第 1 次印刷
书　　号 / ISBN 978-7-5228-0493-4
定　　价 / 128.00 元

读者服务电话：4008918866